中央民族大学"985工程"建设项目
中国少数民族教育研究创新基地文库

国家出版基金项目
NATIONAL PUBLICATION FOUNDATION

中国少数民族教育政策研究丛书

苏 德 主编

民族教育质性研究方法：
理论、策略与实例

苏德 主 编

[美]罗伯特·罗兹
Robert Rhoads   副主编

[丹]乌拉·安布罗修斯·马德森
Ulla Ambrosius Madsen

教育科学出版社
·北京·

丛书编委会

顾　问

顾明远　哈经雄　阿布都　张　强　陈中永

钟海青　郑新蓉　曾天山　王嘉毅　刘贵华

主　编

苏　德

编　委（按姓氏拼音排序）

敖俊梅　常永才　董　艳　海　路　胡迪雅

江凤娟　李　剑　吕佩臣　陶格斯　滕　星

吴合文　吴明海　夏仕武　袁　梅　钟志勇

Min Bahadur Bista　Robert Rhoads

Ulla Ambrosius Madsen

丛书总序

　　我国是一个统一的多民族社会主义国家，民族教育是我国教育事业重要的组成部分，民族教育的发展是促进各民族共同团结进步、共同繁荣发展的重要基础。《国家中长期教育改革和发展规划纲要（2010—2020 年)》中专门对民族教育做出全面的规划和部署，这无疑为民族教育学科的跨越式发展提供了大好机遇。

　　中央民族大学作为党和国家为解决中国民族问题、培养少数民族干部和高级专门人才而创建的高等学校，在我国民族事务与民族教育事业中具有举足轻重的地位。该校是一所汇聚了 56 个民族师生的国家"985 工程"和"211 工程"重点建设大学。中央民族大学教育学院一直致力于我国民族教育的田野调查和理论研究，是我国民族教育研究领域的"带头人"。通过"211 工程"和"985 工程"三期建设项目及其他项目的积累，教育学院形成了以少数民族教育为特色和优势的学科，凝聚了一支在国内外有影响、团结协作并有奉献精神的少数民族教育创新研究团队，在少数民族教育的理论与实践方面取得了丰硕成果。

为贯彻落实《国家中长期教育改革和发展规划纲要（2010—2020年）》精神，进一步提高民族教育科学研究的质量和水平，促进我国民族教育科学事业的繁荣和发展，为新时期国家民族教育改革决策和实践服务，教育学院专门成立了"中国少数民族教育政策研究丛书"编委会，以科学发展观为指导，围绕民族教育改革发展的重要理论和重大现实问题，邀请国内外民族教育研究的优秀专家学者开展了一系列基础研究和应用研究，撰写和出版了中国少数民族教育的系列专业教材和学术著作。

"中国少数民族教育政策研究丛书"以中央民族大学"211工程"和"985工程"三期建设项目为研究平台，在中央民族大学教育学院院长苏德教授主持的联合国教科文组织西班牙千年发展目标促进基金"中国文化与发展伙伴关系"项目"中国少数民族基础教育政策研究"课题（2008—2011），以及国家社会科学基金教育学重点招标课题"民族教育质量保障和特色发展研究"的系列研究成果的基础上形成。该项目研究者历时五年，主要在我国西南地区的云南省、贵州省和西北地区的青海省进行多次田野调查，收集了大量的一手资料。研究者从教育政策的不同角度对我国的民族教育政策做了实践上的梳理和理论上的提升，最终形成了此套丛书，即《民族教育政策：质性研究与案例分析》《民族教育政策：文化思考与本土建构》《民族教育政策：行动反思与理论分析》《民族基础教育质量保障的政策研究》《民族教育政策：基层官员政策再制定行为研究》《民族教育质性研究方法：理论、策略与实例》《民族教育政策文化分析——以民族预科教育政策为线》等。

该丛书在理论和实践层面，对我国民族教育发展过程中存在的实际问题进行了深度描写和梳理，并从当地的生态环境、独特的语言文化出发，提出了有针对性的、有意义的对策和建议，是中央民族大学民族教育学学科建设的标志性成果之一，为中国少数民族教育学科与民族教育事业的发展做出了重要贡献。

顾明远
2013年2月

自　序

　　中国是一个具有悠久历史文化与独特民族风韵的东方大国。说其历史悠久，是因为中华民族的历史可以追溯到公元前3000多年；话其风韵独特，是因为56个民族共同谱写了祖国绚烂多姿的多元文化。如此规模的多民族、多文化共存共荣之图景，实属世界罕见。"只有民族的才是世界的"，细细品味这句话，其是具有深刻历史内涵的；一个民族的延续与繁衍，是通过有形物质与无形文化两条轨迹双向并行的。那些可以看见的服饰、妆容、建筑与容貌是一个民族风貌志的外在影像，通过这些"照片"，我们首先从感官上刻画了一个民族的神韵。而那些无形的民族文化、语言、姿态、歌曲等更像是这个民族风貌志的内在风骨，这些"无言"的文字仿佛在轻轻诉说着独属于自己的沧桑历史和一种深入骨髓的民族情感。所有这些有形与无形的枝蔓，盘根错节，共同铸造了中华大地上一座座历史的、文化的、永恒的民族丰碑。

所谓文化，应是博大的、宽广的，是承载民族内涵的深厚土壤，也是深深融合在一个民族骨髓之中的精神必需品和生活营养品。一个民族独特的语言文字与文化记忆，传承着属于自己的历史和繁衍，承载着他们的生存与生活，记录着他们的悲欢与喜乐。每一个民族都有自成一体的文化传承模式，但不可否认教育又是这些模式中最为传统的方式。随着时间的流逝，老一代的人一并带着他们身上的民族记忆慢慢消逝，而涵盖了各个民族生活内涵和实质的民族文化和语言，就更需要通过民族教育的渠道，子辈相传，言教行育，将源远流长的民族历史与文化一辈辈、一代代地传承下去。只有这样，一段历史才不会老去，一个民族才不会老去，一个国家才不会老去。

《民族教育质性研究方法：理论、策略与实例》是一本与其他教育科学研究方法教材不同的教材。从学科维度上讲，这本书是在教育学视野下运用教育科学的一般研究方法来探讨民族教育问题，同时借鉴社会学、民族学和人类学等诸多学科的理论方法与范式来研究民族教育问题；从横向维度上讲，本教材既具有我国民族教育学科自身独特的内容和特点，又借鉴并参考了国外新的社会科学研究方法，从而使本教材突破了单一学科与国别的限制，为学生直观地呈现了国际教育质性研究方法新的视野和国内民族教育理论与实践研究中的生动个案。

本书的内容编写与结构安排具有以下三大特点：第一，简明易懂，具有较强的指导性与可操作性。"实用性"是本书编写的第一考量，编者在努力克服翻译类书籍普遍存在的语言晦涩、措辞偏差等问题的基础上，旨在为读者提供一本简明易懂的民族教育质性研究教材。此外，本书的另外两位编者——美国加利福尼亚大学洛杉矶分校（University of California, Los Angeles, UCLA）教育与信息研究院的罗伯特·罗兹（Robert Rhoads）教授以及丹麦罗斯基勒大学（Roskilde University）心理与教育研究院的乌拉·安布罗修斯·马德森（Ulla Ambrosius Madsen）教授皆具备多年的田野实践研究经历，他们将自己在田野调查中积累的亲身经验凝练到了本书之中，从而将本书提升到了全新的田野视野与国际视阈之中。第二，既有翔实的理论阐释，又有完整的案例呈现。案例法是教学法中最为基本也最为常用的一种方法。在学生时代，我们都有这样的经验：在学习数学公式或者物理定理时，老师们总会在讲解公式或定理后，呈现一道实例让同学们开展练习。通过做案例题，学生才能真正地理解这些公式或定理，从而将知识点融会贯通，为我所用。知识也许是固定的，但案例却是灵活多样的，学生在生动丰富的案例中，既能够对知识充分理解与反思，又能基于案例激发灵感，发展具有个性特点的认知与感悟。本教材为读者提供了大量的生动案例，以供读者对本书所提出的若干研究理论以及质性研究策略进行深入领悟与反思。这些案例既来自于两位外籍编者亲自参与或完成的课题项目，也来自于中央民族大学教育学院师生近些年来所承担的国家及国际课题项目。其中，由笔者主持的联合国教科文组织西班牙千年发展目标促进基金"中国文化与发展伙伴关系"项目"中国少数民族基础教育政策研究"课题，主要采用质性研究方法开展调查研究，并收获了丰富的田野实例与质性研究经验。为使读者能够更好地理解质性研究方法的具体应用策略，本书的第八章以及其他章节中的相应部分，均配以本课题中的相关案例进行分析与说明。第三，本书在每章的开头设置章节导读、学习目标以及关键词。在每章的末尾设置章节回顾、学习提升以及章节逻辑图。章节导读和学习目标旨在帮助读者了解本章的内容结构及学习重点；章节回顾旨在为读者重述本章的精华与要点，并对部分知识点进行升华与总结；学习提升类似于"课后作业"，旨在为读者进一步了解本章内容提供拓展性的练习；章节逻辑图是一章的逻辑概要，用图表的形式标明本章的逻辑结构以及知识点的内在关联，使读者一目了然。

　　调查研究是一种学术实践，但却不可脱离社会与国家的国情而行。英国社会学家赫伯特·斯宾塞（Herbert Spencer）强调教育是一种知识传承的重要手段。对于拥有灿烂文化的我国各民族而言，那些语言、文字、民族文化等珍贵财富，只有通过有效科学的教育方式，才能得以完整地传承并保留下来。民族教育学的发展在我国经济社会发展中的地位愈显重要，"千里之行，始于足下"，照亮未来之路的明灯还在闪耀，通往理想的彼岸仍需要我们披荆斩棘、克服困难，为了祖国丰饶的民族宝库、任重而道远的民族教育事业努力前行！

苏　德

2014 年 10 月

目　录

第一部分　民族教育质性研究方法：
范式、理论与理解

第一章　质性研究方法及其对民族教育的意义 / 3

第一节　质性研究方法 / 4

一、质性研究方法兴起的背景 / 4

二、质性研究的特征 / 7

三、质性研究的类别 / 10

第二节　民族教育与质性研究方法之思辨 / 14

一、民族教育质性研究方法之哲学思辨 / 14

二、民族教育质性研究方法之特质思辨 / 16

第三节　民族教育质性研究的理论范式与理论建构 / 20

一、民族教育质性研究的理论范式 / 20

二、民族教育质性研究的理论建构 / 28

第四节　民族教育质性研究的独特性与关注点 / 29

一、质性研究和量化研究的主要区别 / 29

二、质性研究对于民族教育研究的独特性 / 35

三、民族教育质性研究的关注点和成就 / 36

第二章　民族教育质性研究的多学科研究策略 / 42

第一节　多学科研究的概述 / 43

一、多学科研究的兴起 / 43

二、多学科研究的内涵 / 46

三、多学科研究的理论基础 / 48

四、多学科研究的价值 / 49

第二节　多学科研究策略在质性研究中应用的可能性 / 52

一、质性研究实施场域的情境化需要多学科研究策略 / 52

二、质性研究操作技术的多元化需要多学科研究策略 / 53

三、质性研究涉猎范畴的广泛性需要多学科研究策略 / 56

第三节　多学科研究策略在民族教育研究中应用的可能性 / 58

一、民族教育实践的复杂性需要多学科研究策略 / 58

二、民族教育学科的跨学科性需要多学科研究策略 / 60

三、民族教育研究方法的多元化需要多学科研究策略 / 61

四、民族教育中文化的整体性需要多学科研究策略 / 62

第四节　民族教育质性研究中推进多学科研究的策略 / 64

一、建立多学科研究组织 / 65

二、培养多学科研究人才 / 68

三、开展多学科研究活动 / 70

第三章　民族教育研究的伦理问题与民族教育研究者的文化素养 / 73

第一节　民族教育研究的伦理问题 / 74

一、学术研究对伦理问题的关注 / 74

二、人类研究的基本伦理要求 / 78

三、民族教育研究伦理问题分析 / 84

第二节　民族教育研究者的文化素养 / 89

一、民族教育研究者为何应具备文化素养 / 89

二、民族教育研究者应具有什么样的文化素养 / 92

第二部分　民族教育质性研究的策略选择

第四章　质性研究方法论的选择 / 101

　第一节　质性方法在民族教育研究中的适用性 / 102

　　一、质性研究方法的特色 / 102

　　二、在民族教育研究中应用质性研究方法的必要性 / 103

　　三、在民族教育研究中应用质性研究方法的可行性 / 105

　第二节　质性研究方法的适用范围 / 106

　　一、民族志研究 / 106

　　二、个案研究 / 108

　　三、比较个案研究 / 110

　　四、生活史研究 / 112

　　五、现象学 / 114

　　六、扎根理论 / 115

　第三节　互惠原则与参与式行动研究 / 118

　　一、民族教育质性研究的互惠原则 / 118

　　二、民族教育的参与式行动研究 / 123

第五章　质性研究设计的思考 / 128

　第一节　质性研究方法的优势探讨 / 129

　第二节　基本的研究设计 / 137

　　一、研究地点的选择与选取样本 / 138

　　二、进入田野 / 140

　　三、研究中的主观性和客观性问题 / 143

　　四、角色管理 / 144

　第三节　开展田野调查 / 145

一、"漏斗状"的研究设计 / 147

二、田野调查的实践活动 / 147

三、资料收集的工具 / 151

四、三角检验法 / 158

五、离开田野 / 159

第六章　数据管理、分析与论文写作 / 163

第一节　数据管理 / 164

一、数据管理的含义 / 164

二、资料存储的媒介 / 165

三、资料编码 / 165

第二节　资料分析 / 167

一、在田野之中的资料分析 / 168

二、在田野之外的资料分析 / 178

第三节　质性研究的写作 / 190

第三部分　田野调查实践与写作实践

第七章　民族志研究方法论：从理论到田野实践、范例演示 / 201

第一节　民族志方法理论传统及批判 / 202

一、来自自然科学的批判 / 203

二、来自后现代主义的批判 / 203

第二节　如何开展现场工作：研究过程与方法 / 204

一、进入现场：设计和准备 / 204

二、观察 / 209

三、访谈 / 212

四、组织数据 / 213

五、分析 / 214

六、注重伦理道德 / 214

第三节　形成文本——民族志写作实例 / 215

一、丹麦化：学校教育和他者的建构 / 215

二、现代尼泊尔：学校教育和身份的形成 / 223

第八章　中国民族教育质性研究典型个案分析 / 233

第一节　民族高校本科毕业生就业问题的质性研究 / 234

一、研究专题的选择 / 234

二、研究目的的厘定 / 235

三、研究方案的确立 / 236

四、田野调查过程 / 239

五、研究发现 / 251

六、研究体验与反思 / 253

七、研究成果的呈现 / 254

第二节　少数民族地区学校布局调整政策执行的质性研究 / 255

一、如何选题 / 255

二、调查研究方案的确定 / 260

三、田野过程 / 261

四、调查发现和反思 / 264

第三节　少数民族地区民族民间文化进校园政策执行的

质性研究 / 271

一、如何选题 / 271

二、研究目的 / 273

三、田野过程 / 273

四、研究发现 / 276

五、田野体验 / 294

第九章　国际民族教育质性研究典型个案分析 / 299
　　　　——《蒙古国 1992—1994 年学校发展》个案分析
　第一节　基于项目的教育理论和计划方案 / 300
　　　一、教育理论 / 300
　　　二、学校发展规划方案 / 304
　第二节　蒙古国学校发展项目的质性研究过程 / 307
　　　一、质性研究前期设计 / 307
　　　二、项目的开展过程中学校管理层面发展 / 314
　第三节　有关学生日常生活的质性深描 / 322

结　语 / 328
　　　一、总结 / 328
　　　二、展望：民族教育质性研究方法的未来发展趋势 / 338

参考文献 / 341
索　引 / 351
后　记 / 355

第一部分
民族教育质性研究方法：
范式、理论与理解

民族教育有广义和狭义两种。广义的民族教育是指对作为有着共同文化的民族或文化群体的民族集团进行的文化传承和培养该民族或民族集团的成员的教育。狭义的民族教育又称少数民族教育，指的是"对在一个多民族国家中人口居于少数的民族成员实施的复合民族教育"①，即多元文化教育。本书主要采用的是狭义的民族教育的概念。

民族教育研究是在大教育学视阈下开展的教育研究活动，因而对民族教育质性研究方法的探讨，不能脱离教育学的学科背景。开展民族教育质性研究，应综合运用教育科学的一般研究方法，并借鉴社会学、民族学、人类学和心理学等多视角、跨学科的理论范式与研究方法。

本部分为读者深入理解民族教育质性研究方法提供了相应的理论指导。在此基础上，著者对质性研究方法的价值与意义辨析、民族教育质性研究方法的多学科研究、民族教育研究的伦理问题以及民族教育研究者的文化素养进行了探讨。

---

① 哈经雄，滕星. 民族教育学通论 [M]. 北京：教育科学出版社，2001：8.

第一章 质性研究方法及其对民族教育的意义

【章节导读】

本章作为本书的开篇章节，旨在让广大读者了解质性研究发展的历史脉络、质性研究方法兴起的背景、质性研究的特征和类别。当读者对质性研究方法有了大概的了解之后，读者会发现民族教育质性研究方法在哲学思辨和价值思辨中的所属范畴，从更深的意识形态角度加深对民族教育质性研究方法的理解。在哲学思辨之后，读者将了解到在科学研究领域里诸多的理论范式，诸如实证主义、后实证主义、批判主义理论、建构主义、自然主义等，这些范式将带领读者深入了解科学理论界的学者对于事实本质、因果推论等的解读，以及历史上的范式之争。当穿过历史的重重迷障，质性研究方法在民族教育中所凸显的优势则呼之欲出。质性研究的优势和特色与民族教育有相融之处，也受到国内外教育研究者的青睐。当读者对第一章中质性研究的起源、哲学思辨和价值思辨有了深入了解之后，对于理解本书其他章节的内容，以及确定自身是否会加入民族教育质性研究中，包括对于今后是否真正开展质性研究将大有裨益。

【学习目标】

1. 了解质性研究兴起的背景。

2. 知道质性研究的主要特征和主要类别。

3. 深入理解民族教育质性研究方法的哲学思辨和价值思辨。

4. 理解民族教育质性研究方法的范式与理论建构范畴，对比不同范式的关注点。

5. 比较质性研究方法与量化研究方法的不同，重点掌握各自的优势。

6. 了解民族教育质性研究的独特性，理解它的关注点。

7. 反思自身是否具有质性研究者需要具备的特质。

【关键词】质性研究；哲学思辨；价值思辨；范式；民族教育质性研究；独特性和关注点

第一节　质性研究方法

一、质性研究方法兴起的背景

质性研究（qualitative research），又称为质化研究或定性研究，可称为人文与社会科学研究方法论上"宁静的革命运动"。质性研究源于人们对社会多元性和复杂性认识的不断深入，同时也是对以往研究范式的反思与批判。大量资料表明，质性研究不是在单纯的某一学科中形成的，而是发源于很多不同的学科领域和理论。

首先，人类学的民族志研究是质性研究的一种主要研究方法。民族志（ethnography）一词的词根"ethno"，就是指一个民族、一群人或一个文化群体。而民族志有三种不同的解释：（1）民族志是人类学独一无二的研究方法；是建立在被研究人群中田野工作基础的第一手观察和参与之上的关于习俗的撰写。或者通常说它是关于文化的描述，以此来理解和解释社会并提出理论的见解。民族志既是一种研究方法，也是一种文化展示的过程与结果。（2）民族志是一种写作文本，它运用田野工作来提供对人类社会的描述研究。民族志呈现一个整体论研究方法的成果，这套方法建立在一个概念上：一套体系的各种特质未必能被彼此个别地准确理解。这种写作风格在形式上与历史上，均与旅行家书写与殖民地官员报告有所关联。某些学术传统，特别是建构论与相对论的理论典范，将运用民族志研究作为一个重要的研究方法。许多文化人类学家认为，民族志是文化人类学的本质。（3）民族志往往指称描述社群文化的文字或影像。其作为人类学家或社会学家的记录资料，可区分为："宏观民族志"，研究复杂社会、多样社区、多样社会机构或含有多样生活形态的"单一社区"；"微观民族志"，单单描绘某个异国小部落、中产阶级社区中一小群人的单一社会情境，或单一社会制度却含有多样社会情境者。① 从第一种解释可以看到，民族志指对人以及人的文化进行详细地、动态地、情境化描绘的一种方法，探究的是特定文化中人们的生活方式、价值观念和行为模式。这种方法要求研究者长期与研究对象生活在一起，切身体验并感受和理解当地人及其文化。② 早期的民族志研究发源于西方一些发达国家，许多学者对其他地区残留的原始文化进行研究，最终逐步形成了一种相对稳定的研究模式。以博厄斯（F. Boas）和马林诺夫斯基（B. Malinowski）为代表的实地调查法不仅改变了以往人类学家研究异文化的传统方式，更重要的是，研究者开始关注当地人看问题的视角，深入到被研究对象的日常生活中，处于当地人的文化情境中，以自己为研究工具来对当地人的风俗习惯、组织制度行为规范以及思维方式进行整体性研究。

其次，社会学实地调查也为质性研究提供了一种重要的研究方法。社会学中的实地调查开始于19世纪末20世纪初，当时西方一些社会学家非常重视对城市里的劳动人民进行实地研究。这些社会学家们深入到工人阶级生活和工作的实地环境中，详细、系统地描写和解释工人阶级的日常生活以及他们的行为与态度。20世纪30年代起，由于世界政治格局的变化，现象学和阐释学等多方面的影响，很多学者开始反思研究者身份以及其价值取向对研究客观性的影响，也开始反思研究者与被研究者之间的关系，确认两者的一种"主体间性"关系；研究结果应是"我"与"他"的阐释，而非研究者单方面的解释。随着20世纪80年代女权主义、后现代理论等思潮影响，研究者们开始意识到研究不单很难揭示"真实"和"客观"，反而是在建构一种政治现实、制造"话语霸权"，甚至在重塑一种

---

① Spradley J P. Participant observation [M]. New York: Holt, Rinehart and Winston, 1980: 29.

② Smith J A. 质性心理学：研究方法的实务指南 [M]. 丁与祥，张慈宜，译. 台北：远流出版社，2006: 53 – 56.

"边缘"与"中心"的权力关系；因而学者们更为注重研究中的情境化与主体经验等，避免被各种权力和势力所利用。

关于质性研究的发展阶段，一般依据邓津（N. K. Denzin）和林肯（Y. S. Lincoln）的分析，将质性研究发展阶段分为五个时期。这五个时期为：（1）传统期（1900—1950）。这一时期的研究者仍处于传统实证主义主导下追求"客观化"的研究结果，即研究者以传统的研究规范对其研究对象的"写实"的叙述。（2）现代主义时期，又称黄金期（1950—1970）。这一时期的研究者仍相信研究结果是真实、客观地通过运用规范严谨的研究方法、从不同视角进行研究，从而不断接近事实。但这一时期，阐释学、现象学、扎根理论等的发展与研究，在哲学体系中丰富了质性研究的理论视野。例如，这些理论使研究者认识到人是动态的、情境化的，因而对人的研究只能"理解"和"阐释"；确认研究者和被研究者之间的"主体间性"关系，注重研究者和被研究者的主体体验；等等。（3）领域模糊期（1970—1986）。这一时期的研究者已拥有足够的典范、方法和策略可以运用到研究中去，社会科学与人文科学之间的界限也变得模糊不清，学者尝试重新阐释人文社会科学的本体论、认识论和方法论。此时，自然主义与建构主义成为重要的范式，常人研究方法被广泛运用。（4）表述危机期（1986—1990）。这一时期的批判理论表现出对传统概念、以往撰写与表达方式的质疑，消解了研究结果写作与实地研究的界限，这使研究者开始关注和反思其话语中所隐含的意识形态、知识霸权等，进而探讨其在研究中所扮演角色及其文本写作和语言表达方式，寻求突破传统表述方式的限制。（5）后现代主义期，又称第五次运动（1990— ）。这一时期受到后现代主义思潮的主要影响，质性研究呈现出更加多元的状况，更加注重不同人群的声音，在方法上也更加兼容并包。①

通过对质性研究方法与理论背景的梳理，学者们更加深入地认识到质

---

① Denzin N K, Lincoln Y S. Handbook of qualitative research [M]. Thousand Oaks：Sage Publications, 1994：576.

性研究的内涵与外延，逐步形成了质性研究的概念，不同学者提出了自己的观点。现在比较认可的观点有，陈向明将其定义为"以研究者本人为研究工具，在自然情境下采用多种资料收集方法对社会现象进行整体性研究，使用归纳法分析资料和形成理论，通过与研究对象互动对其行为和意义建构获得解释性理解的一种活动"①。而国外学者费舍（C. Fischer）则认为"质化的心理学研究探讨的是性质，即人的经验和行动的独特的、本质的特征。质化研究是一种反思性的、解释的和描述性的努力。它从特定情境中的参与者的角度来解释和描绘人的经验和行为"②。

二、质性研究的特征

质性研究有哪些特征，学者们的看法不一，然而大多数学者都同意质性研究具有以下五个重要特征。③

（一）自然主义的探究传统

质性研究是以自然情境作为研究的情境，自然情境是事件自然发生的脉络，这些情境或事件不是被人为设计和操控的。

20 世纪 80 年代，质性研究学者库巴（E. G. Guba）和林肯使用"自然研究"（naturalistic inquiry）而非"质性研究"这个词，目的在于强调该取向是和传统的实验或准实验研究所使用的操控正好相反，他们区分了后实证主义派和自然主义派在认识论与方法论向度上的不同。④ 社会建构论的代表人物格根（K. Gergen）曾经指出："对于现代主义者来说，世界简简单单地'在那里'（out there），以供观察。然而在后现代主义者的文

---

① 陈向明. 质的研究方法与社会科学研究［M］. 北京：教育科学出版社，2000：12.

② Fisher C. Qualitative research methods for psychologists［M］. Amsterdam：Elservier Inc.，2006：7.

③ Bogdan R C，Biklen S K. Qualitative research for education［M］. 3th ed. Bostan：Allyn and Bacon Publishing Company，2003：134 - 142.

④ Schwandt T A. Qualitative inquiry：A dictionary of terms［M］. Thousand Oaks：Sage Publications，1987：3 - 8.

本里，这种假设是没有理由的……谈及‘世界’或‘心灵’等词汇需要语言。‘物质’‘心理过程’等词语并非世界的镜子，而是语言系统的构成成分……在这个意义上，那些被我们当成‘真实的’，那些我们信以为真的心理功能，不过是公共建构的副产品。”①

质性研究者关心事件发生的脉络，他们认为了解和理解个人和社会组织的最好方法就是在事件发生的自然情境中来进行观察，这个情境中的人、事、时、地、物，可以通过横向来分析，也可以通过纵向的历史观点来进行剖析，研究者假定人类行为或社会组织的运作在一定程度上受到发生情境的影响。

（二）对意义的“解释性理解”

质性研究者关注的重点是研究对象赋予经验的意义，主要目的是对被研究者的个人经验和意义建构做“解释性理解”或“领会”。韦伯（Weber）认为，理解和解释并不是相互排斥的，恰恰相反，他们是相互关联、相互说明的。② 因此，必须把理解和解释联系起来考虑，理解是解释的前提，理解是能被解释的。在某种意义上说，理解就是一种解释。反过来说也一样，解释也是一种理解。按韦伯自己的说法，即我们把对行动意义系列的理解视为对行动实际过程的一种解释。在质性研究中，研究者通过自己亲身的体验以及与研究对象在实际情境中的互动，才能对这些意义做出解释。事件和经验本身是无法自己产生意义的，意义是由研究对象赋予和确定的。对于不同的人，相同的事件可能有不同的意义。质性研究者关注的是研究对象如何赋予事件或经验意义，也就是说，这些意义是如何在研究对象那里进行建构的。

早期的质性研究者大多以被殖民国家或地区的人作为研究对象，希望了解他们如何看待自己的生活世界，他们有哪些假设，他们如何赋予经验

---

① Gergen K. Psychological science in a postmodern context [J]. American Psychologist, 2001, 56 (10).

② 徐道稳. “理解”及其运用：韦伯个体主义方法论解析 [J]. 深圳大学学报（人文社会科学版），2000, 6.

意义。殖民时期结束之后，质性研究者又开始以自己国家中的弱势群体为研究对象，从与他们接触的经验中，试图与他们一同站在局内人的立场，了解他们如何诠释自己的生活世界，也希望为他们宣传，让其他人了解弱势群体。这样的研究方法与研究手段与量化研究者有很大的不同，量化研究者是站在局外人的立场理解研究对象；而质性研究者则是站在局内人的立场理解研究对象。

（三）研究是一个演化发展的过程

质性研究者重视事件发展的过程，而不只是结果。过程是质性研究的重点之一。相对于量化研究重视"什么"（what），质性研究者更重视的是"如何"（how）和"为什么"（why），即研究对象是如何对世界赋予意义的？这些意义是如何建构的？事件是如何发展的？为什么会这样发展？以上这几个问题都是质性研究者所关注的。

人类社会是一个动态发展的社会，其中每个人都处于动态发展的过程中，研究者和被研究者都可能会变，收集和分析资料的方式会变，建构理论的方式也会变，而质性研究的重点是描述与理解这些动态的发展过程。质性研究者通常会在研究情境中停留很长的时间，他们会观察到现场、研究对象（包括自己）随着时间的流逝而产生的变化。

（四）使用归纳法

质性研究采用的分析及建构理论的方法主要是归纳法。归纳法是一种自下而上的分析方法，主要是从原始资料开始进行分析，归纳为类别，再分析类别与类别之间的关系，并将相关的类别放在一起，同时形成更大的类别。研究者以此方式进行，直到建构出一幅完整的图像。

在整个研究过程中应用归纳法通常经过下列步骤：第一，研究者进入实地进行全面和整体的了解；第二，寻找研究对象使用的本土概念，理解当地的文化习俗，孕育自己的研究问题；第三，扩大自己对研究问题的理解，在研究思路上获得灵感和顿悟；第四，对有关的人和事进行描述与解释；第五，将当地人的生活经历和意义解释组合成一个完整的故事。①

（五）重视研究关系

在质性研究中，研究者与研究对象的关系非常重要，这个关系会影响到研究过程与结果，因此会产生许多研究伦理的问题。在研究过程中，研究者需要事先取得研究参与者的同意，才能进行研究。在长期相处的过程中，研究者必须与被研究者保持良好的研究关系，才能获得重要的信息。在研究过程中，随着研究者对研究对象的了解加深，逐步触及研究对象个人的隐私内容时，研究者必须坚守保密原则，决不能将研究对象的个人隐私加以外泄，即便是研究需要，也要通过一种转换手法通过化名的或者其他方式将被研究对象的隐私加以保护。研究者在研究报告中必须清楚地说明自己在研究中的角色、自己的主观见解以及与研究对象的关系等，同时反思这些因素对研究产生的影响。

部分研究者可能认为质性研究的特征不只这五种，还应包括重视整体等其他特征。其实在实际的质性研究中，对这五种特征的展现程度也是不一样的。例如，有些研究重视历程，而不重视意义的探寻；有些研究重视意义的探寻，而不重视研究关系。因此，研究者可视自己研究的需要，自行把握研究的重点，体现质性研究特征的某几个方面。

三、质性研究的类别

由于看问题的角度不同，学者们对于质性研究的分类持有不同的看法。②有的学者按照研究问题来分类；有的学者按照研究内容的范畴来分类；有的学者按照研究者的意图（从事研究时所采取的"立场"）来分类，例如批判民族志、后现代主义民族志、女性主义民族志和历史民族志；还有的

---

① 陈向明.社会科学质的研究 [M].台北：五南图书出版股份有限公司，2002：45 – 56.
② Denzin N K, Lincoln Y S. Handbook of qualitative research [M]. Thousand Oaks：Sage Publications, 1994：576 – 579.

学者按照研究目的或研究兴趣来分类，例如，特施（R. Tesch）就是按照该标准对质性研究进行分类的。本书比较认同特施所提出的分类方法，这一分类方法也被大多数学者所接受，同时把质性研究作为基本的分类方法加以介绍的原因也在于，特施所提出的分类方法与本书后面章节所使用的分析方式更为符合。

特施依照研究兴趣将质性研究分为四大类，分别为：（1）探讨语言特点；（2）发现常规；（3）理解文本和行动的意义；（4）反思。[①] 特施认为，这四种类型在一个连续体上，越靠前的类型越是结构化的，如语言特点的研究，其处理具体的文字或语言，研究的过程是有先后顺序的，这类研究比较接近自然科学的研究。越靠后的研究类型越重视资料的整体性，如反思的研究，其分析依据的是研究者长期沉浸在资料中所产生的直觉，这类研究比较接近艺术领域。中间的两种研究则是这两种的混合体，研究兴趣若是对常规的发现，指的是在资料中发现结构，可能是一种模式，或是部分和部分间关系的网络，产生的结果是试探性的假设或命题；若研究者旨在寻找意义，他们会诠释或找出主题，这些不一定能在资料中直接发现，但可能从密集式的资料分析中慢慢浮现。这些研究者会寻找主题间的共同性或其独特性，研究结果通常比较抽象。[②]

特施分别对这四种质性研究类型进行了说明。[③]

（一）探讨语言特点

在这一层级下可以细分为两个次级层面：（1）将语言作为交流方式。在把语言作为交流方式的时候，主要涉及语言的内容与交流过程，因而可以进一步把语言作为交流方式分为内容和过程两个部分。与内容相对应的

---

① Tesch R. Qualitative research: Analysis types and software tools [M]. New York: Falmer Press, 1990: 72.

② 郭玉霞，黄世齐，等. 质性研究资料分析: Nvivo 8 活用宝典 [M]. 北京: 高等教育出版社, 2010: 13.

③ Tesch R. Qualitative research: Analysis types and software tools [M]. New York: Falmer Press, 1990: 72 – 74.

研究方法是内容分析，与过程相对应的方法是话语分析和交流民族志。（2）将语言作为文化。这一层面分为认知的和互动的两个部分。对认知的文化进行研究的方法是人种学，对互动的文化进行研究的方法是象征互动主义和常人方法学；两者结合以后对应的方法是结构人种学。

（二）发现常规

1. 对因素进行辨别并探寻其联系

研究者从资料中找到其视为属性、概念或变量的因素，他们假设这些因素间必然有关系或者可能有关系，并且是可以被发现的。而所谓的规律，指的是概念顺序的系统。这一部分分为五个次级层次的研究。[①]

（1）超现实主义。这是米尔斯（Matthew B. Miles）和休伯曼（A. Michael Huberman）提出的一种研究取向，其研究目的在于从研究资料中建构出因果联系的网络架构，在实地研究中找到自变量和因变量，以及他们之间关系的排列。[②]

（2）扎根理论。该理论是由格拉泽（Barney G. Glaser）和斯特劳斯（Anselem L. Strauss）提出的。研究者把手中资料中的每个事件分成不同的类别，然后通过对类别内容的持续比较来界定类别的属性，最后从资料中找到这些类别间的关系。[③]

（3）民族志内容分析。在社会学中，研究者记录与了解意义的沟通，并验证理论上的关系。他们运用传统的内容分析程序，在概念发展与资料分析之间，来来回回地移动。

（4）事件结构分析。事件结构分析类似量化研究的序列分析。研究者的焦点集中在现象的动态层面。例如，人和人之间的互动或民间传说与其

---

① 郭玉霞，黄世齐，等. 质性研究资料分析：Nvivo 8 活用宝典［M］. 北京：高等教育出版社，2010：14.

② Miles M B, Huberman M. Qualitative data analysis：An expanded source book［M］. Thousand Oaks：Sage Publications, 1994：20 - 24.

③ Glaser B G, Strauss A L. The discovery of grounded theory：Strategies for qualitative research［M］. Chicago：Aldine Publishing Company, 1967：61.

他故事之间的交互关系；研究目的在于发现这些过程的结构，例如主导事件发生的序列的规律。

（5）生态心理学。在心理学领域，研究者研究行为的序列，对于自然发生的行为进行详细、客观的描述。生态心理学的目标在于找到行为和其自然发生的情境之间的关联。

2. 辨别模式

这一层次可以进一步分为四个层面的研究。[①]

（1）以概念形式出现的规律。这是一种研究法，用来描绘出人们的经验、概念、知觉，理解其生活世界的不同方式。其对应的方法是现象学。

（2）作为缺陷和意识形态的规律。对应的方法是质的评估、行动研究、合作研究、批判/解放研究。

（3）作为文化的规律。对应的方法是整体民族志，这类研究旨在描述一个文化或社区的全部或部分。其中包括描述人们的信念，显示这些不同的部分如何让文化成为一个一致的、统一的整体。

（4）作为社会化过程。其研究方式是教育民族志。戈茨（Goetz）和勒孔特（LeCompte）将教育民族志界定为研究教育情境中的研究对象，为其脉络、活动与信念提供丰富、描述性的资料。[②] 这类社会化过程所产生的结果，将会被放在整个现象中来审视。

（三）理解文本和行动的意义

这一部分细分为以下两个层面。

1. 辨别主题（共同性与独特性）

研究者试着了解在他们面前的现象或文本的本质，这是现象学取向的研究。现象学是一个哲学派别而非一种研究策略，学者们把这种哲学应用

---

① 郭玉霞，黄世齐，等. 质性研究资料分析：Nvivo 8 活用宝典 [M]. 北京：高等教育出版社，2010：14.

② 郭玉霞，黄世齐，等. 质性研究资料分析：Nvivo 8 活用宝典 [M]. 北京：高等教育出版社，2010：14.

到社会世界的探索中，发展出清楚的研究方法。[①]

2. 解释

研究者使用的方法是个案研究、生活史和阐释学。个案研究的研究者把焦点放在一个个案上，也可以在一个研究报告中处理多个个案。个案研究采用历史学家常用的方法，再加上直接观察和访谈。生活史的研究重视在某一时间段内事件和经验的发展；而阐释学用阐释的方法来研究现实的世界，将世界视作需要阅读和理解的文本。

（四） 反思

研究者要理解意义，就需要进行反思。这是一种特定形式的反思，是由直觉所带来的、转向内在的省思，主要由三种方法完成：（1）教育行动研究；（2）反思现象学；（3）启发式研究。

特施这种对质性研究的多元分类方法，以及整个分类的框架结构都并不是固定不变的，而是可以改变的，就像画图用的调色盘一样，每两种颜色之间相互调和就会产生另一种颜色。[②] 质性研究者所做的研究也并非是独一无二的颜色，而且每项研究也并非有统一的模式，或者各项研究之间也并非有很明显的界限。

第二节　民族教育与质性研究方法之思辨

一、民族教育质性研究方法之哲学思辨

关于民族教育，不同学者从不同视角来界定其概念；有学者引用教育对象的特定性，将其界定为指对汉族以外的其他 55 个少数民族实施的教

---

① 郭玉霞，黄世齐，等. 质性研究资料分析：Nvivo 8 活用宝典 [M]. 北京：高等教育出版社，2010：15.

② Tesch R. Qualitative research: Analysis types and software tools [M]. New York: Falmer Press, 1990：72 - 74.

育；也有学者从其讲授的内容入手，将其界定为对本民族文化的传承，以及对外来文化引进、消化和吸收的过程。但无论哪一种界定，都很难涵盖其复杂而多元的民族教育的特性。仅就民族教育文化性而言，其首先表现为民族教育文化的差异性。这种差异性表现为少数民族受教育者之间存在的文化教育与教育文化的差异。自从儿童出生，家庭和社区对儿童进行的教育实际就是向儿童进行文化渗透。心理学家霍华德·加德纳（Howard Gardner）在批判《贝尔曲线》（*The Baer Curve*）中写道："文化习惯和习俗影响孩子，至少是从孩子出生之时开始，也许还开始得更早，甚至是父母对尚未出世的孩子的期望以及他们发现孩子性别时的反应。家庭、教师以及文化中的其他影响渊源不断地让成长中的孩子明白了什么是重要的，这些信息既有短期的影响，也有长期的影响。"[①] 不同文化对儿童的养育方式，也会影响儿童学习思维以及行为。这种影响往往通过日常生活进行。这种差异不仅可能表现为不同民族群体之间在文化、语言、心理与思维等方面具有明显的地域和文化差异；也可能是群体内部的差异；还可能表现为与学校教育所重视文化的差异。其次，民族教育文化性还表现为其跨文化性。教育是传承文化的重要载体，而民族地区受教育者经历着跨文化教育，一方面要接受现代主流文化教育，另一方面还要接受本民族与其他民族文化知识，因而很多现象如果单从主流社会文化去分析和解释，就无法了解当地人的教育行为与选择。例如，云南傣族的"和尚生"现象。当然，民族教育的文化性不止于此，这里仅以此例来说明。因而，民族教育研究就需要多元整合的复杂性研究范式。[②]

哲学是"万学之母"，是衍生一切科学门类和方法理论的基石，《科学革命的结构》（*The Structure of Scientific Revolutions*）的作者托马斯·库恩（Thomas S. Kuhn）认为，"毕竟许多特殊的科学都是从哲学那里孕育

① Gardner H. Cracking open IQ box ［M］//Fraser S. The bell curve wars：Race，intelligence，and the future of America. New York：Basic Books，1995：30 – 31.

② 冯建军. 教育研究范式：从二元对立到多元整合 ［J］. 教育理论与实践，2003（19）.

出来的"①。哲学是科学这株参天大树的根基与土壤，在哲学研究的基础之上人们开始进行科学研究。在科学研究慢慢积累过程中逐步衍生出两种研究范式，一为自然科学范式，二为思辨主义范式。前者强调适合于用数学工具来分析的、经验的、量化的观察，研究因果关系，并做出解释；后者注重整体的和定性的信息以及理解的方法。② 质性研究则属于后者，质性研究认为，"日常生活中所有社会现象与行为都是有意义的活动，这种有意义的活动必然是社会取向的，人类不仅要通过自我来追求意义，同时也必须通过他人赋予世界意义"③。因而它强调"价值理性"原则，反对"工具理性"。

二、民族教育质性研究方法之特质思辨

质性研究具备哪些特质，能够满足民族教育研究的需要？质性研究被界定为"以长期、第一手观察的形式，从近距离观察社会及文化层面的现象运作"④，这种研究"不隶属于任何单一的哲学背景、学术思潮或研究传统，具有跨学科、超学科的特性"⑤。伯格丹（Robert C. Bogdan）和拜克伦（Sari K. Biklen）将质性研究的特质进行了归纳（见表 1－1）。

---

① 托马斯·库恩. 科学革命的结构 [M]. 金吾伦, 胡新和, 译. 北京: 北京大学出版社, 2003: 20.

② 冯建军. 教育研究范式: 从二元对立到多元整合 [J]. 教育理论与实践, 2003 (19).

③ 范明林, 吴军. 质性研究 [M]. 上海: 格致出版社, 2009.

④ 夏春祥. 文本分析与传播研究 [J]. 新闻学研究, 1997 (54).

⑤ 林丽云. 为台湾传播研究另辟蹊径? ——传播史研究与研究途径 [J]. 新闻学研究, 2000 (63).

表 1 - 1　质性研究的特质①

特　　　质	说　　　明
1. 在自然情境下收集资料	质性研究主要是在自然情境下开展资料的收集，研究者必须是在不受外力控制或干扰的情境下来进行资料的收集工作。
2. 研究不会借助太多外来的研究工具，研究者本身就是最主要的研究工具	资料收集过程中很少借助某些标准化的工具，如量表、问卷或仪器等，研究者本身就是最好的研究媒介。因此研究者在进入研究场景之前，应当放空自己，这样才能对研究现象具有较高的敏感与察觉能力。
3. 非常重视对研究现象的描述	研究结果的呈现不是通过统计化的数字的形式呈现，而是经由讲故事的方式，将研究的现象透过陈述过程，使社会事实的经验得以重现。
4. 重视研究过程中时间序列与社会行为之脉络关系，而不重视研究的结果或产品	从社会脉络的观点分析研究现象与行为间的关系，而不强调研究的结果是否能验证理论假设。
5. 运用归纳的方式分析收集到的资料	将研究过程所收集到的丰富、多元、完整的资料，运用归纳法，由繁入简，逐步分析到步骤，将资料抽丝剥茧提取出核心概念。
6. 研究者关注行为对研究对象的意义	研究者在整个研究过程必须不断地反省思考："我所看到的是真的吗？""为什么会有这些行为或现象出现？""这些行为对研究对象有何意义？"对于研究过程所收集到的资料及研究结果，必须尽量从被研究对象的立场与观点加以诠释和理解。

　　民族教育质性研究方法论是超越于日常经验之上的科学的认识论。这里的"科学"一词，倾向于批判理性主义（critical rationalism）意义上的科学概念，是一种破旧趋新的认识活动。其最终目的并不是为了获得对于问题的终极解释或绝对真理，而是为了寻求更好的、更有效的对真实的解释。② 一般来讲，质性研究取向的参与式观察法或深度访谈法更适合研究者了解某些特定群体日常生活的经验或行为的意义，从而更适合开展民族

---

① 潘淑满. 质性研究——理论与应用 [M]. 台北：心理出版社，2003：20 - 21.
② 全国十二所重点师范大学. 教育学基础 [M]. 北京：教育科学出版社，2000：35.

教育领域的相关研究。①

　　民族教育质性研究方法的科学性体现在三个方面：第一，明确界定民族教育研究的领域与范围。在民族教育领域内开展质性研究，同一般的教育质性研究相比，既有相似处，更有不同点。民族教育质性研究侧重于从民族文化敏感性与民族认知感角度开展研究。不同的民族拥有不同的民族文化与历史传统，因此，民族教育的延续和传承也存在着语言媒介、传承途径和价值取向的差异。正是这些差异性的存在，才能够体现出质性研究在民族教育研究中的地位与作用，这样看来，研究差异是开展民族教育质性研究的思维出发点与立足点，研究者要本着尊重差异的思想进行工作。第二，使用系统的、专门的调查方法。所谓"法"，即强调了研究的逻辑性与实证性。访谈法、观察法是民族教育质性研究中最常用到的两种具体的调查方法。访谈法不同于日常的聊天，观察法与随意的观看也不同。研究者为了更好地开展研究并收集到更多更为全面的研究资料，必须要提前设计较为完善的访谈提纲与观察量表等调查工具。此外，针对不同的研究对象，研究者可能会设计两到三份以上的访谈提纲和观察量表。调查工具的系统化和专门化标志着民族教育质性研究方法的科学性。第三，对人文社会科学领域内的问题做出科学、理性的解释。自然科学与人文社会科学之差异可以用"普遍真理"和"百家争鸣"来比拟。人文社会科学研究的产物，总会令人产生"公说公有理，婆说婆有理"的感受。究其原因在于，形成人文社会科学研究领域中的"范式"是非常困难的。不同的人文社会科学研究者均对社会领域的诸多复杂现象进行着自己的解释与建构，在一定程度上，也许每个研究者只是看到了研究对象的一个或者几个侧面，不能表达研究对象的全貌，会产生"盲人摸象"之效应，最终结果是谁也无法说服谁。而且更为重要的是，社会现象本身就是复杂多元的统一体，不同的社会现象在不同人看来就是"一百个读者眼中的哈姆雷特"。但是，不管社会现象多么纷繁复杂，不管大家的看法多么不一致，总的来说，人文社会科学研究的最终目的是通过在不同解读间开展积极交流和对

---

　　① 潘淑满. 质性研究——理论与应用［M］. 台北：心理出版社，2003：2.

话，最后形成更为恰当的解释方式。只有这样，才能使人类的社会现象知识持续不断地增长，才能满足发展人类教育实践的需要。对于民族教育来说，才能更好地解决民族教育领域中不断出现的新的教育问题。

对于民族教育问题的研究，只采用定量研究的方法，只是对收集到的数据资料进行统计分析是远远不够的，因为对某一民族的独特民族性与丰富文化性的内涵领悟，必须通过研究者亲自扎根田野，与特定民族的成员进行共同生活与感受，共同体验其中的内在文化，面对面地聊天谈心，才能有所思，进而有所感，最终有所悟。许多民族群体文化、生活、教育的内部真相，如果研究者不亲身经历，是永远无法知晓的，只能是触及皮毛。例如，专栏1-1描述了研究者在田野调查中对问卷调查法所进行的深刻反思。

专栏1-1

田野日志片段①

昨天早晨，我早早地来到了教室，带上提前准备的小本子、小铅笔等礼物，准备利用早自习的时间向X中学二年级（1）班的同学发放学生调查问卷。结果，一开始我就发现不对劲了，这些孩子们都不愿意动笔，后来我才发现，原来问卷中大部分文字，这些孩子们根本就不认识。于是，我寻求班主任老师的帮忙，老师很热心地帮助了我。他逐字逐句地将问卷从头到尾念了一遍，每念一道题，孩子们就答一道题，遇到不会的生字，老师会在黑板上画一个方块字，并将这个汉字的读音、拼写以及用法讲解一遍。一方面，我对老师的热情帮助感到感激，另一方面也担心时间有限会完不成这些问卷。果然，一个早自习结束了，问卷的一半都没有做完。因为问卷是不记名形式的，所以我不能回收问卷，而且研究组有规定，不可以耽误学校的正常教学

---

① 本专栏材料来自苏德教授主持的联合国教科文组织西班牙千年发展目标促进基金"中国文化与发展伙伴关系"项目"中国少数民族基础教育政策研究"课题和国家社会科学基金教育学重点招标课题"民族教育质量保障和特色发展研究"的研究成果。

活动，所以我更不能占用教师的正常授课时间来帮助我做问卷。无奈之下，我只能再三叮嘱这些孩子们，将问卷保存好，明天早自习的时候再把剩下的问卷做完。在感谢班主任老师之后，我离开了教室。今天早晨，我同样带着小礼物早早来到了教室，希望带着孩子们把剩下的问卷做完。为了节省时间，我并没有麻烦班主任老师，但班主任老师不一会儿也来了。在我婉转地说明了时间考虑后，班主任老师答应让我来带领学生们将剩下的问卷做完。结果，新的问题出现了。大部分小孩子，特别是一些男孩子，已经把问卷弄丢了，或者弄脏弄皱了，根本没法再用了。无奈之下，我只能带着那些还留着问卷的孩子们把剩下的问题做完，勉强收上来了一部分问卷。

经历了这次风波，我有如下几点体会。第一，到底什么样的研究对象才适合使用问卷调查开展研究，是研究者必须要提前考虑的重要问题。对于年岁尚小的孩子们，也许面对面的谈心交流更能帮助研究者收集到理想的材料。第二，问卷调查的信度和效度如何得以保证？例如，对于这个班级的小朋友，老师读一题，他们答一题，这种形式非常像有对错之分的知识问答，小孩子很可能会偷偷瞄一眼别的同学是怎么回答的，从而影响自己的作答。质性研究方法在某种程度上可以弥补问卷调查法的很多不足。

第三节　民族教育质性研究的理论范式与理论建构

一、民族教育质性研究的理论范式

理论范式能够为研究者提供认识世界的立场，也为研究者思考研究问题和选择研究行动提供支持。理论范式主要围绕本体论、认识论和方法论三个方面对社会现象和行为进行探讨。本体论是讨论"真实性"问题，即对日常社会生活的认识立场和假设。认识论是探讨"立场"和"态度"，即研究者与其被研究对象之间的关系。方法论是探究"方法"和"策略"，即研究者如何发现社会现象背后的真实性。

　　基于此，本节首先介绍实证主义，然后再介绍质性研究的后实证主义、批判主义理论、建构主义、自然主义、阐释主义、扎根理论、制度民族志、参与行动研究这几种理论范式，后者是对科学理性主义的一种批判。

（一）实证主义

　　实证主义理论起源于经验主义哲学，是一种"朴素的现实主义"。由自然科学（特别是物理学）实证研究范式的经验主义大师休谟（D. Hume）和法国思想家孔德（Comte）等学者倡导。[①] 实证研究范式认为，任何事物本身具有特定的规律，因而，社会现实所具有社会现象的真实性是可以被认识的，只要通过坚持"价值无涉"的客观立场与理性的态度，采取严谨的科学方法，经由探讨现象之间存在的因果关系就可以发现社会现象的真实本质。其中心论点是：事实必须通过客观的观察或感觉经验，去认识个人身处的客观环境和外在事物。实证论者认为，虽然每个人接受的教育不同，但他们用来验证感觉经验的原则，并无太大差异。实证主义的目的在于建立知识的客观性，认为量的研究是基于实证主义，在研究过程中非常重视研究工具的规范性和科学性，主张理论的真理性必须由经验来验证。[②]

（二）后实证主义

　　后实证主义源自于对实证主义的反省与批判。它认为客观真理虽然存

---

　　① 王锡苓. 质性研究如何建构理论？——扎根理论及其对传播研究的启示 [J]. 兰州大学学报，2004（3）.

　　② 陈向明. 质的研究方法与社会科学研究 [M]. 北京：教育科学出版社，2000：14.

在，但不可能被人们所直接证实，研究者只能通过"否定"的方式，来间接证实社会现象的真实性。这种"否定"就是通过客观、准确、严谨以及控制等手段和方法对现象进行"证伪"而接近真实。可见，后实证主义在对实证主义批判的同时，也还保留实证主义对严谨科学方式的信仰。但按照陈向明理解，她认为后实证主义范式为执行研究提供了一定支持，"根据我个人对后实证主义范式的了解，我认为可以将其分为两类，我将它们称为'唯物的后实证主义'和'唯心的后实证主义'。前者认为事物是客观存在，不以人的主观意识而有所改变；由于目前人的认识能力有限，因此不可能认识其真实面貌。持这种看法的人一般采取'文化客位'的路线，从自己事先设定的假设出发，通过量或质的方法进行研究。后者认为客观事实（特别是被研究者的意义建构）客观地存在于被研究者那里，如果采取'文化主位'的方法便能够找到客观事实。他们大都采用质的方法，到实地自然情境下了解被研究者的观点和思维方式，然后在原始资料的基础上建立'扎根理论'"①。

（三）批判理论

批判理论的一个非常明显的特色在于，它不是某个具有明确界限的理论，而是许多理论形成的"理论群"。所以，很难给批判理论下一个比较明确的定义。但是，批判理论是指通过揭露制度和文化中的霸权，以及这些霸权对畸形社会（如奴役、不平等、压迫等）的制造和复制，从而启蒙人的自觉、反抗的意识和能力，通过自身的抗争以获得自由、解放的理论。因此，批判理论范式是由许多理论观点建构起来的，这些理论主要包括法兰克福学派、女性主义等。这一"理论群"的基本观点是：承认社会现象客观现实的存在，但这种存在并不是静态的，而处于动态之中，并在不同的社会历史文化场景下呈现出不同的特质；这种现实的存在是在意识形态、权力作用下被各种社会、政治、文化、种族和性别等因素塑造而成的。因而，研究者在研究中必不可避免地有其价值取向和鲜明的立场，研

---

① 陈向明. 质的研究方法与社会科学研究 [M]. 北京：教育科学出版社，2000：15.

究就要通过研究者与被研究者之间的对话方式，将此还原到特定的社会历史脉络中，才能扭转和消除被研究者在权力架构下所产生的错误认识，从而发挥研究的"批判"和"解放"功能，达到实现社会改革或社会变迁的目标。

（四）建构主义

建构主义融合了胡塞尔的现象学、海德格尔和伽达默尔的诠释论以及符号互动论等哲学观点。虽然理论基础不同、在某些问题上观点有所不同，但它们都强调相对实在论，认为社会生活世界的意义是由多重主体互动中形成的经验共同构建的结果；这种方式建构出来的世界是多元的，社会现象的真实性知识存在于不同的情境之中，无须去探知其是否"真实"的问题，只需讨论其存在"合适"与否的问题。因此，研究者不是去探讨外在于人的客观世界，而是采取辩证对话的方式与被研究者产生互动关系，形成理解与建构的桥梁，"通过主体之间的理解，人类将扩大自身描述和解释事物的认知结构和叙事话语"[①]。所以，研究要以研究者为研究工具，在自然情境中才能把握被研究者的日常生活经验与行动意义。

为将上述的实证主义、后实证主义、批判理论、建构主义这四种理论范式进行对比，笔者引用了陈向明在《质的研究方法与社会科学研究》中依据本体论、认识论和方法论三个方面所进行的分析比较[②]，见表 1 - 2。

[①]　陈向明. 质的研究方法与社会科学研究［M］. 北京：教育科学出版社，2000：17.
[②]　陈向明. 质的研究方法与社会科学研究［M］. 北京：教育科学出版社，2000：14.

表1-2　在本体论、认识论和方法论三个方面的异同之比较

依据	实证主义	后实证主义	批判理论	建构主义
本体论	朴素的现实主义——现实是"真实的"，而且可以被了解。	批判的现实主义——现实是"真实的"，但只能被不完全地、可能性地得到了解。	历史现实主义——真实的现实是由社会、政治、文化、经济、种族和性别等价值观念塑造而成的，是在实践中结晶化而成的。	相对主义——现实具有地方性的特点，是具体地被建构出来的。
认识论	二元论的/客观主义的认识论；研究结果是真实的。	修正的二元论/客观主义的认识论；批判的传统/研究群体；研究结果有可能是真实的。	交往的/主观的认识论；研究结果受到价值观念的过滤。	交往的/主观的认识论；研究结果是创造出来的。
方法论	实验的/操纵的方法论；对假设进行证实；主要使用量的方法。	修正过的实验主义的/操纵的方法论；批判的多元论；对假设进行证伪；可以使用质的研究方法。	对话的/辩证的方法论。	阐释的/辩证的方法论。

（五）　自然主义

自然主义是质性研究中的古老传统，其基本假设是，存在客观的社会现实，而且这些现实能够被正确地观察和报告。[①] 阐明这种传统的、最早的，也是最著名的研究是威廉·富特·怀特（William Foote Whyte）在著作《街角社会》（*Street Corner Society*）中对康讷威利群体（一个意裔美国人的群体）的民族志研究。该民族志研究关注的是详细、准确的描述而不是解释，在研究方法上强调要以康讷威利群体自身的角度来进行报告，表现出自然主义方法要以研究对象"真实的"方式来陈述研究对象"他们的"故事。[②]

---

① 黄清，靳玉乐. 质的课程研究方法论评析 [J]. 课程·教材·教法，2004 (5).
② 艾尔·巴比. 社会研究方法 [M]. 邱泽奇，译. 北京：华夏出版社，2009：292-293.

"自然主义"有别于"理性主义"或"科学主义"。它认为现实具有多元的、构建的、分散的特性，但一个有机整体，要以整体方式去达到对现实意义的理解。它力图在真实的情境状态下把握研究过程。崇尚自然主义的方法论思想有以下两个突出要点：第一，研究者不去人为地干扰或改变研究现场和研究过程，即不将已有的理论框架、概念范畴、测量手段等强加于研究过程。研究者只是作为一个观察者、访问者、参与者或行动者深入到实地，收集第一手资料，并对这些资料做具体详尽的描述，使之真实地再现于读者面前，由读者自行做出体悟和判断；第二，注重对研究资料的情境性解释，强调把研究资料放到当下的情境中去解释。质性研究重视在自然情境下研究人的经验世界，以使得研究结果更加切合人们的实际生活。

（六）阐释主义

质性研究的理论基础还来源于一种被称为"阐释主义"的哲学观点，该范式认为，世界是人们在与自身及社会系统的互动过程中所建构、阐释和体验到的。研究不应该仅仅关注客观的、可验证的事实，同时也应该关注人们附加于事实之上的各种主观意义，辨识、整理并分析那些与客观行为（决策、活动、实践）相互关联的意义正是阐释主义方法论的核心要义。

阐释主义将人们如何阐释、理解和体验社会世界作为关注点，回答的不是"是什么"和"有多少"之类的问题，而是回答"为什么""怎么会"之类的问题。对此，质性研究通过参与式观察、深入访谈等方法来获取主观理解等方面的信息。[1]

（七）扎根理论

扎根理论被提出之前，社会科学普遍存在理论性研究与经验性研究严

---

① 普红雁. 质性研究的语言与逻辑 ［EB/OL］.（2010－11－11）［2012－02－10］. http：//www. sky. yn. gov. cn/ztzl / yq30zn/ zg30zn/mkszyyjs/0926292178140071186.

重脱节的现象。这种两极化（即宏观理论与贴近现实的经验性研究）加剧了理论与资料间的裂隙，扎根理论的创始人格拉泽和斯特劳斯声称其主张就是为了"填平理论研究与经验研究之间尴尬的鸿沟"①。过去只是偏重经验传授与技巧训练，而扎根理论为研究者提供了一套系统策略，即通过对来自观察资料的模式、主题和一般分类进行分析，进而得出理论。② 扎根理论可以被描述为在质性研究中，试图综合自然主义方法和实证主义方法，以达成"程序的系统化模式"的努力。

为了使得研究者在保证科学性的同时具有创造性，斯特劳斯和科宾（J. Corbin）认为研究者应该遵循五条准则：第一，比较性思考，比较多次事件非常重要，它可以避免出现偏差（与基于最初观察的解释）。第二，获取多种观点，通过不同的观察技术可以得到事件参与者不同的观点。第三，时不时地进行反思，随着资料的累积，会生成对"正在发生什么"的解释，对照这些解释检查资料很重要。第四，保持怀疑的态度，当试图解释资料时，应该把所有的理论解释视为暂时的，永远都不要将它们视为既定事实。第五，遵循研究程序，扎根理论允许在资料收集中灵活处理，其中比较、问问题和抽样三种技术是最重要的。③

（八）制度民族志

制度民族志发源于史密斯（Smith）对女性的研究。史密斯为了更好地理解女性的日常经历，着力去解释那些建构了这些日常经历的权力关系。史密斯和其他社会学家相信，如果研究者就"事情如何运转"这个问题来询问女性或者其他附属群体，他们就会发现那些建构了他们的现实的制度实践，这种询问的目的是要揭示那些经常被传统的研究类型所忽视的压迫。制度民族志将"微观层次"的个人日常经历和"宏观层次"的制

① 翁秀琪. 多元典范冲击下传播研究方法的省思——从口传历史在传播研究中的应用谈起 [J]. 新闻学研究, 2000 (53).

② 胡幼慧. 质性研究：理论、方法及本土女性研究实例 [M]. 台北：巨流图书公司, 2002：129.

③ 艾尔·巴比. 社会研究方法 [M]. 邱泽奇, 译. 北京：华夏出版社, 2009：292–293.

度联结在一起，从个人的经历开始，目的是要揭示建构和主宰了那些经历的制度性权力关系，在这个过程中，研究者能够揭示那些可能出于官方目的而进行的调查所忽视的社会侧面。①

（九） 参与行动研究

最后一种质性研究范式将会把研究者和研究对象之间的地位和权利关系的讨论引向深入。在参与行动研究范式中，研究者的作用是要为研究对象——特别是弱势群体——出谋划策，以帮助他们更好地实现自己的利益。在这种研究中，处于弱势的研究对象找出他们自己的问题和所渴求的结果，然后研究者设计方案以帮助他们实现目的。这种方法最初出现在第三世界的发展项目当中，之后迅速在欧洲和北美得到传播。这种范式认为，研究不仅具有知识生产的功能，还是一种意识教育、发展和行动动员的手段。参与行动研究的支持者反对那种认为研究者优于研究对象的假定，主张应该取消研究者和被研究对象之间的差别，研究者和研究对象之间应该是平等的，并且研究对象对研究目的和程序具有一定的控制权。

霍尔姆斯（B. Holmes）认为，质性研究"至多提供某种经验地检查从文件证据和检验结果导出的一般陈述（以及由此得出的语言）的有用性和效度方式……它只能作为检验假设的一种方式"②。因此，质性研究不应是一种封闭的研究范式，而是要以开放的姿态吸收其他研究范式的长处和优势。尽管上述范式并没有囊括质性研究的所有范式，但足以向读者们展示质性研究中的无限可能性。③

---

① 艾尔·巴比. 社会研究方法 [M]. 邱泽奇，译. 北京：华夏出版社，2009：299.

② Holmes B. Comparative Education: Some Considerations of Method [M] //薛理银. 当代比较教育方法论研究——作为国际教育交流论坛的比较教育. 北京：首都师范大学出版社，1993：135.

③ 艾尔·巴比. 社会研究方法 [M]. 邱泽奇，译. 北京：华夏出版社，2009：300.

二、民族教育质性研究的理论建构

理论是为了解释和预测现象，确定变量之间的关系，用系统的观点将相互关联的概念、定义和命题组织在一起的总和。理论是指一系列有条理、有关联的论点，是从其他方面去推论，并且可以对此现象予以解释。理论建构的最终目的是发展一个普遍且适用于人类行为及社会基础的准则，最基本的目标是形成理论以及可以发展一般人类行为与社会功能的普遍法则。[①] 理论建构有归纳式推理和演绎式推理两种方式。归纳式推理是从对个别事物的观察中推导出一般性的规律或法则。演绎式推理是从一般到个别，它是一种由一般结论推导出特殊或个别结论的方法。

质性研究采用归纳的方式建立自下而上的理论，重视在互动中建构理论和知识体系。它通过对现实现象的实地研究，在大量观察的基础上，对经验进行概括，并由此提出具有普遍意义的抽象理论，并以此来指导人们认识现实经验、解释及预测。质性研究中的扎根理论、诠释主义等理论范式，提倡通过调查产生理论。质性研究强调以"厚实描述（thick description）的方式建立理论，不只是一般的行为描述，而是透过缜密的细节描述其中的意图、动机、文化传统、行动的处境与形式。理论的目的是证明直接的经验，而不是抽象的概念原则。这些社会学者认为每一个人类情境皆是新奇的、突发的、多元的、冲突的，他们试着体会其中的涵义及矛盾"[②]。

同时，质性研究经常使用这些较一般的理论为架构，作为研究的问题及论述的观点。一般而言，研究者常在开始资料搜集的期间，使用实证的类推性或正式的理论来帮助形成最初的问题和研究假设。当开始聚焦在资料分析时，他们会借助其他理论，以不同的观点来帮助解释资料，并根据

---

① Corrine Glesne. 质性研究导论［M］. 庄明贞，陈怡如，译. 台北：高等教育文化事业有限公司，2006：30－32.

② Corrine Glesne. 质性研究导论［M］. 庄明贞，陈怡如，译. 台北：高等教育文化事业有限公司，2006：30.

资料分析的最终结果，为建构理论提供重要基础。

以扎根理论为例，陈向明认为扎根理论的操作程序一般包括：第一，从资料中产生概念，对资料进行逐级登录；第二，不断地对资料和概念进行比较，系统地询问与概念有关的生成性理论问题；第三，发展理论性概念，建立概念和概念之间的联系；第四，理论性抽样，系统地对资料进行编码；第五，建构理论，力求获得理论概念的密度、变异度和高度的整合性。[①]

第四节　民族教育质性研究的独特性与关注点

一、质性研究和量化研究的主要区别

在前面已提到民族教育质性研究的理论范式和理论建构，为了更清楚地了解民族教育质性研究的独特性和关注点，在此将从另一个角度，即质性研究与量化研究来阐释研究范式之争，并从质性研究和量化研究的对比中，发现质性研究方法的优势，以此发现民族教育质性研究方法的独特性和关注点。

（一）研究范式之争

范式多被定义为世界观或者指导研究者的信仰系统。在社会和行为科学领域，对范式的重要性关注最早的是库恩具有影响力的著作《科学革命的结构》。他在书中提到，范式就是在任何既定领域里被比拟生成的模式，尤其在不成熟的社会研究中，相互竞争的范式会同时出现。[②] 实证主义者以假设出发，是通过一般到特殊的演绎推理，论证不同现象之间的因果关

---

① 陈向明. 扎根理论的思路和方法 [J]. 教育研究与实验，1999（4）.
② 托马斯·库恩. 科学革命的结构 [M]. 金吾伦，胡新和，译. 北京：北京大学出版社，2003：84.

系或已预设的理论假设，并将其作为普适性的结果推广。而自然主义却与此想法不同，它没有预设，只是以研究者为研究工具，利用从特殊到一般的推理过程，形成"草根"理论，因此所形成的理论也不具有普适性。

（二）质性—量化研究方法之争

实证主义范式强调量化的研究方法，而经验主义范式强调质性研究方法。因此，这两个范式之争有时又被称为质性—量化方法之争。

质性—量化研究方法所呈现的主要区别如下。

1. 质性—量化研究的抽样策略

调查研究虽然希望能够对所涉及的群体（总体）进行研究，但由于人力、物力等限制因素，不可能对所有的研究对象进行调查。为此，研究者通过一定的标准和程序从总体中抽取一部分具有代表性的群体作为研究的目标群体，即样本。对于所抽取的样本来说，与研究问题的联系越紧密，样本对总体的代表性越高，研究的测量效度就越高。比如，要研究傣族学生的学业成就与阿昌族学生的学业成就表现的差异，就只能将同一学校中的傣族学生与阿昌族学生作为研究对象，而不能将其他民族的学生也作为研究对象，否则就减弱了此项研究的测量效度。在研究的过程中，选取有代表性的样本作为研究对象，对于质性研究和量化研究都是非常关键的研究前提。但是，质性研究与量化研究的抽样过程以及所使用的抽样策略却是不同的，所选取的侧重也不一样。

抽样方法一般包括概率抽样和非概率抽样，这两种抽样类型中同时又包含若干具体的方法。表1-3和表1-4分别展示了两种类型中的具体抽样方法。虽然在质性研究和量化研究中都可以采取概率抽样和非概率抽样方法。但是，由于一般量化研究都容易把握总体的情况，更多采取概率抽样；而在质性研究中情况则略有所不同。质性研究中如果把握了总体的情况，可以在开始调查阶段，多使用随机抽样，以便寻找合适的目标人群；当研究者针对某一问题进行调查时，则多采用目的性抽样；在质性研究中，如果由于不了解研究对象总体情况或研究问题的敏感性等原因导致无法获得被研究对象人数信息以及直接联系的情况下，则多采用滚雪球抽样。例如，由于"两基"攻坚任务直接与地方官员政绩相连，在调查中很难获得学生辍学的准确数字、很难联系到辍学学生进行调查。为此，就采用"滚雪球"的方式，通过辍学学生之间的联系找到其他辍学生。因为一个辍学生能提供更多其他辍学生的信息，包括姓名、家庭住址、辍学原因等信息。当然，研究者在调查过程中，有时并非单独选用某一种方法，而是多种方法并用。

表1-3　概率抽样类型①

概率抽样类型	描述和抽样程序
简单随机抽样	一个群体中的每一位成员都有同等且独立的机会被抽取。这个样本是通过偶然选择、一个随机数列或者计算机生成的随机数字而获得的。
系统随机抽样	基于样本所需要的数字，目标群体中的每一个成员都为这个样本而被选择。只有在群体被随机排序的列表中，这个方法才适用。
分层随机抽样	只有当总体的次级群体（分层群体）的比例已知时，才能使用这个方法；在每一个分层群体中抽取样本时，抽取是随机的。
比例抽样	每一个次级群体在样本中被抽到的比例和每一个次级群体在总体中被抽到的比例是一样的。
非比例抽样	不管样本在群体中所占比例是多少，这个样本拥有与来自每个次级群体的个体同样多的数量的个体。这个结果可归纳到次级群体中，不能归纳到总体中。这个抽样方法适用于一些比例较少，且使用简单随机抽样就能描述出比例的少数群体。
群体随机抽样	已将总体中的个体分组，选择其作为样本单位。因为这个分组是选择的抽样的单位，一般来说，选择相对较大的组数。5个随机抽取的学校样本不是一个真正的群体随机抽样。
多级群体抽样	这个抽样方法包括其他方法和群体抽样技术。比如，第一步选取学校区域，然后在每一个群体中随机选择个体/学校，或者在分层抽样群体中按照特定属性选取。

说明：这些方法在质性研究和量化研究中都可使用。

---

① Tashakkori A, Teddlie C. Mixed methodology：Combining qualitative and quantitative approaches [M]. Thousand Oaks：Sage Publications, 1998：75.

表1-4 非概率抽样（目的抽样）类型①

非概率抽样类型	描述和抽样程序
目的性抽样	根据具体的研究问题进行随机抽样，在适合这些个体/群体的信息的基础上，选取个体/群体。
同质性抽样	选取案例，比如，它们有相同的品质和/或相同大小的特性。个案可能是走极端或者离经叛道的或者是局外人，与特性有极强的相关，或者是一个特性相同的、平时的或经典的案例，不管样本大小，只要依靠研究目的进行抽样，个案都可以被选择。
异质性抽样	在一些对研究目标很重要的特性（比如民族，教育）上，选取最大异质性的案例。通常，要在每一个特性水平上，至少选取一个案例。
分组非随机抽样	这个与分组抽样近似，但其方式是非随机的、有目的的，且非常方便的。在研究中，从总体的每一个次级群体（分组）中非随机地选取个案或案例。在社会研究中，这也称作"限额抽样"。
滚雪球或链式抽样	从其他选取的样本群体中或者其他人那里透露的信息中选取样本。因为随着研究的继续，每一个新的个体都有提供更多有关其他合适案例信息，以及样本群体的可能性。①
顺序抽样	以一个简单的样本开始，直到得到期望的确定水平才停止抽样。比如，在聚焦群体中，当新的群体补充很少的或者几乎没有在先前群体中提供的概念/主题之上补充新的，抽样才停止。
方便抽样	抽样根据收集数据的实用性和方便性进行，而不是根据研究目的/问题的适用性进行。这些抽样也包括什么是"容易被获取的样本"（易于被研究者接触到的个体组成的群体，比如一个班级里的学生）、"志愿者样本""临时出现的样本"，等等。

说明：这些抽样技术在质性研究和量化研究中都可使用。

2. 质性研究方法的数据收集策略

质性研究的数据收集策略体现了质性研究设计的特点和优势。传统质性研究方法并不提前设计，而是在调查过程中形成研究问题和逐步设计研

① Tashakkori A, Teddie C. Mixed methodology: Combining qualitative and quantitative approaches [M]. Thousand Oaks: Sage Publications, 1998: 76.

究方案。当然，当前一些质性研究在研究开始就制定了数据收集策略，并在研究过程中逐步细化和完善。当前质性研究设计的数据收集方法，主要有以下几种。①

（1）更为注重被调查背景信息与其主体体验

为了深入了解被研究者主体体验及其解释，具体调查方法主要采用进入田野、深度访谈法和参与观察法等。

田野不只是指地理意义上的场所，也是指一个时空场景。选择和进入田野，是进入特定的社会文化脉络，能够整体描述、分析发生于其中的现象及其意义。因而，田野选择所采取的策略，注重其代表性和特定性；进入田野后，经过初步了解，再从中选择进行深度研究的子单位。

与量化研究中的访谈法相比，质性研究所采用的主要是深度访谈法。深度访谈（in-depth interviews）是为了获得"参与意义"资料的开放式反应问题——人们在自己的生活中，如何构思他们的世界，以及他们如何解释重要的时间或"赋予意义"。访谈可能是重要的资料收集策略或观察策略自然发展的结果。② 例如，政策决策一向被认为"黑箱"，要揭开这个过程，就需要通过与之相关的利益集团参与程度与谈判方式来加以反映。而这种行为及其背后的权力关系需要深入与相关人员进行互动，通过开放性的深度访谈获取相关信息。

参与观察法在质性研究中运用较为普遍，是研究者发现新问题、了解人物关系的主要途径，也是质性研究者进入研究场域就开始不断使用的方法，研究者要保持一颗开放的心，观察周围的一切人、事和物。③ 这个方法在第七章将会具体介绍，所以在此不再赘述。

（2）运用他人收集和记录的数据

这种方法也被称为实物收集法。实物包括手工制品，也包括人力所为

---

① Tashakkori A, Teddlie C. Mixed methodology：Combining qualitative and quantitative approaches [M]．Thousand Oaks：Sage Publications, 1998：100 – 102.

② 王文科，王智宏. 质的教育研究——概念分析［M］．台北：师大书苑公司，2002：124.

③ Tashakkori A, Teddlie C. Mixed methodology：Combining qualitative and quantitative approaches [M]．Thousand Oaks：Sage Publications, 1998：105.

的东西。例如，在教育研究中，政府的政策文件、学校所发的内部文件（公开的、未公开的）、教师教案、学生课表（在有分班的学校，"好班"和"差班"的课表具有对比意义）、学生成绩、学生日记等。但是，在收集和整理实物过程中，研究者需要追问自己，"这些数据是真实记录的吗？""它们保存得完整吗？"如果信息保存不够确切，或者是为了某些人的利益才被选择性地保存下来，那么研究结果的信度就会受到怀疑。① 比如，有些学校办公室张贴的大幅课程表就很有可能是为了"遵守规矩或统一模式""迎接上级检查"才挂上去的。所以，这样的课程表数据并没有真实记录学生的实际授课课程，体育课和音乐课的实际上课课时也许并没有达到课表所安排的课时。因此，研究者需要亲自到目标班级中询问授课科目情况并进行翔实的记录。

3. 数据整理策略

量化研究的数据整理一般运用描述统计和推断统计两种方法。描述统计一般是对研究对象的背景信息进行统计；对于结果的分析，一般运用差异检验等方法。而质性研究主要采用分类、编码等方式对访谈和观察材料进行分类整理，将富含相同信息的数据进行多次编码，新的编码是对上一次编码的整理和统筹，会得到更多的数据信息。当然，在质性研究中，柱状图、饼图等图表也是展现质性数据的方式之一。

量化研究技术一般以实验、调查、结构化的访问与观察、准实验等方法开展，资料以分组方式列出。量化研究者认为，研究结果可以并且能够推及其他时间和场景中去，也可以对预设进行正确与否的判断。质性研究则不然，质性研究者认为研究结果是自身和参与者共同建构的知识网，研究结果属于当时、当地，不能推及其他时间和场景中。

---

① Tashakkori A, Teddlie C. Mixed methodology: Combining qualitative and quantitative approaches [M]. Thousand Oaks: Sage Publications, 1998: 108 – 109.

二、质性研究对于民族教育研究的独特性

民族教育研究的独特性在于它的研究对象，以及由研究对象所决定的研究方法。民族教育学的研究特点表现在：跨文化性特点，学科交叉特点，多语言、多文字性特点以及实践性特点。民族教育学这门学科研究的是具有不同文化背景的少数民族地区的教育，是一项具有"跨文化"性质特点的研究，研究对象是具有不同语言、不同文化背景的人。所以，一项民族教育研究成果不能完全照抄照搬到其他民族地区的教育中去。① 而质性研究则是深入到研究对象内部，从研究对象的视角看待问题与解释现象，而不是从研究者的视角看问题，在一定程度上质性研究可基本符合民族教育的特性。因此，质性研究方法也就必然成为民族教育学的主要方法。从某种程度上来说，田野调查法是质性研究的一个最根本的方法。研究者参与到目标群体的生活中，与他们一起生活，处于学生生动的文化场景和教育场景中，运用访谈、参与观察等质性的数据收集方法搜集数据，开展调研。

所以，综合民族教育研究的特性和质性研究相比于量化研究的优势发现，质性方法非常适合民族教育研究，两者具有浑然天成的融合能力。

（一）从研究对象上看，扩大了民族教育的研究领域

研究者保持开放的心态到生动的学校场域中，广泛观察、深入思考，不仅能够观察到很多新的问题，还能将问题的来龙去脉了解得更为透彻、清晰。如果只是将一张量表发到学生手中，收集数据，然后做差异检验，这等于主动放弃了更多发现问题的机会。教育的对象是活生生的人，广大的教师和学生都参与其中，互相影响并建构了丰富多彩的教育活动。所以，质性研究的优势完全可以在民族教育研究中发挥出来。同时，民族教育研究也能够在质性研究方法的帮助下，发现更多新的问题和现象。例

---

① 哈经雄，滕星. 民族教育学通论［M］. 北京：教育科学出版社，2001：11－12.

如，韩嘉玲教授在贵州省黔东南苗族侗族自治州做了多年田野调查，发现"留守儿童"的教育问题、跟随父母外出打工离乡进城的"流动儿童"的教育问题。通过研究发现了"流动儿童"在城市受教育过程中遇到的一系列问题，如"打工子弟"学校面临拆迁的问题、身份认同问题。这些研究方向正是研究者在田野调查过程中对当地的经济、就业、打工等现象进行深入的参与式观察和跟踪调查才发现的。目前这些数据已成为我国教育政策制定的重要来源和依据。

（二）从研究视角来看，发挥了研究者更大的主观能动性

量化研究一般需要研究者做理论预设，用研究结果论证假设。但是民族教育问题，尤其是那些当地的语言、文化以及经济状况是实际存在的，不需要对其进行理论上的假设，因此很难将这些因素作为变量进行量化。所以，研究者要研究民族教育问题，最好运用质性研究方法中的观察、访谈等数据收集方法。通过质性研究方法对当地的教育参与者进行深描，上至当地的教育官员，下到学校的教师、学生以及社区人士。将学校发生的事实与政府以及当地的社区文化和经济联系起来，避免刻板和独断的分析倾向，让研究者从更广泛的视角看待问题。通过分析成因，给予研究者更大的发挥空间和主观能动性，以免陷入量化的数据结果，不能澄清事物发展变化的过程。

三、民族教育质性研究的关注点和成就

（一）民族教育质性研究的关注点

不同的研究问题适合不同的研究范式。与量化研究相比较，质性研究比较适合于探究特定情境下人们互动的方式、人们如何赋予其生活环境中事物和行为的意义等问题，倾向于描述和探究事情或现象"为什么"发生、"如何"发生，而不关注"是什么"等问题。

因此，由以往质性研究所关注的问题来看，质性研究者主要关注以下

问题：第一，特定群体或弱势群体的处境及所面临问题。质性研究者更感兴趣研究某种处境地位、行为偏差的个体或群体。例如，民族教育质性研究关注处于特定不利处境的少数民族学生。第二，关注一些特定的主题。执行研究者更多的是与性别、种族、政治和权力相关的主体。例如，民族教育质性研究关注少数民族学生的认同状况。第三，能够提供特定情境下人们行为及其意义的场所。例如，贫民窟的街角能够呈现离家、终日晃荡于街头巷角的社会低下阶层青少年的行为、互动等。第四，具有特殊作用的时间。例如，青海省藏族土族村寨六月节，它对其儿童社会化甚至整个村落秩序与结构具有重要的影响。当然，研究可以初始于他们感兴趣的群体，但也可以从其他的关注点入手。①

那么，对于民族教育质性研究感兴趣的研究者，有必要通过下列问题来检视你自己能否接受质性研究和成为一名质性研究者。

1. 你对人们感兴趣，并且也对人们的感觉、人们所处的情境，以及人们周遭的环境能够感同身受。

2. 你对于处在自然环境当中的真实的人们感兴趣。

3. 你有兴趣去研究具有某些特质的个人所拥有的行为、想法，或者是感觉。

4. 你喜欢有机会可以去探索一些观念。

5. 你想要研究一些有关人们如何互动、社会网络如何发展，或是文化如何演化的问题。

6. 你善于评判自己与他人，并且拥有内省的观点。

7. 你喜欢与人群在一起，并且观察他们之间的微妙互动情形。

8. 你认为在事实与表格之外的事物也都具有其价值。

9. 你对于研究学校、教室，以及儿童感兴趣。

10. 你认为在事物与表格之外的事物也具有其价值。

---

① Lichtman M. 教育质性研究实用指南［M］. 江吟梓，苏文贤，译. 台北：学富文化事业有限公司，2010：72－73.

11. 你喜欢新奇的做事方法，而且本身也喜爱创新。

12. 你是个良好的倾听者，而且也善于提出问题。

13. 你乐于处理事情，能面对模棱两可的情况。

14. 你能够忍受没有结构的情况。

15. 你喜爱写作，而且也写得一手好文章。

16. 你必须能够写出一篇研究报告、论文，或是学位论文。

17. 你乐于把研究当成不只是假设考验而已。

18. 你心胸开放，并且能够接受新的观念。

19. 你承认所有的研究都是复杂而且具有挑战性的，而且你不必要去找到一个最简单的方法来进行研究。①

通过对以上问题的回答，可以评估自己对于质性研究方法的接受程度。你越接近以上情况，就越适合进行质性研究。

总之，在对民族教育开展质性研究时，需要关注到质性研究自身所具有的一些特征和优势，它关注"为什么"和"如何"，将对被研究者的个人经验和意义建构进行"解释性理解"或"领会"，重视研究者和参与者的关系。因此，无论你研究民族教育领域中的任何现象或问题，都将关注到少数民族学校场域内人与人之间的互动过程，观察人们互动的方式以及他们自身对事实的理解。当然，质性研究者自身需要具备不断反思的意识和能力。

（二）本书编者运用质性研究方法研究民族教育已取得的部分成果

质性研究过程已受到国内外广大教育研究者的欢迎。运用质性研究方法对民族教育现象和问题进行研究，在国内外已经产生了大量的研究成果。本章作者所做的联合国教科文组织西班牙千年发展目标促进基金"文化和发展伙伴关系"项目"中国少数民族基础教育政策研究"课题，就

---

① Lichtman M. 教育质性研究实用指南 [M]. 江吟梓，苏文贤，译. 台北：学富文化事业有限公司，2010：67 – 68.

是运用了质性研究方法对中国3个省份6个项目县的12个个案学校进行了将近两年的深入的田野调查,对学校的教师和学生以及社区人士进行了深入的访谈和密切的参与式观察,获得了丰富的第一手资料。因为调查覆盖面广,涉及的教育政策广泛,需要有足够多的、能干的调研团队。而课题组成员一般是中央民族大学教育学院的师生,在学生当中,有的同学从未到过民族地区,对于民族教育只是书面上的了解。如果开展量化研究,进行理论预设,不仅对研究问题把握不够深入,对于研究团队来说,也是一个大的挑战。而田野调查对于从未接触过民族教育的调查者来说,同时也是一个难得的机会。他们可以深入民族地区的学校当中,与当地的教师和学生生活在一起,通过参与式观察真切体会民族学生在学校中遇到的问题以及当今我国民族教育所面临的困境。最后,经过不断的调查,研究获得了很多有价值的宝贵材料。最终成果形成12个个案学校基线调研报告、1个总报告和1本培训教材,这些成果受到了联合国教科文组织驻华代表处的高度认可和赞扬。

本书参编作者乌拉·安布罗修斯·马德森教授一直青睐于使用质性研究方法开展教育研究,她撰写的《丹麦化:学校教育和他者的建构》(*Danishness*:*Schooling and the Construction of the Other*)研究报告就是在深入田野调查的基础上形成的,研究主要基于后现代的理论视角,旨在探究来自格陵兰岛的学生在丹麦接受现代化教育过程中的不适应和文化矛盾。她在另一篇民族志文本《现代尼泊尔:学校教育和身份的形成》(*Schooling and the Formation of Identity in Modern Nepal*)中,通过对3个来自尼泊尔较低社会阶层的儿童在社会和学校间所建构的不同角色,分析得出学校教育对于学生身份认同的建构作用。尽管如此,学生依然生活在对身份认同具有危机感的等级制度中。

当然,选取何种方法取决于研究问题。任何一种方法都要针对研究问题去设计和运用,不能"为了方法而方法",也就是不能为了坚持质性研究,而忽略了量化研究方法的运用。任何一种方法都有它的弊端和限制,传统的建构主义者和实证主义者在研究方法上走向了两个极端,但也给后来的研究者提供了创新的源泉和研究路径。后现代建构主义和后现代实证主义研究者不断地磨平传统经典研究范式的棱角，吸收对方的长处，弥补自身研究的不足，走向了一个融合的新阶段。将量化研究和质性研究相融的混合方法论的出现，正是这一融合阶段的产物（见专栏 1 - 2）。在民族教育研究过程中，这两种研究方法都在发挥着各自的价值和作用，共同为民族教育研究服务。

专栏 1 - 2

混合方法①

使用混合方法（mixed methods）的目的，就是要在单独一项研究中同时使用质性与量化的研究方法。许多学生被混合方法所吸引的原因是他们知道教授们偏好统计学那种有结构的研究方法，但教授们同时也承认由观察或是访谈所得到的资料可以产生丰富的资讯。克瑞斯维尔（Creswell, 2003）在他的著作《研究设计：质性、量化和混合方法路径》（*Research Design: Qualitative, Quantitative and Mixed Methods Approaches*）中，提供了一些如何以混合方法进行研究的细节。针对混合方法这个主题，你也可以去阅读塔夏克利与泰德利（Tashakkori & Teddlie, 2003），或是强森与克里斯汀生（Johnson & Christensen, 2008）的著作。

【章节回顾】

通过本章的学习，相信你已经对于质性研究方法的起源有了大致的了解，对于民族教育质性研究的特质和类别有了基本的认识。但是，也许你仍然对于质性研究的理论范式和理论建构感到迷惑。不仅如此，你可能还在犹疑自身是否具有质性研究者的特质，是否可以成为一名出色的质性研究者。请不要迷惑！你要思考质性研究的范式，只需不断地反思自身看待

---

① Lichtman M. 教育质性研究实用指南 [M]. 江吟梓，苏文贤，译. 台北：学富文化事业有限公司，2010：140.

事物的方式，你对事物本质的看法，你对研究结果的推论，你对自己在研究过程中的角色认识，你对参与者的认识，等等。通过在这几个方面的反思，你将找到切合自身的研究范式和研究方法。

【学习提升】

找到一个你所感兴趣的范式，深入反思以下问题。

1. 在这个范式当中，研究者如何看待自身所处的角色。

2. 找到一个主题，比如"少数民族初中学生辍学原因探讨"，假设自己作为一名质性研究者，请设计你的调查方案；假设自己是一名量化研究者，请设计你的研究方案。

3. 合作学习：和同伴一起讨论，互换角色，其中一个人作为质性研究者，另外一个作为量化研究者，向对方陈述各自的研究方案的优点，并陈述不足。

【章节逻辑图】

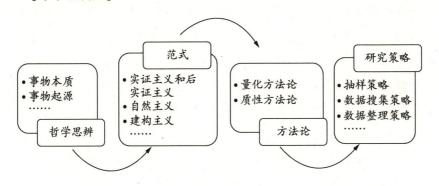

第二章 民族教育质性研究的
多学科研究策略

【章节导读】

在这一章中，我们将主要探讨四个问题，即多学科研究的概述、多学科研究策略在质性研究中应用的可能性、多学科研究策略在民族教育研究中应用的可能性、在民族教育质性研究中如何实施多学科研究。在多学科研究的概述这个问题中，我们首先将多学科研究放在学科研究发展史中来探讨多学科研究的兴起，然后在此基础上分析多学科研究的内涵，接下来将探讨多学科研究存在和发展的理论基础，最后将论述多学科研究对解决社会现实问题、发展科学和培养人才的价值。在第二个问题中，我们将从质性研究实施场域的情境化、质性研究操作技术的多元化、质性研究涉猎范畴的广泛性三个角度探讨多学科研究策略在质性研究中应用的可能性。同样，在第三个问题中，我们将会从民族教育实践的复杂性、民族教育学科的跨学科性、民族教育研究方法的多元化、民族教育中文化的整体性等四个层面分析多学科研究策略在民族教育研究中应用的可能性。关于民族教育质性研究中如何推进多学科研究，我们将借鉴国内外多学科研究的实践，从建立多学科研究组织、培养多学科研究人才和开展多学科研究活动三个层面进行探讨。为了更好地学习本章内容，我们提出如下建议：第一，参考其他关于质性研究方法的著作，进一步了解质性研究方法；第二，结合本章所示图表、专栏来理解相关内容。

【学习目标】

1. 了解多学科研究策略兴起的历程，并在此基础上理解单学科研究、跨学科研究以及多学科研究的关系。

2. 理解多学科研究的内涵，尤其是多学科研究实施的四个取向。

3. 了解多学科研究的理论基础和价值。

4. 结合质性研究的内涵，理解多学科研究策略在质性研究中应用的可能性。

5. 理解多学科研究策略在民族教育研究中应用的可能性。

6. 结合国内外多学科研究的实践，理解在民族教育质性研究中推进多学科研究的策略。

【关键词】民族教育研究；质性研究；多学科研究；范式

第一节　多学科研究的概述

一、多学科研究的兴起

从学科研究的发展史来看，它大致经历了单学科研究、跨学科研究和多学科研究三个阶段，而促使学科研究不断发展的动力主要包括两个方面：一方面是来自学科本身发展的需求，另一方面是来自现实社会的需要。现在就以推动学科研究发展的动力为分析视角，将多学科研究置于学科研究的发展史中来探讨其兴起的过程。

（一）从单学科研究到跨学科研究

纵观学科发展的历史，人们似乎能发现学科、学科研究与范式之间存在着密切的关系。众所周知，"范式"一词最早是由美国科学哲学家托马斯·库恩于 1962 年在《科学革命的结构》一书中提出来的一个核心概念和范畴。按照库恩的观点，范式主要是指某一科学群体在某一专业或学科中所具有的共同信念。这种信念规定了他们共同的基本观点、基本理论和基本方法，为他们提供了共同的理论模型和框架，从而成为该学科的一种共同传统，并为该学科的发展规定了方向。陈时见等人在此基础上明确地指出，"范式是标示一门学科成为独立学科的'必要条件'或'成熟标志'"①。也就是说，当学科独立时，其已形成相应的概念体系、理论基础、分析框架与方法论等范式构件。这些范式构件最初是该学科独有的"专利"，具有明显的学科属性。此时，每一门学科的概念体系、理论基础、分析框架与方法论都被限制在学科体系之内，学科自身的"内在逻辑"成为其发展和评价该学科的唯一标准，每一个学科共同体的首要任务就是自觉成为该学科的"猎场守护人"。同样，学科共同体的成员们最初对这些学科的内容以及相应的实践活动进行研究时，也必须遵循学科范式的基本要求在本学科领域内展开研究。人们将这种研究称为单学科研究。

我们必须承认，单学科研究在促使学科成熟、解决相应的社会问题和科学问题等方面确实做出了不可磨灭的贡献。但是随着学科本身的发展和人类社会的进步，人们开始逐渐认识到单学科研究的不足。

首先，单学科研究无法对研究对象进行全面的研究。正如前文所述，学科在自身发展过程中会逐渐形成一种"唯我独有"的学科范式。学科内所有研究活动都要受制于它的学科范式。范式中的概念体系、理论基础、分析框架与方法论等构件决定了研究者以什么理论为视角，采取什么研究方法，怎样分析学术概念或社会问题。也就是说，单学科研究只能认识研究对象的局部，无法获得整体认识，相对于深具复杂性和丰富性的现实问题而言，单学科研究更是无能为力。例如，语言学、历史学、宗教学、政治学、经济学和生物学都研究"人类"，但是它们都在本学科范式的指导下展开研究，对"人类"这个研究对象的认识只能是局部的。

其次，单学科研究无法解决复杂的社会现实问题。由于单学科研究自身不可避免的缺陷使它置现实社会的逻辑而不顾，强势的单学科研究甚至还要求社会现实要遵循其学科的自身逻辑，这显然是犯了本末倒置的错误。随着社会的发展进步，出现了一系列复杂的社会问题，如环境和生态保护问题、城市和交通运输问题、教育改革问题、民族问题、公众福利和社会保障问题等。任何一个学科都无法独自解决这些复杂性问题，因为单

---

① 陈时见，袁利平. 比较教育学的范式与学科生长点［J］. 比较教育研究，2007（3）.

学科研究只看到了问题的局部，而无法分析问题的全部。

综上所述，单学科研究在蓬勃发展的学科和日渐复杂的社会问题面前显得捉襟见肘。在这种情况下，学科研究由单学科研究开始向跨学科研究过渡。

（二）从跨学科研究到多学科研究

跨学科研究的出现与我们所熟悉的交叉学科和分支学科有着密切的关系。交叉学科，顾名思义，就是不同的学科将各自的学科范式有机结合后而形成的一门新学科。例如，教育学与心理学的交叉形成了教育心理学和心理教育学，教育学与伦理学的交叉形成了教育伦理学，教育学与管理学交叉形成了教育管理学，等等。诸如此类的学科都可以看作由两个单一学科交叉而出现的。

在交叉学科出现的同时，由于社会实践的需要以及研究领域的细化和深入，单一学科也在逐渐"裂变"，形成一系列的分支学科。例如，为了更深入地对民族教育学的学科内容进行研究，更好地解决民族教育实践中的问题，民族教育学在发展中逐渐"裂变"为理论分支学科和应用分支学科两大部分，其中理论分支学科包括民族教育哲学、民族教育生态学和民族教育社会学等学科；应用分支学科则包括民族学前教育、民族基础教育和民族职业技术教育等学科。

交叉学科和分支学科的出现意味着已有的学科界限已经被打破，学科之间的关系已经由隔离走向融通。某一学科可能会积极地运用相关学科的研究方法对同一主题进行多维度、立体式研究，鼓励各个领域的专家参与同一主题的"会诊式"研究。这样，学科研究由单学科研究过渡为跨学科研究。

当学科研究从单学科研究过渡到跨学科研究后，人们发现跨学科研究似乎并不能达到预期的要求。因为跨学科研究对于能源的开发利用、环境和生态保护、科学技术对经济社会影响等问题依然无能为力。加之科学研究中新的研究方向不断涌现，人类的认知逐步深化等客观现实，一些新出现的交叉学科和分支学科或者再次实现交叉，产生交叉性更明显的交叉学科，或者再次进行"裂变"，产生研究领域更细微的分支学科。这就使某些学科不再是两个学科的交叉，而是三个甚至更多学科的交叉。这就意味着当前跨学科研究已经向更高、更深的层次过渡，这就是当前流行的多学科研究（multidisciplinary studies，MDS）。

二、多学科研究的内涵

从上述对多学科研究兴起的论述来看，多学科研究是在不同学科研究范式交互作用的基础上形成的一种新的研究范式。具体来说，多学科研究就是通过运用不同学科的概念体系、理论基础、分析框架与方法论等范式构件，打开现代学科划分形成的学术研究壁垒，以开放的学术视野解决或解释科学问题和社会现实问题。

在多学科研究中，各学科的研究者们交流知识，相互通报研究成果，实现知识共享和方法共用。通过多学科研究，研究者们可以做到多维视角理解、认识和解释某一问题。有学者指出，多学科研究"就好像专业摄影，为了更清晰地把握住对象，对其采用不同的镜头或者分镜头处理而得到不同的成像"[1]。还有学者指出，多学科研究就是通过"横看"和"竖看"等方式对"庐山"进行研究，从而得到"岭""峰"的研究结论，并形成"远近高低各不同"的认识。[2]

在实施多学科研究的过程中，学者们往往会从操作技术的整合、一般理论的借鉴、分析框架的融通、现实问题的驱动四个层面展开研究。下面将分别进行介绍。

（一）操作技术的整合

在范式所包含的概念体系、理论基础、分析框架、方法论等构件中，方法论是较为简单的构件，多学科研究也最容易从这个方面入手。一般来

---

[1] 程瑛. 多学科研究方法的"独特"之辨 [J]. 高等教育研究，2010（5）.
[2] 卢真金. 高等教育多学科研究中的隐喻分析 [J]. 浙江教育学院学报，2010（6）.

说，在方法论层面，多学科研究强调将不同学科的方法论，尤其是操作技术进行整合，使其能最大限度地为多学科研究服务。一般来说，操作技术的整合主要包括不同学科操作技术的比较、移植、综合等形式。

（二）一般理论的借鉴

在范式所包含的概念体系、理论基础、分析框架、方法论等构件中，我们可以将概念体系和理论基础统称为一般理论。在一般理论层面，多学科研究通常会打破学科自我设计的界限，通过学科间概念体系和理论基础的互相借鉴，实现取长补短，致力于复杂问题的解决以及学科或科学的发展。一般理论的借鉴包括两种形式：第一种形式是以某一成熟学科为核心，借鉴其他学科相关的理论或方法；第二种形式是以某一研究主题为核心，围绕这一主题在不同学科间借鉴相关的理论与方法，并在此基础上整合成新的理论与方法。

（三）分析框架的融通

简单来说，分析框架就是学科解决问题方案，规定了解决问题的步骤、策略和技术。不同学科有不同的分析框架，因此不同学科对同一个主题进行研究时，所采取的步骤、策略以及技术是不同的，得到的解决策略也是不同的。每一个学科的分析框架都是一把"双刃剑"，因此多学科研究主张不同学科互相借鉴彼此的分析框架，取长补短，实现优势互补，从而提高解决社会问题和科学问题的质量。

（四）现实问题的驱动

恰如前文所述，社会的现实需要是学科研究得以持续发展的动力之源。多学科研究同样也是以社会现实问题为驱动的。多学科研究主张围绕某个较大的复杂性问题展开多元综合研究，其中包括纯粹为研究客观现象而实现的多方面综合，为探讨重大理论问题而实现的多学科综合，为解决重大实践问题而进行的多领域综合。例如，如何解决人类在太空生存的问题便是一个巨大的系统工程问题，需要在物理学、生物生理学、环境学、人类学等学科综合的基础上寻求解决之道。

三、多学科研究的理论基础

（一）芝加哥社会学派城市社会问题的多学科研究，为多学科研究树立了典范

20 世纪初至 20 世纪 30 年代以芝加哥大学社会学系为载体，在阿尔比恩·斯莫尔（Albion W. Small）、乔治·米德（George H. Mead）、威廉·托马斯（William I. Thomas）、罗伯特·帕克（Robert E. Park）等学者的努力下形成了芝加哥社会学派。该学派以芝加哥这一城市为天然实验场，运用心理学、生态学、统计学等学科来研究城市生活、反社会行为、小社区及种族关系、处境不利群体等社会问题，并通过研究对这些问题而形成系统、全面、整体的认识，进而寻求这些社会问题的解决之道。芝加哥学派从事的这种研究就是典型的多学科研究。因此，许多学者都认为芝加哥学派的研究开创了多学科研究的先河。

（二）"系统论"的出现使学科研究的对象由要素转向系统，为多学科研究奠定了理论的基石

美籍奥地利人、理论生物学家路德维希·冯·贝塔朗菲（Ludwig Von Bertalanffy）在 1932 年首先提出了系统论的思想。该理论强调系统组成部分，即要素之间相互作用、相互影响的关系，认为任何系统都是由要素组成的有机整体，它不是各个要素的机械组合或简单相加，系统的整体功能是各要素在孤立状态下所没有的性质。系统论的出现，使人类的思维方式发生了深刻变化。过去几百年来，人们在研究某些事物时，往往把作为系统的事物分解成若干个要素，然后再以要素的性质去阐述作为系统的事物。这种研究事物的方法主要着眼于要素，严格遵循"单项因果决定论"的思想，"虽然这是几百年来在特定范围内行之有效、人们最熟悉的思维方法，但是它不能如实地说明事物的整体性，不能反映事物之间的联系和

相互作用，它只适应认识较为简单的事物，而不胜任于对复杂问题的研究。在现代科学的整体化和高度综合化发展的趋势下，在人类面临许多规模巨大、关系复杂、参数众多的复杂问题面前，就显得无能为力了"①。正当传统分析方法对现实问题束手无策时，"系统论"为解决现代复杂问题提供了有效的分析方式。

（三）"复杂性思维"理论转变了学科研究简约化的思维模式，为多学科研究指明了理论的方向

法国思想家埃德加·莫兰（Edgar Morin）自 20 世纪 50 年代起就在法国国家科学研究中心从事研究工作，并长期致力于"复杂性思维"的研究。受系统论、协调论思潮的影响，他的"复杂性思维"研究自 20 世纪 60 年代就有了较大的突破。在莫兰看来，"我们的知识是在学科之间被分离、肢解和箱格化的，而现实或问题愈益变成多学科性的、横向延伸的、多维度的、跨国界的、总体性的和全球化的"②。莫兰旨在批判西方传统社会割裂、简约各门学科的思维模式，试图通过阐述现实的复杂性、寻求建立一种能够将各种知识融通的复杂思维方式，这种思维方式被称为"复杂方法"或"复杂范式"。在莫兰看来，仅有单学科，抑或仅有跨学科，还不能满足这个时代学术发展和社会发展的需要。因此，他在"跨学科性"之外，又提出了"超学科性"这一概念。所谓"超学科"，即统摄了各门各类的学科，充分体现了人类知识统一性的学科，其实就是采取多学科研究策略对某一问题进行整体的、系统的研究。

四、多学科研究的价值

多学科研究作为一种新的研究范式，对复杂社会问题的解决、科学的发展和学术共同体的培养都有着积极的影响。

---

① 魏宏森，曾国屏. 系统论：系统科学哲学［M］. 北京：世界图书出版公司，2009：128.
② 埃德加·莫兰. 复杂思想：自觉的科学［M］. 陈少壮，译. 北京：北京大学出版社，2001：138.

（一） 多学科研究有助于解决复杂的社会问题

当前，我们正面临着一系列大型的、综合性问题或以问题集形式存在的挑战，而且随着社会发展水平的提高，我们所面临的挑战似乎越来越复杂，也越来越庞大。能否有效地应对这些挑战，在于人类是否能有效地解决我们面临的问题。这些问题包括人们所熟知的地球村问题、风险社会问题、道德危机问题、个人价值取向多元化问题、生存安全问题、空间开发问题等。细观这些问题，我们可以发现很多学科都能对这些问题的解决提供一些建议，如教育学学科可以对风险社会问题、道德危机问题、个人价值取向多元化问题提出基于本学科的解决方法，但是如果想有效地解决这些问题，仅仅依靠教育学一门学科是不可能的。换言之，要解决这些复杂性的问题，仅仅依靠单学科研究、跨学科研究是不可能的。这就需要我们求助于多学科研究，通过多学科的交叉和协同对复杂的社会问题进行分析和探讨，进而从多角度寻求问题解决的方法。有学者曾对此做了一个形象的比喻："如果说寻找这些问题的答案，是一个寻找宝藏的过程，那么每个学科所掌握的知识可能就是藏宝图中的一部分。只有把这些彼此分离的地图碎片以一定的方式拼接起来，并补上一些必要的细节，我们才有可能真正找到宝藏。"[①] 由此不难发现，多学科研究在面对复杂的社会问题时，能够充分运用各学科所具有的学科优势来"解剖"复杂的社会问题，从而形成较为科学、全面、系统的解决策略，最终使复杂的社会问题得到有效解决。在科学知识日新月异的今天，人类社会面临的问题越来越复杂，要解决这些问题单靠一门学科很难做到。许多重大的科研成就，如 DNA 结构的发现、人类基因序列、载人太空飞船等都属于多学科研究的结果。

（二） 多学科研究有助于科学的发展和进步

托马斯·库恩曾指出，科学的发展是一个范式的完善和不断更替的过程。在库恩看来，"科学革命"的实质就是"范式转换"，是少部分人在

---

① 黄华新. 跨学科研究中的问题意识［N］. 光明日报，2011 – 03 – 29.

广泛接受的科学范式里，发现现有理论解决不了的"例外"，尝试用竞争性的理论取而代之，进而排挤掉"不可通约"的原有范式。范式的突破导致科学革命，从而使科学获得一个全新的面貌。从前文对多学科研究的内涵分析来看，多学科研究就是通过不同学科的范式来打开现代学科划分所形成的学术研究壁垒，以开放的学术视野解决或解释科学问题和社会现实问题。换言之，多学科研究能够使范式得到完善与更新，而范式的完善和更新又可以促进科学的进步与发展，也就是说多学科研究能够促进科学的发展与进步。关于这个推论，我们也可以从近现代科学发展史中得到足够的支撑。

近现代科学发展史表明，许多重大的理论突破和新的研究发现都源于多学科范式的交融。基于这些新突破和新发现，往往会形成一些新兴的研究方向和研究领域，最终促进科学的发展和进步，如生物化学与分子生物学、分子生物学与临床诊断学、生物物理与物理化学，等等。

（三）多学科研究有助于建立良好的学术共同体

托马斯·库恩曾指出，范式指的是一个共同体成员所共享的信仰、价值、技术等的集合，是常规科学所赖以运作的理论基础和实践规范，是从事某一科学的研究者群体所共同遵从的世界观和行为方式。在库恩看来，范式之所以在某个学科内运行要得益于学术共同体的遵循、维护和发展。

"学术共同体"在最初被提出来的时候，主要是指那些具有相同或相近的价值取向、文化生活、内在精神和具有特殊专业技能的人，为了共同的价值理念或兴趣目标，并且遵循一定的行为规范而构成的一个群体。马克斯·韦伯（Max Weber）对学术共同体的职责和使命做了详细的说明，他认为，"学术共同体的成员，必须'以学术为志业'。在这里，科学成为了一种存在方式，一种人生态度，甚至是一种精神境界。学术的评价、学术的标准、学术上的分歧，所有学术上的问题只有依靠学术共同体才有可能得到解决"①。由此不难看出，学术共同体在范式的更新与发展中具有特别的价值，我们在前面已经提到，多学科研究恰恰能够使范式得到完

---

① 韩启德. 学术共同体当承担学术评价重任［N］. 光明日报，2009–10–12.

善、更新。为此，我们认为，多学科研究有助于建立良好的学术共同体。

第二节　多学科研究策略在质性研究中应用的可能性

质性研究领域内的两位权威人物林肯和邓津指出："质性研究是一个跨学科、超学科，有时甚至是反学科的研究领域。这是因为质性研究不是来自一种哲学、一个社会理论或一类研究传统。"① 它受到很多不同思潮、理论和方法的影响，起源于很多不同的学科。换句话说，质性研究同时跨越社会科学、人文科学和自然科学三大领域，具有多学科性和多领域性的特点。以上论述充分说明，我们在运用质性研究时需要采纳多学科研究的策略，但这只是从质性研究的起源所做出的分析和探讨。为了进一步理解多学科研究策略与质性研究的关系，接下来我们将会从质性研究本身的特性出发探讨这个问题。

一、质性研究实施场域的情境化需要多学科研究策略

综观近年来社会科学领域研究方法的发展态势，不难看出，质性研究已经成为与量化研究相提并论、交相辉映的一种研究方法，得到越来越多研究者的青睐和使用。正如第一章所述，质性研究是在自然情境下以研究者本人作为研究工具，运用访谈、观察、实物分析、与研究对象互动等多种收集资料的方法，对自然发生的事件进行描述、归纳和提炼，从而阐释意义的一种活动。

从这一定义不难看出，质性研究是在自然情境而非人为环境中开展的，也就是说质性研究的实施场域是自然情境。进一步讲，这种自然情境是质性研究者开展研究的基础，为此研究者应该首先了解、认识该情境。众所周知，自然情境的构成是多元的、复杂的、立体的，如果仅仅从某一

---

① Denzin N K, Lincoln Y S. Handbook of qualitative research [M]. Thousnad Oaks：Sage Publications, 1994：576.

学科出发来认识、理解该情境，肯定无法获得全面、系统的理解和认识。而如果能以多学科的视角审视质性研究的情境，势必会从不同的侧面理解该情境，为质性研究的深入开展创造良好的前提和基础。

在通过多学科的策略对质性研究情境化的实施场域获得较为全面和系统的认识之后，质性研究者必须考虑质性研究的研究对象。从质性研究的定义不难看出，质性研究的研究对象是实施场域的一部分，其也被深深地打上"情境化"的烙印。在质性研究中，研究者要深入到自然情境中，对研究对象情境化的"生活世界"以及情境化的社会组织进行参与性观察、深度访谈等，以此了解他们情境化生活的状态和过程、他们所处社会文化环境以及这些环境对他们的影响，"从而对被研究现象有一个比较全面的、解释性的理解"①。为了获得"比较全面的、解释性的理解"，研究者注重客观现象的整体性和相关性，将所发生的事情放在一个丰富、复杂的背景下进行整体的、关联式的考察。因为对事物部分的理解必然依赖于对整体的把握，而对整体的把握又必然通过对部分的理解来实现。如果从背景中把行为、言辞或手势动作等与其前后关系隔离开来，就会犯"断章取义"的错误，研究就失去了意义，其结果必然是"盲人摸象"。为了避免这种现象的出现，就要求研究者对质性研究的场域进行多学科的研究，从不同学科分析、探讨"情境化"的研究对象。

综上所述，质性研究实施场域尤其是其中的研究对象是以情境化的形式存在的，正是这种情境化的形式需要我们从不同学科出发分析探讨，运用多学科研究的策略，获得较为全面、科学的认识。

二、质性研究操作技术的多元化需要多学科研究策略

一般来说，研究方法可以从三个层面来探讨，"第一个层面是方法论，即指导研究的思想体系，包括基本的理论假定、原则和思路等；第二个层

---

① 嘎日达. 方法的论争：关于质的研究与量的研究之争的方法论考察［M］. 北京：文津出版社，2008：133.

面是方法或方式，即贯穿于研究全过程的基本程序、策略和风格；第三个层面是操作技术，即在研究中具体使用的手段、工具和技巧"①。

　　质性研究作为一种涉及多个理论基础、多种操作技术的研究方法，自然也包括上述三个层面。对此，加拿大学者范梅南（Van Mannen）等学者将这三个层面的内容融为一体，并形象地指出，"质性研究像一把大伞，似乎什么都可以放到这把大伞下面"②。陈向明教授在此基础上则进一步指出，质性研究"就像一棵参天大树，下面掩荫着各色各样的方法分支"③。同时，她还通过"教育研究中质的研究方法"示意图对此进行了形象的展示，详见图2－1。④

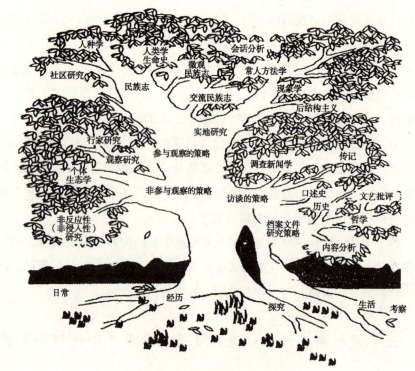

图2－1　教育研究中质的研究方法

　　① 袁方. 社会研究方法教程［M］. 北京：北京大学出版社，1997：26.
　　② Van Mannen J, et al. Varieties of qualitative research［M］. Beverly Hills：Sage Publications，1982.
　　③ 陈向明. 质的研究方法与社会科学研究［M］. 北京：教育科学出版社，2000：5.
　　④ 陈向明. 质的研究方法与社会科学研究［M］. 北京：教育科学出版社，2000：6.

从学者们的阐述和相应的图示来看，质性研究无论是在方法论上，还是在具体方法或方式上，抑或是在操作技术上都呈现多元化的特征。在此，我们将重心放在第三个层面，即操作技术上。

一般来说，质性研究操作技术的多元化主要是指研究者在质性研究中会采取多种资料搜集手段和资料分析技术。具体来说，在资料搜集手段上，研究者可以采用问卷调查、生活史访谈、焦点团体讨论、参与性观察、实物（包括文件）搜集等。在资料分析技术上，可以按照资料分析的深浅程度分为初步分析和深度分析，其中初步分析的技术主要包括数据统计、文本分析、资料编码等，而深度分析的技术则包括资料归类、以类属分析或情境化分析为主的深入分析等。

从资料搜集手段上看，研究者所运用的问卷调查、生活史访谈、焦点团体讨论、参与性观察、实物（包括文件）搜集等手段都来自于不同的学科。它们或者是某一学科的"独门方法"，或者是最初源自某一学科，后来被其他学科"借用"。例如，问卷调查法是社会学的基本研究方法，实物（包括文件）搜集和文本分析则是历史学的基本研究方法，生活史访谈则来自人类学的研究。如今，这些研究方法走出既有的学科领域，开始为其他学科服务。质性研究就是在吸取这些操作技术的基础上成为一种应用领域十分广泛的研究方法。从资料分析技术上看，无论是初步分析的技术，还是深度分析的技术，它们或者来自不同的学科领域，如数据统计最初是社会学中常用的研究方法，或者是多个学科交叉而形成的技术。从以上论述中不难看出，质性研究的资料搜集手段和资料分析技术本身就具有多学科的属性，为此在质性研究中采取多学科研究策略是合情合理的。

除此之外，我们还必须认识到，质性研究的操作技术在具体运用中不会只使用一种数据搜集手段和资料分析技术，往往是交叉运用的。更具体地讲，对同一个研究主题我们可能采用多种操作技术，可能同时运用来自社会学的问卷调查法和历史学的实物（包括文件）搜集法。在质性研究中，研究者将不同学科的研究方法汇聚于一体，而且在具体研究中交叉运用这些操作技术。不难断定，质性研究操作技术的多元化体现了多学科研究的特性。

三、质性研究涉猎范畴的广泛性需要多学科研究策略

恰如前文所述，质性研究受到不同哲学思想、不同社会理论的影响，致使其同时横跨社会科学、人文科学和自然科学三大领域，具有多学科性和多领域性的特点。也许正是因为这个原因，质性研究出现以来，就被广泛地应用在不同的学科范畴中，随着科学的进步、社会的发展以及质性研究本身的成熟，将会在越来越多的研究领域中出现，这是与其并列的量化研究所不及的。为了更深入地理解这个问题，我们还需从质性研究的学术传统谈起。虽然质性研究所探讨的各个领域并无清楚的分界线，但每个领域都有其独特的研究旨趣。比如，以个体生活经验或生活世界为研究旨趣的心理学，形成了现象学、诠释学等研究传统，但现象学与诠释学在具体的研究范畴上又存在一定的区别，现象学主要探讨个体行动者的意象世界，而诠释学则主要分析个体行动者在社会脉络中的行为。社会学以社会世界、社会生活为研究旨趣，并在此基础上产生了常人方法论、符号互动论（又称语义学）以及扎根理论的传统，其中常人方法论主要关注人们如何在社会生活中达成共识，符号互动论主要关注人们如何在符号环境中创造互动，扎根理论则关注社会各个类别中的一般关系是怎样的。因在实践活动及其过程中运用了质性研究，于是就产生了诸如护理研究、教育研究、组织/市场研究等研究领域，它们分别以照护工作、教与学、管理与消费为主要的研究内容。更多的阐述可见表 2−1。

表 2 - 1 研究范畴与研究的学术传统①

研究范畴	研究的学术传统
生活经验（生活世界） 　行动者的意象世界是属于个人的 　行动者暴露于社会脉络中	心理学 　现象学 　诠释学
个人的 　一个人的传记	心理学与人类学 　生活史（诠释传记）
行为/事件 　有时间性且处于情境之中 　与环境有关	心理学 　性格形成学 　生态心理学
社会世界 　人们如何达成共识 　人们如何在符号环境中创造及互动 　在社会各个类别中的一般关系	社会学 　常人方法论 　符号互动论（语义学） 　扎根理论
文化 　一个整体 　符号世界 　社会组织分享意义与语义规则的认知地图	人类学 　民族志 　符号人类学 　人种科学（认知人类学）
沟通/说话 　实际会话的方式与机制 　非语言沟通的方式与机制 沟通模式和规则	社会语言学 　会话分析（论述分析） 　人体动作学/近体学 　沟通民族志
实践及过程 　照护工作（关怀） 　教与学 　管理/消费 评价	应用型专业技术 　护理研究 　教育研究 　组织/市场研究 　评价研究

---

① 李晓凤，佘双好. 质性研究方法 [M]. 武汉：武汉大学出版社，2006：2.

从以上所述与表 2 - 1 所示，我们发现：首先，各领域的研究传统，并不是完全各自独立发展的，大部分是经由相互借用而发展出来的。其次，质性研究被广泛地应用在诸多的研究领域中，具有多重面向与多种焦点的特色。由此我们确定，质性研究并不是某些学科独有的研究方法，而是属于多学科的，体现了多学科研究的特性。

第三节　多学科研究策略在民族教育研究中应用的可能性

一、民族教育实践的复杂性需要多学科研究策略

马克思主义哲学认为，系统是由事物内部互相联系着的各个要素所组成的有机整体。系统与要素相互依赖、相互影响，没有要素就不会有系统；没有系统，也无所谓要素。但系统不是要素的简单相加，它是各个要素的有机结合，其功能大于各个部分机械相加之和。

依系统与要素的关系来看，如果我们把教育实践活动看作一个系统的话，那么它就包括许多构成要素。对此，不同学者有不同的认识，南京师范大学教育系主编的《教育学》指出教育由教育者、受教育者和教育影响三个要素构成，即"三要素说"①；《中国教育大辞典》中提出教育由教育者、受教育者、教育内容和教育环境四个要素构成，即"四要素说"②；美国教育家格雷戈里（Gregory）指出教育由教育主体、教育目标、教育内容、教育手段、教育环境、教育途径六个要素构成，其中教育主体即前文所述的教育者和受教育者，这就是人们常说的"六要素说"③。除此之外，还有其他的一些观点，在此不一一而论。在这些观点中，"四要素说"

①　南京师范大学《教育学》编写组. 教育学 [M]. 北京：人民教育出版社，1984：11 - 12.
②　孙喜亭. 教育问题的理论求索 [M]. 北京：人民教育出版社，2004：228.
③　杨兆山，姚俊. 教育学原理 [M]. 大连：辽宁师范大学出版社，2003：12.

相对较为科学，也最容易理解，因此其应用范围也最为广泛，在本书中我们也采用这种观点。

民族教育作为一种特殊形式的教育实践活动，也应该由教育者、受教育者、教育内容和教育环境四个要素构成。这些要素相互作用、相互影响，共同构成了一个复杂的有机体。同时，构成民族教育实践活动的教育者、受教育者、教育内容和教育环境都有复杂性的特征。具体表现在以下几个方面。

（一）从教育者和受教育者来看

不论是教育者，还是受教育者，都是世界上最复杂的生命体。民族教育的教育者和受教育者更是如此，因为他们在语言、文化、心理、生理等方面都具有比较明显的民族特性和文化特性，这就要求民族地区学校教育更多地考虑民族地区教育者和受教育者的实际需要。具体地说，民族地区学校的办学模式、办学类型、教学方法、课程设置、教学管理等方面既要符合普通教育者和受教育者的身心发展规律，还要满足民族地区教育者和受教育者特殊的需求。这在无形之中就使得教育者和受教育者的特性变得更为复杂。

（二）从教育内容来看

众所周知，民族教育在国外又被称为跨文化教育、多元文化教育。在我国民族教育也要基于文化多样性的现实，在传播人类共同的文化知识的同时，还要传授本民族和其他民族的优秀文化。这就要求各级各类民族学校一方面要按照国家统一的课程标准和审定教材进行教学，另一方面要进行本民族和其他民族文化知识的教学。

为了更好地在民族学校传承多元文化，需要在教学载体上采取相应的对策。一般来说，教学载体主要包括教学语言和教材。在教学语言上，许多民族学校都根据民族地区的实际情况，采用双语（汉语和少数民族语言）或三语（汉语、少数民族语言和外国语）来进行课堂教学。在教材方面，民族学校除使用国家统编的教材外，还要使用民族文字教材和自编教材。从以上对教育内容及其语言载体的分析来看，民族教育的教育内容比普通教育的教育内容更为复杂。

（三）从教育环境来看

学校教育环境是学校教育活动所必需的各种条件的综合，是按照人的身心发展这种特殊需要而组织起来的育人环境。依据环境组成要素的特征可以将学校教育环境分为物理环境与心理环境两类。其中，物理环境主要包括校园、校舍、教育设施、教室，以及教室中的色彩、照明度、温度、背景、噪声、班级规模及人数、课堂座位编排方式等；心理环境主要是指教师与教师、教师与学生、学生与学生等人与人之间的相互作用而形成的心理氛围，如校风、班风、课堂教学气氛、各种人际关系等。民族教育中的物理环境与心理环境更多受民族地区的政治体制、经济建设、民族文化、地理环境等区域特征的影响。这些区域特征在很大程度上不同于其他地区，但是这些区域特征都会反映到民族地区的教育环境中。单从心理环境中的校园文化来看，就可以体会到这种复杂性。民族地区的校园文化建设不仅要有一般校园文化的特征，还要凸显其民族性和地区性；不仅要从当前社会的宏观环境出发，还要充分考虑我国的现实国情，更要彰显民族地区的个性需求；不仅要将社会主流文化融入校园文化中，更要将民族的风俗习惯、传统节日、艺术活动、价值观念等纳入校园文化建设的轨道；等等。管中窥豹，可见一斑。在民族教育的教育环境的其他方面亦是如此，这种复杂性体现得较为明显。

综上所述，不论从哪个角度审视民族教育实践活动，都可以发现其具有复杂性的特征。从前文所述的复杂性理论来看，像民族教育实践这种复杂的活动，需要采取多学科的研究策略才能更深刻、更全面、更科学地理解其本质，从而为民族教育实践活动的开展指明方向。

二、民族教育学科的跨学科性需要多学科研究策略

学科间的交叉研究是自然科学、社会科学和人文科学发展到一定阶段

的产物，这也是当代学科发展的趋向。当前涌现出越来越多的学科，这些学科是由传统学科交叉而形成的。民族教育学就是在这种潮流中出现的一门交叉学科。

一般来说，民族教育学是由教育科学（教育学科群）与民族科学（民族学科群）相交叉而形成的一门具有综合性质的边缘学科。其中，教育科学中的马克思主义教育理论与民族科学中的马克思主义的民族理论是该学科的理论基础。民族教育学除了受教育学和民族学等学科的影响外，它还受其他众多学科，如自然科学、社会科学与人文科学的影响。其中，社会科学中的哲学、文化学、语言学、政治学、经济学、人口学、宗教学、民俗学、管理学、社会学、生态学、心理学、历史学、文学等学科，自然科学中的生理学、数学、物理学、医学、信息技术等学科，人文科学中的音乐、舞蹈、戏曲等学科都会影响民族教育学。民族教育学就是在众多学科的影响下而逐步形成的，因此从学科性质来说，民族教育学具有跨学科性。

民族教育学科的跨学科性意味着我们在审视这门学科时，不能仅仅从该学科自身出发，而要将其置于教育学、民族学的学科视域中来探讨，将其放在相应的自然科学、社会科学与人文科学中来分析。换言之，需要我们采取多学科研究策略来分析民族教育学。唯有如此，我们才能对民族教育学有更加全面、更加多元的理解和认识。

三、民族教育研究方法的多元化需要多学科研究策略

在我国，民族教育研究可以从广义和狭义两个角度来理解。从广义上看，民族教育研究是通过研究包括汉族在内的各民族的教育现象，解决各民族教育发展中的问题，进而揭示各民族教育的特殊规律以及跨文化教育的一般规律。从狭义上看，民族教育研究主要是探讨我国少数民族特有的教育现象，解决少民族教育发展中的具体问题，进而揭示我国民族教育的特殊规律。为了把广义的和狭义的民族教育研究区别开来，也有学者将狭义的民族教育研究称为民族教育研究。一般来说，学者们倾向运用狭义的

民族教育研究概念，本文所提及的民族教育研究亦属于后者。

从对民族教育实践活动的分析来看，我们发现这种实践活动具有复杂性，需要采取多学科研究的策略。从对民族教育学科的分析来看，我们了解到民族教育学这门学科兼有教育科学和民族科学的双重性质，同时兼受社会科学、人文科学和自然科学的影响，是一门具有综合性质的交叉学科，需要采取多学科研究的策略。对此，孙若穷等人指出，"民族教育研究是一项'跨学科'研究，需要有关各学科专家学者的参与，是一项巨大的系统研究工程"①。民族教育研究的跨学科特点在研究方法上体现得最为明显。从民族教育研究的发展历程来看，其最初的研究方法主要是从教育学或民族学等学科"借用"一些研究方法来研究民族教育问题，随着跨学科、交叉学科的涌现，民族教育研究的方法也逐渐走向多元化，除了运用教育学或民族学的研究方法，还大量地运用心理学、历史学、社会学、语言学、文化学等跨学科、跨文化的研究方法。时至今日，现代的教育技术学、信息工程学的相关理论与方法也被引入到民族教育研究中。民族教育研究方法的多元化趋势愈加明显，如果单单引用这些学科的研究方法，而不对其进行有机整合，不可能使民族教育研究取得长足的发展。为此，民族教育研究也需要采取多学科的研究策略。

四、民族教育中文化的整体性需要多学科研究策略

自教育活动产生以来，人们就没停止过对文化与教育之间关系的探讨。在此，我们分别从文化和教育的视角来阐述两者之间的关系。从文化的视角来看，文化不仅影响着教育内容，而且制约着教育观念，并规定着教育模式；从教育的视角来看，教育不仅传承了文化，而且融合、交流了文化，并创造着文化。对于从事民族教育工作的人来说，可能对民族教育与民族文化的关系更为关心。钱民辉指出，"民族文化和民族教育是互为依存、互为促进的，民族文化是民族教育的源泉，民族教育是民族文化得

---

① 孙若穷，滕星，王美逢. 中国民族教育学概论［M］. 北京：中国劳动出版社，1990：14.

以保留和传承的重要途径"①。由此，我们发现文化和教育的关系与民族教育和民族文化之间的关系几近一致。针对它们之间的关系可以用一句话来概括，即教育与文化之间、民族教育和民族文化之间是一种交融、共生的关系。因此，我们认为如果研究教育，必须研究文化；如果研究民族教育，必须研究包括民族文化在内的多元文化。

接下来我们将从文化的定义和民族文化的构成来分析民族教育与多学科研究策略之间的关系。

几乎每一个学科甚至每一个学者都有自己对文化的界定，郑金洲指出，"据不完全统计，有关文化的定义至今已不下三百余种"②。在此，我们依然采用爱德华·伯内特·泰勒（Edwards Burnett Tylor）的定义。他指出，"文化是个复合的整体，它包括全部的知识、信仰、艺术、道德、法律、习俗和作为社会成员所掌握和接受的任何其他才能和习惯的复合体"③。从这个普遍接受的定义来看，我们要研究文化，其实不是一件易事，这是因为文化是一个由一系列要素组成的有机整体。前文已经多次指出，对于类似的复杂性事物，不仅单学科研究无能为力，就连跨学科研究也显得捉襟见肘。为此，只能采用多学科研究的策略来分析文化。鉴于民族教育和民族文化之间的关系，在民族教育研究中必须采用多学科研究策略。

少数民族文化简称民族文化，是一种亚文化，具有文化的全部特性。了解民族文化应该首先分析其结构。学者们对中国少数民族文化结构的讨论，众说纷纭。在我国民族学界具有代表性的著作中，对民族文化结构的分类由早期一般主张物质文化与精神文化的二分法，发展为主张民族文化分为三个方面（物质文化、精神文化和社会组织/社会结构）的三分法，进而把少数民族传统文化结构划分为基础结构（包括生态结构、经济结构、政治结构）和价值结构，又根据传统文化的内容和功能把民族传统文

① 钱民辉. 民族教育三疑三议 [J]. 西北民族研究，2004 (3).
② 郑金洲. 教育文化学 [M]. 北京：人民教育出版社，2000：2.
③ 爱德华·伯内特·泰勒. 原始文化：神话、哲学、宗教、语言、艺术和习俗发展之研究 [M]. 连树声，译. 桂林：广西师范大学出版社，2005：23.

化分为衣食住行方面的生活文化、婚姻家庭和人生礼仪文化、民间传承文化、科技知识工艺文化、信仰崇尚文化、节日文化六个门类。我们在此采用四分法来分析中国少数民族文化的结构。"四分法"，顾名思义，就是将我国少数民族文化划分成物质文化、精神文化、制度文化和行为文化四个方面。其中，精神文化主要是指各少数民族的意识形态，如伦理道德、宗教信仰、世界观、人生观和价值观等。物质文化又称为器物文化，是指那些有形的、可以感知的物质和精神产品，如民族建筑、民族食品、民族服饰、生产和生活工具等。制度文化则是指少数民族为了自身生存、社会发展的需要而主动创制出来的有组织的规范体系，如政治制度、经济制度、家庭制度、亲属制度、法律制度等。行为文化是指少数民族在社会实践，尤其是在人际交往中约定俗成的习惯性定势，如民族语言、民族文字、婚丧嫁娶习俗、节庆民俗等。从民族文化的结构分析来看，如果对民族文化教学研究，就必须同时借助语言学、宗教学、政治学、经济学、历史学、生物学、心理学等多种学科，也就是说只有采用多学科研究策略才能系统全面地理解民族文化。鉴于民族教育和民族文化之间的关系，在民族教育研究中必须采用多学科研究策略。

第四节　民族教育质性研究中推进多学科研究的策略

从学科研究的发展现实来看，多学科研究是学科研究发展的方向。目前多学科研究已经在自然科学、社会科学和人文科学领域生根发芽。在我们比较熟悉的高等教育领域，关于如何开展多学科研究的探讨和尝试已经付诸实践。高等教育学者伯顿·克拉克（Burton R. Clark）最早把多学科研究引入高等教育研究领域。在 1984 年，他出版了《高等教育新论：多学科的研究》（*Perspectives on Higer Education：Eight Disciplinary and Comparative Views*）。该著作可称为多学科研究策略在高等教育研究中的力作，他在著作中指出，"各门社会科学及其主要的专业所展开的广泛观点，为我们提供了了解高等教育的基本工具，不管这个学科是历史学、经济学或政治学，还是其他社会科学，都给我们提供了考察世界的方法，我们可以将其应用到高等教育领域"①。在我国，潘懋元教授于 2001 年 9 月主编了《多学科观点的高等教育研究》一书，这是我国第一本多学科高等教育研究专著。该书从历史学、哲学、心理学、文化学、科学学、经济学、社会学、政治学、管理学、系统科学、比较教育学等 11 个学科，以高等教育的本质、功能、价值和发展规律为研究重点，对高等教育进行审视和分析，使各学科观点间体现出内在的逻辑顺序。最近几年来，越来越多的学者加入这一行列，他们不约而同地指出，在多学科交叉的高等教育领域，没有一种研究方法能揭示一切，若要对高等教育进行全面的研究，必须采取多学科研究的策略。

经过几十年的探讨，学者们对在高等教育领域实施多学科研究已达成共识。目前，学者们正在探索如何在高等教育领域深化多学科研究。那么，如何在民族教育质性研究中推进多学科研究策略呢？这是诸多学者都在思考的问题，也是本书关注的焦点。在此，我们根据目前国内外多学科研究的实际经验，结合民族教育质性研究的特性，提出我们的一些设想。

一、建立多学科研究组织

从学科研究发展的历史可以发现，不论是单学科研究，还是跨学科研究，都是借助一定的研究组织而发展起来的。这些研究组织可以聚集大批学者组成学术共同体，学术共同体可以通过研究组织开展科学研究、召开学术会议、培养研究人才。从当前各国的相关活动来看，自 20 世纪 50 年代和 60 年代起，许多国家，尤其是发达国家为了推动跨学科研究的发展，设立了一系列的跨学科研究中心、跨学科思想库、跨学科咨询机构，以及新型的跨学科大学、跨学科研究生院等研究组织。由此可以断定，研究组织是学科研究的载体和平台。

---

① 伯顿·克拉克. 高等教育新论：多学科的研究 [M]. 王承绪，等，译. 杭州：浙江教育出版社，2001：2.

在民族教育质性研究中推进多学科研究策略，也可以首先成立相应的多学科研究组织。这些研究组织既可以在那些与民族教育相关的科学研究部门、科研机构设立，也可以在民族院校和多学科大学中设立。目前，在我国民族教育领域尚不存在这种多学科研究组织，但是在其他领域近几年来已经出现，如中国科学院高能物理研究所多学科研究中心、清华大学微纳米力学与多学科交叉创新研究中心（见专栏 2－1）、汕头大学多学科研究中心（见专栏 2－2）等。

专栏 2－1

清华大学微纳米力学与多学科交叉创新研究中心①

设立于 2010 年的"清华大学微纳米力学与多学科交叉创新研究中心"（Center for Nano and Micro Mechanics，CNMM）有两重主要目的：（1）开创一类新型跨院系多学科交叉研究模式；（2）成长为特色显著的国际知名微纳米科技创新中心。

一方面，纳米技术源于基础研究，特别是基于物理和化学的原理（电—磁、生—化，以及简单系统的力—热）发展起来的；另一方面，现代力学（复杂系统的力—热）扮演着工程科学（钱学森定义）的角色，在工程建模和定量研究方面具有学科优势。本中心的独特点，是通过显著增加现代力学的分量，博弈于纳米科技"自下而上"的趋势和现代工科"自上而下"的研究潮流所交汇的微纳米尺度创新研究。

主要发展战略为：（1）三七开：集中逾70%的资源投入同时具有"自主创新知识产权和特色""潜在重大基础研究或高科技市场价值"和"近期可望取得关键突破"三个特征的若干主要研究方向；同时近30%资源用于培育具有远大发展前途的课题。（2）特色平台：围绕研究方向，组建优势互补、动态开放的研究队伍，主要成员为来自海外的全时新聘成员和清华大学及周边单位的双聘成员，并形成强大、便利、

---

① 中心简介［EB/OL］.（2010－08－20）［2014－05－09］. http：//cnmm. tsinghua. edu. cn/Chinese/channels/216. html.

有特色的联合实验平台。（3）国际化：与世界顶尖的若干纳米科技研究中心和高科技公司建立多赢、互补的战略合作伙伴关系；建立国际化的研究人员和学生交流机制。

　　主要研究方向包括：（1）Nano for Speed and Quality——原理上不能同时实现高速和极低耗散是制约现有众多微纳器件的关键技术瓶颈。我们开创并领先发展的石墨烯或碳纳米管范德华型新原理器件技术，为克服上述瓶颈提供了可能，并有望将现有计算机硬盘存储器的密度和读写速度提高多个数量级。（2）Nano for Strength and Energy——如果能将开采深度增加一倍，可供使用的石油将延长80年；纳米和纳米复合材料不仅可解决困扰上述可能的核心瓶颈，也可实现高效电能存储，有助于彻底解决汽车尾气问题。（3）Nano for Flow and Health——在微纳尺度可实现水的超级流动、超常蒸发和高效过滤。这对于采用低能耗解决中国北部地区由于缺水或水清洁所导致的一系列生态与发展问题提供了可能；也将用于改进中医的系统性生物体的理论，帮助人体健康。（4）Nano Instruments and Materials——中国已经成为世界上最大的昂贵微纳设备进口市场。增加力学的参与，为我国实现微纳设备跨越式开发提供了可能。

　　中心主要发起成员是清华大学的一群在纳米科学与应用领域经历长期合作，并取得显著创新成果的知名学者：郑泉水教授（中心主任、力学）、程曜教授（微加工）、格瑞教授（F. Grey，丹麦的第一个纳米技术教授）、魏飞教授（化工）、薛其坤院士（物理）和朱静院士（材料）。三年内，中心拟发展到约有20位全职或中外双聘教授/副教授、30位博士后和60位博士生的规模；新购或联合的微纳米实验设备合计人民币逾亿元。

　　中心的独特性增加了与国际现有顶尖纳米技术中心和高科技公司实现互补合作和多赢的可能性。至今，IBM在全世界共设立了14个"志愿者计算"项目，每个项目可采用多达数百万个计算机来解决人类广泛关注的一个问题。在中国的第一个项目已经确定由CNMM承担，由IBM在2010年6月上海世博会上公告。CNMM正在启动其他战略合作伙伴的确认工作，包括美国、日本、英国、德国、瑞士、丹麦、澳大利亚等国家的著名机构，如碳纳米管之父、日本远藤教授（M. Endo）领衔的研究中心，英国伦敦纳米技术中心，美国加州理工学院等。

二、培养多学科研究人才

在论述多学科研究的价值时，我们曾指出多学科研究有助于培养学术共同体。其实，学术共同体同样也有助于多学科研究的开展和深入。然而要成为多学科研究学术共同体的成员并非易事，因为其成员除了具备传统科学研究所要求的较高的专业科学素质外，还要经过多学科研究的训练，多学科的意识、视野和情怀的培育。而当前通过现有的教育体制是不可能培养出多学科研究人才的。因为传统教育体制的组织管理、教学内容、教学方法、专业和课程的设置等，都是围绕单一或交叉学科来运作的。

就目前从事民族教育研究的人才而言，大多是在单一学科教育模式下成长起来的，他们对单学科的知识和技能的重要性有较深的认识，并习惯于运用单学科的思维方式、知识、技能来思考问题或解决问题。

为此，我们必须改革现有的教育体制，这种改革应该涉及招生、培养、管理等环节。在此，我们主要从培养环节讨论改革的措施。我们认为应该集中力量改革现有的专业设置。众所周知，现有的民族教育专业多建立在单一学科的基础上，仅仅依靠民族学或教育学的理论和方法，最多将民族学与教育学的理论、方法整合起来进行专业教育。我们认为应该在跨学科的基础上将历史学、心理学、现象学、社会学等学科的理论和方法也融入民族教育专业中，从而培养具备多学科学术修养的人才。

专栏 2 - 2

汕头大学多学科研究中心①

中心简介

汕头大学多学科研究中心（Multidisciplinary Research Center, MRC）是汕头大学新成立的以生命科学为重点的多学科交叉研究中心，

---

① 中心简介 [EB/OL]. (2012 - 11 - 12) [2014 - 05 - 09]. http：//mrc. stu. edu. cn/chinese/student/yjsjy. html.

目标是成为国内一流的通过生物和化学相结合的方法合成新型生物材料的研究基地，同时发挥多学科的特点开发新材料的应用，旨在通过借助汕大理学院、工学院、医学院和其他人文学院的多学科环境，推动学科的相互渗透，从而提高整体的联合研究水平，同时为汕大各学科科研人员提供科研的软硬条件。

MRC 的功能

以生命科学为龙头，带动其他学科的发展，进行基础研究，并承担一部分课堂教学任务，支持其他相关院系申请博士点，提高不同学科背景的科技人员进行交流的机会，更重要的是进行一些基础研究转化为应用技术的开发，可以作为产业化的孵化器，用科技促进影响当地经济的进步。

学术研究

现有分子生物学、微生物学、细胞学、神经科学、高分子、化学分析等试验设备；

校内化学系、物理系、生物系、医学院的老师和同学在 MRC 工作或者进行合作实验；

研究生有生物、医学、化学、物理的研究背景；

已经形成一个多学科相互交叉的局面。

研究生招生

本研究中心拥有硕士到博士的培养体系，招收生物、化学、材料、计算机、医学背景的考生，有生物化学与分子生物学的博士点，生物化学与分子生物学和应用化学的硕士点，具备多学科培养环境，学生通过在不同领域实验室进行轮训，最终选定方向。研究领域包括生物材料、干细胞、合成生物学、神经生物学等热门领域，毕业生就业大多继续在科研院所从事研究工作或继续深造，深受好评。

研究生教育

多学科研究中心从 2004 年开始招收第一届硕士研究生，招收专业为生物化学与分子生物学博士生、生物化学与分子生物学和应用化学硕士，到现在已经毕业了两届研究生。在研究生培养上，中心目前有63名研究生（包括3名博士），已毕业39名研究生（含1名博士）。已毕业的研究生分别从事微生物、材料、分子生物学、细胞、计算机等方面的研究。通过强调创新性培养，在应届毕业生中，多数学生在毕业时至少有一篇SCI论文已发表或被接受，其中2005级硕士毕业生罗容聪获得2007年"南粤优秀研究生"和"汕头大学优秀研究生一等奖"，李子彪获得2008年"南粤优秀研究生"和"汕头大学优秀研究生一等奖"，巫林平获得2008年"汕头大学优秀研究生一等奖"，李晓涛等获得2008年"汕头大学优秀研究生二等奖"，获奖人数占学校获奖总人数的25%。在教学方面，自2004年起MRC的总教学工作量超过2000学时，培养从本科生到博士层次的人才，平均每年教学工作量为492学时，人均120学时/年，为学校的教学做出了贡献。

三、开展多学科研究活动

作为一种研究范式，多学科研究必须与具体的研究活动结合起来，这样不仅可以使多学科研究得到实践的检验，并得到完善、升华，还可以将多学科研究真正地与研究活动结合起来，凸显其独特的魅力。

当然，在民族教育质性研究中开展多学科研究，也应该尽可能多地开展多学科研究活动。但是研究活动的开展必须建立在问题的基础上，也就是说，只有我们找到问题，确定问题的真实性、复杂性和价值性，并愿意以此问题作为研究主题，我们的研究活动才能开始。然而，何谓"问题"呢？不同的学者对"问题"的认识也不尽一致。一般来说，"问题"就是"某个给定的智能活动过程的当前状态与智能主体所要求的目标状态之间的差距"①。对于民族教育来说，符合多学科研究要求的问题主要隐藏在

---

① 林定夷. 问题与科学研究 [M]. 广州：中山大学出版社，2006：73.

民族教育实践和民族教育学科中。具体来说，民族教育实践中符合多学科研究要求的问题主要有如下两类：（1）复杂性问题，即那些需要社会各个部门共同努力才能解决的问题，如民族教育政策法规的制定、民族地区教师的培养与留任等问题；（2）多学科性，即那些需要通过很多学科交叉才能解决的问题，如双语教学问题等。民族教育学科中符合多学科研究要求的问题主要是该学科范式中存在的问题，如一般概念中的界定混乱问题、分析框架不明确问题、方法论过于狭隘等问题。这些问题的解决不仅需要借助教育学学科和民族学学科的力量，还要从经济学、管理学、法学、心理学、哲学、历史学、政治学、社会学等学科中汲取丰富的营养，通过学科间的交叉、整合、应用，为问题的解决提供思路。

以上，我们从建立多学科研究组织、培养多学科研究人才、开展多学科研究活动三个角度，探讨了在民族教育质性研究中开展多学科研究的策略。在具体的实践操作中，建立多学科研究组织就已经包含了另外两个策略。这是因为有些研究组织，如汕头大学多学科研究中心，不仅能通过研究生教育培养多学科研究人才，还能自主地开展多学科研究活动。

【章节回顾】

本章所探讨的四个问题其实可以归纳为"是什么""为什么""怎么样"这三个依次衔接的问题。

"是什么"主要探讨了多学科研究是一种什么样的研究，它兴起的背景和理论基础是什么，它的价值是什么。

"为什么"主要分析了为什么多学科研究可以在质性研究中应用、为什么质性研究可以在民族教育研究中应用这两个问题。

"怎么样"主要分析了在民族教育质性研究中怎样实施多学科研究。

理解这三个问题及其关系是学习本章的关键。

【学习提升】

1. 阅读伯顿·克拉克的《高等教育新论：多学科的研究》以及潘懋元的《多学科观点的高等教育研究》，理解高等教育领域的多学科研究。

2. 2011 年 11 月 1 日，中国人民大学教育学院在北京组建成立，教育部副部长鲁昕，教育部前副部长、中国高等教育学会会长周远清教授，中国教育学会会长顾明远教授，清华大学副校长谢维和教授，中国教育科学研究院院长袁振国教授，中国人民大学校长纪宝成教授，中央民族大学教育学院院长苏德教授，北京师范大学教育学部部长石中英教授等学者在成立大会和之后的"新时期中国教育学科发展"研讨会上的发言中，阐述了多学科研究的价值、策略等内容，具体可查阅相关资料。限于篇幅，相关内容不再介绍。

3. 通过学习本章内容，选择一个与民族教育相关的主题作为研究对象，尝试采取多学科研究的策略，对其进行质性研究。

【章节逻辑图】

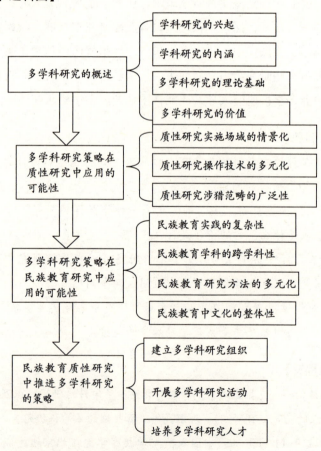

第三章　民族教育研究的伦理问题与民族教育研究者的文化素养

【章节导读】

本章首先介绍了早期心理学对弱势家庭儿童的研究以及早期学术研究对伦理问题的关注，并从人类学殖民地研究的角度来看待民族教育研究的伦理问题，即研究者在发表学术成果的同时，也要关注被研究者的权利是否得到了较好的保障。本章进一步介绍了人类研究的基本伦理要求，从而提出了民族教育研究的基本原则：研究对象自愿参与的原则和对其"不隐蔽"原则，保护研究对象隐私的保密原则，研究目的和过程本身要遵循的公正合理原则，研究结果的互动反馈原则。在民族教育研究中，研究者要本着"互惠"的原则为参与者做一些力所能及的事情，或是在行动中双方共同建构真正有利于民族地区发展、切实可行的措施。本章第二部分探讨了民族教育的文化性以及民族教育研究的跨文化性要求民族教育研究者应当具备的文化素养。

【学习目标】

1. 了解学术研究对伦理问题的关注。

2. 了解人类学研究的基本伦理要求。

3. 了解民族教育研究的基本伦理要求。

4. 理解并把握文化素养的概念，进一步将其内化到民族教育研究中。

5. 理解并把握民族教育研究中文化素养的特殊性。

6. 通过把握文化素养的维度和操作性定义，在民族教育中更好地培养文化素养。

【关键词】民族教育研究；伦理；互惠原则；文化素养；文化智力

第一节　民族教育研究的伦理问题

一、学术研究对伦理问题的关注

（一）早期心理学对弱势家庭儿童的研究

　　教育研究是一项面向人的活动，从研究设计、研究对象的选择、研究的实施到研究报告的撰写等环节，均渗透着人类社会的伦理问题。伦理（ethics）一词来源于古希腊语 ethikos，主要涉及善、恶、应当、不应当、正当、不正当等规范问题。研究伦理（research ethicds）是指学术研究人员在开展研究时涉及的价值判断问题，主要关涉"人""知识""民主价值观""研究质量"和"学术自由"五个核心方面。① 按照现在通行的研究伦理，研究目的必须对研究对象有直接或间接的助益，研究的进行必须无条件地尊重研究对象的尊严。②

　　目前的教育研究非常重视伦理问题。因此，即使一项研究解决了未知问题，但如果对被试造成了生理、心理上的伤害，这项研究的价值也不会被社会所认可。以下是早期心理学家华生（J. Watson）的实验（见专栏 3 –1）。

专栏 3 –1

早期心理学对弱势家庭儿童的研究（华生的实验）

　　1920 年，行为主义心理学家华生及其助手进行了一次著名的实验。该实验揭示了在一个婴儿身上是如何形成对恐惧的条件反应的。

---

　　① 文雯. 英国教育研究伦理的规范和实践及对我国教育研究的启示 [J]. 外国教育研究，2011（8）.

　　② American Psychological Association. Ethical principle of psychologists and code of conduct [EB/OL]. (2010 – 12 – 27) [2014 – 02 – 08]. http：//www. apa. org/ethics/code/index. aspx.

实验对象是一个叫阿尔伯特的小男孩，当他还只有9个月大的时候，研究者把一只白色的老鼠放在他身边，起初他一点儿都不害怕；可是，当用一把锤子在他脑后敲响一根钢轨，发出一声巨响时，他猛地一打战，躲闪着要离开，表现出害怕的神态。

给他两个月的时间使这次经历淡忘，然后研究者又开始实验。当一只白鼠放在阿尔伯特的面前时，他好像看到了一个特别新奇有趣的玩具，伸出手去抓它；就在孩子的手碰到小白鼠时，他的脑后又响起了钢轨敲响的声音，他就猛地一跳，向前扑倒，把脸埋在床垫里面。第二次试的时候，阿尔伯特又想用手去抓，当他快要抓住的时候，钢轨又在身后响起。这时，阿尔伯特跳起来，向前扑倒，开始抽泣。

此后，又进行了几次这样的试验，把老鼠放在阿尔伯特身边，钢轨在他脑后震响，阿尔伯特对老鼠形成了完全的恐惧条件反应，华生后来在实验报告中写道：

"老鼠一出现，婴儿就开始哭。他几乎立即向左侧猛地一转身，倒塌在左侧，四肢撑起身体快速地爬动，在他到达试验台的边缘前，用了相当大的劲才抱住他。"

更进一步的实验显示，阿尔伯特对其他毛乎乎的东西也产生了恐惧：兔子、狗、皮大衣、绒毛玩具娃，还有华生装扮成圣诞老人时戴的面罩。

停止一个多月以后，又对阿尔伯特进行实验，正如研究者所预测的，他哭了起来，对老师和一切展现在他面前的毛乎乎的刺激都感到害怕，这时候，已经没有任何钢轨敲击的声音。

这就是引起众多非议的"华生恐惧习得实验"。

华生的实验结果让我们了解到人类恐惧的形成过程，这是一个突破了人类未知知识领域的巨大贡献。但是，这个实验在现在看来不够人道，因此这类实验目前也已经被禁止了，因为它严重违背了伦理原则，给研究被试的心理造成了严重的伤害。在华生的恐惧习得实验成功后，他试图利用行为主义的方法将小阿尔伯特的恐惧反应消除，但由于对被试的跟踪失败而未能实现。

在教育研究中，如果研究过程给被试带来任何方式的身体或心理伤害，研究者都有责任消除其伤害。但实际上对被试会产生任何程度伤害的研究从一开始时就应当是被禁止的。

周全在其研究中，确定了教育研究的三个基本伦理原则①，其中也提出要尊重个人，必须将研究的参与者作为一个有自主权的人来看待。

（二）人类学的殖民地研究

"人类学"英文为"anthropology"，为希腊语"人的学问"的复合含义。简单地说，人类学就是对人类过去和现在所有的生物复杂性与文化复杂性的研究。② 由于早期的人类学研究多是在殖民地进行的，且人类学的形成与殖民国家对殖民地的民族风俗习惯和种族研究密切相关。因此，这门学科自产生之初，便与殖民统治紧密地结合在一起。法国著名人类学家列维-斯特劳斯（Claude Lévi-Strauss）曾在《民族学者的责任》（*The Responsibilities of Ethnologists*）一文中声称："正是由于殖民地的存在，人类学研究才成为可能，并且成为必要。因此，人类学与殖民主义确实无法分开。"③ 例如，英国人类学家马林诺夫斯基于 1914—1918 年在英帝国属地西太平洋的特洛布里恩小岛进行学术工作，在与当地人将近四年的相处过程中，他进行了深入而细致的调查研究。在研究过程中，其内容难免会涉及一些个人隐私问题，那么如何处理这些研究的伦理问题呢？正所谓做人要有道德准则，做学问也要有伦理准则。我们目前看到最早、最完整的伦理准则是以希波克拉底（Hippocrates of Cos，约前 460—前 377）的名义制定的古希腊医务道德誓词，即希波克拉底誓言（Hippocratic Oath）：

---

① 周全. 教育研究的伦理诉求——兼论《贝尔蒙报告》[J]. 现代教育论丛，2009（11）.
② 卢克·拉斯特. 人类学的邀请 [M]. 北京：北京大学出版社，2008：1.
③ 何星亮. 关于"民族学"与"人类学"的关系问题 [J/OL]. 民族研究，2006（5）[2012 – 05 – 07]. http：//www. gmw. cn/content/2006 – 09/16/content_ 474503. htm.

"我以阿波罗及诸神的名义宣誓：我要恪守誓约，矢志不渝。对传授我医术的老师，我要向父母一样敬重。对我的儿子、老师的儿子和我的门徒，我要悉心传授医术。我要竭尽全力，采用我认为有利于病人的医疗措施，不给病人增加痛苦和危害。我不把毒药给任何人，也决不授意别人使用。我要清白地行医生活。无论进入谁家，都只为治病，不纵私欲，不受贿赂，不勾引异性。看到或听到不应外传的私念决不泄露。如果违反上述誓言，请神给我应得的处罚。"

这个誓言后来被古罗马名医盖伦（Galen，129 – 199）提炼成三字经："Do no harm"（"不使坏"或"不害人"）。

虽然早期的人类学家经常为殖民地的行政官员提供"控制"原住民所必要的信息，但是他们很久以前已不再从事这类工作，其首要的事情是保护人们对其自身文化的权利。[①] 人类学研究者在进行田野调查时，需要对参与者负责，包括对其个人隐私权的保护、人格的尊重，同时要尊重参与者所提供的有价值的劳动成果，必要时要在自己的研究成果中列入他们所做的工作（例如，专栏3 –2）。

专栏3 –2

人类学家对被研究者的伦理保护[②]

在写一本关于新英格兰的阿贝纳基人的著作时，我打定主意让他们看到手稿以保证我不会辜负任何人的信任或触犯任何人的隐私，或以任何方式歪曲描述他们。我也不得不对法律问题保持敏感，因为这涉及联邦政府的承认，传统的狩猎与捕鱼的权利，以及可能的土地赔偿。我必须小心谨慎地提供信息，以便做到国家无法利用它不公平地对待他们。认识到要"偿还"的义务，我以不同方式响应他们的要求。

---

① 威廉·A. 哈维兰. 文化人类学 [M]. 瞿铁鹏，译. 上海：上海社会科学出版社，2006：27.
② 威廉·A. 哈维兰. 文化人类学 [M]. 瞿铁鹏，译. 上海：上海社会科学出版社，2006：30.

二、人类研究的基本伦理要求

在各种社会行为科学研究领域，如人类学、教育学、心理学、生理学及与之相关的各类交叉学科领域，多以"人"的心理、生理和社会行为作为研究课题，我们可以把这些研究领域泛称为"人类研究"（human subject research）。在"人类研究"中，作为研究对象的人不仅仅是单纯的研究客体（object），更是拥有基本人格尊严的主体。因此，符合人类人格尊严的要求，尤其是如何在研究过程中尊重、保护被研究者，是一切人类科学研究首要处理的问题。

从20世纪中期开始，随着对第二次世界大战期间生物医学实验中虐待人体实验对象的披露和对美国一些有违人类伦理道德的医学实验的揭露［其中以"塔斯克基梅毒实验"（Tuskegee Syphilis Study）为关键性事件。美国卫生部自1932年开始实施该实验。为了研究梅毒的自然病程，当1940年已发现青霉素能有效治疗梅毒之后，研究方仍阻止受试者获得青霉素治疗。该实验持续40年之久，造成许多受试者及其家属无端遭受梅毒折磨］，国际社会开始关注人类研究中的伦理道德问题。从那时起，以人类为研究对象的各个领域相继成立伦理委员会，并制定出台了研究的伦理原则和要求。在英国、美国、加拿大、挪威等国家，任何有人类参与的科学研究都必须遵守研究伦理准则，并接受严格的审查（一般由各地或各研究机构的伦理委员会执行）。例如，由美国政府任命的国家委员会于1979年出台的《贝尔蒙报告》（*Belmont Report*）；1964年出台第1版，至2008年经过8次修订并在第59届世界医学会通过针对人体实验伦理原则的《赫尔辛基宣言》（*Declaration of Helsinki*）；美国心理学会（The American Psychological Association，APA）经多次修订后于2010年发布的《心理学工作者道德准则和行为规范》（*Ethical Principles of Psychologists and Code of Conduct*）；2011年加拿大三大研究资助机构在对1998年版本进行修订和补充的基础上发布了第2版《三大研究理事会政策宣言：以人为研究对象的研究伦理规范》（*Tri-Council Policy Statement-TCPS：Ethical Conduct for*

Research Involving Humans）；英国教育学会（British Education Research Association，BE－RA）2004 年修订发布的《教育研究伦理指南》（*Revised Ethical Guidelines for Educational Research*）；美国应用人类学学会（The Society for Applied Anthropology）1983 年发布的《伦理和专业责任》（*Ethical & Professional Responsibilities*）；美国人类学实践全国协会（National Association for the Practice of Anthropology）1988 年发布的《从业者伦理指导》（*Ethical Guidelines for Practitioners*）；美国人类学协会（American Anthropological Association，AAA）2009 年 2 月通过的《伦理法典》（*Code of Ethics*）；等等。

上述文件为人类研究者在研究中保障人类被试的权利，承担道德责任提供了必须遵循的伦理原则和职业道德规范。鉴于与民族教育研究的相关性，本书以美国心理学会的《心理学工作者道德准则和行为规范》(2010)、英国教育学会的《教育研究伦理指南》（2004）和美国人类学协会的《伦理法典》（2009）和"实验心理学伦理原则"作为参考蓝本，对人类研究中应遵循的基本伦理要求做出以下总结和归纳。

（一）知情同意

在研究进行之前，研究者必须采取必要措施以确保所有参与者了解研究目的和内容，包括他们参与的必要性、研究用途、研究所具有的特点、成果的发布方式和发布对象以及那些有可能导致有害影响的研究内容，即使这种告知可能影响被试愿意参与的程度，研究者也要如实履行这项义务。在被研究者了解研究所有信息并自愿同意的前提下，才能开始实验研究。

例如，在研究抑郁情绪是怎样影响学业成绩的实验中，研究者决定用高度控制的实验室实验来确定抑郁对记忆的影响，就必须通过特定程序诱导被试产生抑郁情绪。诱导抑郁的方法由维尔坦（Velten）发明，在诱导过程中，被试大声朗读与情绪问题相关的 60 个自我参照句子，朗读这些句子可以诱导出一系列抑郁情绪，如相对轻微的"今天和其他日子一样不好不坏"，逐渐到相对严重的抑郁情绪，如"我感觉糟透了，真想睡过去永远不醒来"。这种方法能够有效地诱导出一种轻度的、暂时的抑郁。被试报告说，他们体验到压抑，在许多工作上他们的行为都会出问题。①

按照知情同意原则，研究者必须如实告知被试诱导程序可能会使其产生暂时的负面情绪体验，并让被试自己决定是否接受这样的实验安排。这样才能保证被试的伦理原则不被侵犯，并在进行实验之前就明确表明他们尽管知道实验过程中所做的一些事情可能令他们感到不快，但却仍然同意进行实验。

（二）避免欺瞒

确保研究参与者的知情同意是进行研究的首要规范。因此，研究者必须避免欺瞒。然而，为了确保收集数据的有效性或控制被试的反应，研究者有时也会让被试错误理解一项实验的真正目的。例如，一个研究者试图研究"被试在同性团体中是否比在异性团体中更加武断"的课题，但如果被试得知实验的真正目的，就可能会表现出不同于平常的行为，从而导致数据失真。因此，研究者告知被试，实验的目的是"了解小组合作时的问题解决情况以及对任务难度进行评价"。在这种情况下，测验中与假设相关的信息可能不会改变任何人的参与决定，但这种信息可能改变被试在实验任务上的成绩。尽管这类欺瞒通常是无害的，但是由于被试并未被完全告知和表示同意，所以必须谨慎使用，因为一个人可能因为不赞成实验目的而选择不参加实验。

因此，无论何时一个研究课题如果采用欺骗手段，有道德的科学家都会面临两难境地。在大多数情况下，必须将研究的潜在利益同被试的实际和潜在消耗进行权衡。只有当实验的潜在利益远远超过被试可能遇到的一切危险时，才能使用欺骗。即便如此，被试应当时常尽可能地了解真相，

---

① B. H. 坎特威茨，H. L. 罗迪格，D. G. 埃尔姆斯. 实验心理学：掌握心理学的研究［M］. 郭秀艳，等，译. 上海：华东师范大学出版社，2001：106.

他们应当知道任何时候都可以中止参加实验，而不会出现负面后果。①

（三）保障被研究者退出研究的自由

研究者必须尊重被试的自由，允许被试在任何时候放弃或退出实验，被试应当被告知自己有权利随时选择放弃实验。在这种情况下，研究者必须审查他们的研究行为以确定他们是否应该对被试的退出负责，是否可以通过改变研究方法来说服被试重新参与。在大多数情况下，研究者应采取正确的方式接受被试的退出，并应谨慎说服他们重新参与。研究者绝对不能使用任何形式的强迫方式让被试重新参与。

通常，如果一群潜在的被试是强制要求参加的，如学生、囚犯、新兵或实验者的雇员，有道德的实验者也应该许诺他们有退出或参加实验的自由。在抑郁与记忆的实验中，自愿的学生都是第一次受到额外学分的诱惑（非强制性参加）。签约时，他们会被预先警告可能产生不愉快的反应（他们可以据此同意参加或不参加）。实验开始时的指导语应告诉被试，他们有权选择在任何时候放弃，而且仍然能获得额外的学分（他们有退出的自由）。②如果研究者将参与实验作为唯一的作业形式，这样就剥夺了被试退出的权利。正确的做法是给学生更多选择权利，如写一篇论文，或者参与实验，或者听一场专题报告等，此时被试就具备了潜在的自由，他们可以选择参加或放弃实验。

（四）保护被试免受伤害

这一原则要求研究者在实验进行中和完成后，都必须确保被试不会因为实验而产生任何不良反应。在实验进行过程中，研究者必须对被试的状态保持密切关注。因为即使是最缜密、危险程度最小的研究计划都可能产生未曾预料的后果，所以研究者应当随时准备向被试提供帮助和建议。例

---

① B. H. 坎特威茨，H. L. 罗迪格，D. G. 埃尔姆斯. 实验心理学：掌握心理学的研究[M]. 郭秀艳，等，译. 上海：华东师范大学出版社，2001：109.

② B. H. 坎特威茨，H. L. 罗迪格，D. G. 埃尔姆斯. 实验心理学：掌握心理学的研究[M]. 郭秀艳，等，译. 上海：华东师范大学出版社，2001：110－111.

如，在一个大家认为是标准的、无害的记忆实验中，研究者应当允许被试由于感到挫折和不安而叫喊出来，并且允许那些感到愤恨的被试中途离开。①

在实验完成后，研究者也要对被试的任何问题予以解决。仍然以采用诱导抑郁技术的实验为例，研究者在实验后可以询问被试，以确定被试是否有消极的后果。如果被试因为实验而产生情绪问题，研究者就有责任为被试消除有害后果。例如，可以让被试朗读一些可以诱导愉快情绪的句子，来对抗先前的消极情绪。之后，研究者还要询问被试当前的心情是否比实验开始时好一些。如果被试感觉不好，那么研究者必须采取相应的措施消除抑郁情绪的不良后果，直到他们感觉好了为止。在所有的被试做出良好的描述后，研究者才可以完全结束实验。

因为研究者科学的或专业的活动可能影响其他人的生活，所以他们应该时刻警醒并防止由于个人的、金钱的、团体组织的或政治的因素误用他们的影响，同时还要时刻注意工作过程中由于自己的不公正或失误，对某个人造成不良影响。研究者在执行和公开其研究或发布其研究结果时，必须保证不伤害与其一同工作、开展研究或实施其他专业活动的人员，以及可能受其研究影响的人员的安全、尊严或私密。研究者还必须充分认识到研究可能给被试带来的负担，尤其是调查研究项目，并尽可能将影响被试正常工作的程度降到最低。

在涉及儿童被试的研究中，儿童的最大获益是考虑的首要因素。此外，研究者应允许有独立思考能力的儿童，就影响他们的一切事物自由发表观点。因此，要给予儿童完全的知情同意权。该原则同样适用于青年及易受伤害的成年被试；如果被试因年龄、智商或其他弱势条件而使其理解或自愿同意参加研究的程度受限，研究者应运用适当方法使被试能够做出真实的答复。在这种情况下，研究者必须谋求被试监护人（如家长）或承担被试幸福健康的责任人（如社会工作者）的协助和同意。

---

① B. H. 坎特威茨，H. L. 罗迪格，D. G. 埃尔姆斯. 实验心理学：掌握心理学的研究 [M]. 郭秀艳，等，译. 上海：华东师范大学出版社，2001：111.

（五）保密

所谓保密原则，就是指在未经被试许可的前提下，研究者不应泄露被试在实验中的任何表现，尤其是被试的一些个人信息。研究者应尊重被试的私密权和匿名权，除非被试本人或其监护人、责任人自愿放弃该权利；被试有权获知他们个人信息被存储的方式、原因、用途和会被提供给哪些人或机构。研究者只有在获得被试授权的情况下才能将其个人信息发布给第三方，并确保第三方有接触这些个人信息的权利；研究者应对信息的发布情况进行记录；研究者要确保信息保存的安全性，其以任何形式发布，包括在互联网上的发布，都不会直接或间接地违反事先约定的保护隐私和匿名协议。

保密原则看上去简单易行，但实际执行时却有可能遇到伦理道德的两难境地。比如，在实验研究中发现某个被试患有明显的抑郁症却从未得到治疗，研究者究竟应该遵守保密原则而忽视被试可能遭受的潜在伤害，还是应该打破保密原则将情况告知专业临床心理专家以保护被试安全？在这种两难境地下，研究者必须进行衡量：到底哪个伦理准则更为重要？如果研究者坚持对该被试进行治疗，被试可能会怀疑研究者侵犯了他们的保密权利，因而会产生持久的愤怒和不信任；如果研究者选择遵循保密准则，那么被试就会处于严重的抑郁状态而不能接受任何治疗。如此看来，保护被试免遭伤害比坚守保密的原则更加重要。

在涉及人类的研究中，很少对伦理问题做彻底而清晰的解释。贯彻伦理原则有赖于研究者、审查委员会以及审查待发表的研究报告的杂志编辑。在有限制的情况下，研究者可能会辨明欺瞒和泄密的行为。[①] 总之，人类研究的伦理原则必须建立在实效的基础上，即研究者必须首先做到最好地保护被试，然后才考虑如何完成一项有意义且有效的研究，这样才能使科学研究的有效性与道德伦理原则有机地结合在一起。

---

① B. H. 坎特威茨，H. L. 罗迪格，D. G. 埃尔姆斯. 实验心理学：掌握心理学的研究 [M]. 郭秀艳，等，译. 上海：华东师范大学出版社，2001：113.

三、民族教育研究伦理问题分析

（一）民族教育研究伦理基本原则

教育科学研究的对象是人（受教育者）。这里所指的不是一般概念上的人，而是指受一定社会环境制约的人，是具有不同语言、心理以及行为方式的人。[①] 而民族教育是指对作为有着共同文化的民族或共同文化群体的民族集团进行的文化传承以及培养该民族或民族集团的成员的过程。民族教育是两个相互协调的过程，一方面是适应现代主流社会，以求得个人更好地生存与发展，另一方面是继承和发扬本民族或本民族集团的优秀传统文化遗产的社会活动。民族教育的研究对象从本质上是人类主体及与人直接相关的事物，研究者与研究对象需要建立交往关系，所以尤其要重视研究中的伦理道德规范问题。民族教育研究必须遵循的基本伦理原则包括以下内容。

1. 研究对象自愿参与的原则和对其"不隐蔽"原则

和其他社会研究一样，民族教育研究的一个基本的伦理准则是参与者必须出于自愿。研究者要遵循自愿的原则，即研究对象有权根据自己的感受和意愿选择参与或退出研究活动。原则上说，这似乎是一个没有多少争议的原则。但事实往往并非如此。艾尔·巴比（Earl Babble）指出，"当我们观察校园示威活动时，我们不会征求参与者的同意。一个研究者假装参加一项宗教仪式，实际上要进行研究，被观察者对这个研究计划并非完全出于自愿。社会科学家常常为某项具体的研究是否违反了研究伦理而进行辩论。当你回顾已经做过的研究或是你自己的研究设计时，问问你自己所采用的技术是否遵守了自愿参与的原则"[②]。

在民族教育研究中，研究者要让参与者了解和明白自己的研究意图，

---

① 哈经雄，滕星. 民族教育通论 [M]. 北京：教育科学出版社，2001：12.
② 艾尔·巴比. 社会学研究方法 [M]. 邱泽奇，译. 北京：华夏出版社，2009：64.

了解自己获取资料的方向，这是研究者应该持有的公开、开放的研究态度，也容易获得研究对象的理解和配合。一般情况下，民族教育的研究对象会是教育行政部门的工作人员、学校领导、教师和学生，也会涉及部分学生家长和其他工作人员等。研究者进入研究现场之前，一般会通过向"守门人"说明自己的研究意图和内容来征得同意，获得配合和支持。通过向研究对象阐明自己的研究身份、研究目的以及预期的结果和用途，研究者与研究对象才可能建立友好信任的合作关系。

2. 保护研究对象隐私的保密原则

因为民族教育的研究者与被研究者会有各种形式的个人接触，如问卷调查、访谈等，因此保密原则变得尤为重要。在开始研究之前，研究者就应该主动向被研究者许诺保密原则，告诉对方自己不论在任何情况下，都不会暴露他们的姓名和身份，一切与他们有关的人名、地名和单位名都将匿名，必要时还要删除敏感性材料。

在研究过程中，研究者也要不断提醒自己，不要因为与被研究者关系密切就可以随便向其他人提及他们的情况。特别是当被研究者不止一个人，而他们在研究过程中又彼此认识的话，研究者应该特别注意不要在他们中间传播彼此的情况，并且告诫他们不要将彼此的情况告诉其他人。如果被研究者因为与研究者关系密切，暴露了一些自己平常不会暴露的信息，过后又感到后悔，研究者应该再一次向对方许诺保密原则，使对方放心。

3. 研究目的和过程本身要遵循公正合理原则

民族教育研究中公正合理原则指的是民族教育研究者按照一定的道德原则"公正地"对待被研究者，客观地收集资料，"合理地"处理自己与被研究者的关系以及自己的研究结果。公正合理原则可以表现在研究者对被研究者的态度和评价上，前者可能在很多情况下注意不够而违背了这一原则。比如，如果研究者与被研究者在文化、种族、性别上存在差异，前者可能在态度上表现出对后者的歧视。如果研究者来自发达的城市，而被研究者处于比较"原始"的游牧状态，前者可能认为后者的很多生活习惯

"不卫生""不符合健康标准"。① 因此，在调查研究计划中，应把调查研究对象的文化背景、社会习俗等有关情况也列进去，并在调查研究过程中，不断进行补充，尽可能适应调查研究对象的文化环境。②

调查研究者必须以平等、尊重的原则进行调查研究，如果违反对方社会习惯或禁忌，应及时以真诚的态度自我检讨，及时转换话题以获得对方的谅解，使调查研究得以顺利进行。

专栏 3 - 3 列出了一些少数民族的禁忌，研究者在不同民族地区调研时可参考借鉴。

专栏 3 - 3

不同的民族社会都有不同的禁忌内容③

到蒙古族家做客的禁忌有：当你走进院落时，主人家的狗向你狂吠扑来，你除了预先喊主人看狗外，只能防御，不能打狗。打狗意味着对主人的不尊敬。若骑马串亲做客时，不许提马鞭子进屋，要把鞭子放在门右，并要立放。客人进屋不许踩门槛，不许用火盆烤脚，不许直接在火盆里点烟，等等。

在撒拉族地区，忌讳男女握手。忌讳与女子独处时，外男子和她交谈。忌讳男子穿红、黄颜色的衣服。

在傣族地区，若碰到小和尚，忌摸小和尚的光头，那样会影响他修行。忌穿鞋进傣族的佛寺，忌踩僧侣的影子。

在拉祜族地区火塘不能倒开水，拉祜族人担心开水会烧伤全家人的灵魂。女性进门不能正门进，只能侧身挨着门进。

进彝族家门，忌脚踏门槛或站在门口，客人进门后不能坐到火塘的左侧，那是主人的位子。说话时，忌用手指人，那是不礼貌的行为。

---

① 陈向明. 质的研究方法与社会科学研究 [M]. 北京：教育科学出版社，2000：436.
② 曲木铁西. 少数民族传统教育学 [M]. 北京：民族出版社，2007：288.
③ 曲木铁西. 少数民族传统教育学 [M]. 北京：民族出版社，2007：288.

在瑶族地区，忌入未婚女性卧室。家有产妇，小孩没满月，忌外人穿草鞋入内。

女性到基诺族家中做客，主人请你吃鸡蛋，不能整个咬着吃，必须竖直切成两半后吃，否则今后会给独生子带来灾难。

白族家门口挂着柏树枝，说明此家中有病人，生人切勿进去。

苗族家有产妇，往往门口悬草帽，外人看到就不能入内。不慎入内者，出门时要洗脚，要喝一碗冷水，否则会将产妇的奶水"踩干"。路遇结婚夫妇，不能从两者之间穿过。

到佤族家做客，不能将树叶、姜和绿色东西带进屋内，不能随便摸主人家的灶神，忌送主人辣椒、鸡蛋，忌送少女饰品。

到克木人的家，忌客人用脚踩燃着的柴。

4. 研究结果的互动反馈原则

和其他社会科学的研究者一样，民族教育的研究者有义务让研究对象看到他们的研究结果和成果。在一些问题的分析和理解上，如果有不同看法，研究者要尽量保持谦虚、开放的心态，敢于接受质疑，善于协商沟通，使最终的研究报告体现研究双方的互动。研究结果的互动反馈原则还指研究者在完成研究计划，离开调研现场以后，应该与被研究者保持联系。如果条件允许，研究者还应该定期去看望他们。如果研究者为当地人拍了很多照片，许诺回去以后寄给他们，一定要认真兑现。如果研究者曾经答应研究报告的初稿出来以后给当地人审查，也应该如实履行自己的诺言。比如，赵丽明十几年前开始在湘西的一个大山沟里对女书进行研究，此后她一直与研究对象保持通信，并且每周到当地看望她们两到三次，为她们带去需要的日常用品。当她们生活上遇到困难时，她总是想办法帮助她们，并且给她们寄钱和粮票。①

---

① 陈向明. 质的研究方法与社会科学研究 [M]. 北京：教育科学出版社，2000：439.

（二）焦点问题：互惠

在民族教育研究中，研究者在进行深入细致的民族志研究前，有必要仔细思考关于此研究真正为谁服务的问题。这是一个关键性的问题，我们的研究为谁而做，真的是这样的吗？进行研究时，我们面对的研究对象多是生活在民族地区的普通民众，我们确定研究议程和方法、决定相关研究结果和形式，通过向参与者咨询，我们获取第一手的资料，进而可以形成学术成果，获得名誉和职业发展，而这种学术回报也基本都是服务于我们自身的，对研究对象的回报则微乎其微。同时，参与者在研究中通常都要花费很长的时间和精力来配合研究者的调查，与研究者交谈或参与其他一些活动，他们为研究者提供对方需要的信息，甚至涉及自己的个人隐私。[①]当研究者意识到这种交易的不公平后，细心、认真的研究者们决定找到一种方式向提供帮助的参与者给予回报，在民族教育研究中我们通常称之为"互惠"。

互惠的概念最先由德国学者图恩瓦（Thurnwald）提出，指的是建立在给予、接受、回报这三重义务基础上的两集团、两个人或个人与集团之间的相互扶助关系，其特征是不借助现代社会中的金钱作为交换媒介。图恩瓦称这种"给予—回报"的互惠原则是人类公平感的基础，是"所有法律的社会心理基础"。[②]互惠的理论源头可以追溯到霍布斯和卢梭的社会思想，而在人类学领域中，先后有莫斯（Marcel Mauss）、马林诺夫斯基、图恩瓦、列维-斯特劳斯等学者对此有过深入的研究。在民族教育研究中，研究者比起其他大多数的社会学研究者来说，不仅仅是通过询问、观察和聆听来学习，更是通过和参与者一起工作来完成这一使命的。因而，如果研究者能够先咨询参与者，并了解他们的需求，然后再设计研究，这样一来此研究的主题不仅是当地人所关心的社会和经济问

---

① 陈向明. 质的研究方法与社会科学研究 [M]. 北京：教育科学出版社，2000：440.

② 黄平，罗红光，许宝强. 当代西方社会学人类学新词典 [M]. 长春：吉林人民出版社，2003：61.

题，而且对于研究者与被研究者双方都有潜在的好处。该研究方法即所谓的"行动研究"，研究问题最初并不确定，而是在与当地人的参与过程中逐渐建构起来的。行动研究在教育领域中已得到了广泛的应用，研究者通过与一线教师的合作，在实践工作中寻找课题，使研究成果为一线教师所理解、掌握，从而真正为其解决问题。而在民族教育研究中，研究者在进行田野工作时，也可以将这种方法应用于与当地参与者的互动过程中，从而在实践层面帮助参与者解决一些实际问题，以期达到互惠的目的。

除此之外，研究者也可以通过其他方式表达对参与者的感谢，可以向参与者馈赠一些礼品或投入时间帮助当地人做一些力所能及的事情。例如，曾有一位研究者在耶巴布埃纳（Yerba Buena）进行实地调查时，在一个很偶然的机会，研究者为当地的居民照了一次相，他发现自己与当地居民的距离似乎拉近了不少。之后，他经常为当地人照相，他作为摄影师的名气很快超过了他在其他领域所做的一切事情，以至于后来有个小男孩直接将他称为"照相先生"。在看到当地人欢愉的神情时，这位研究者也被深深感动。本书将在第四章中详细介绍有关质性研究的互惠性问题以及参与式行动研究议题。

第二节　民族教育研究者的文化素养

一、民族教育研究者为何应具备文化素养

相比其他的教育研究，民族教育研究本身就具有特殊性，而这一特殊性是由民族地区和民族的特殊性所决定的。我国自古以来就是一个多民族的国家，每个民族生存的自然地理环境不同，在这种背景下产生发展的生产方式、社会特点以及文化都随之不同。可以说每个民族不论大小，都有其本质的特点，都有只属于本民族而其他民族所没有的特殊性，体现出来的就是文化的多样性，这些因素导致民族教育呈现出复杂性，给研究者的

工作带来了一定的困难。面对这些困难，就更要求研究者具备一种特殊的素养，即文化素养。

（一）民族教育的文化性要求

有关人类的起源问题从最初的一元论发展到多元论，无论起点是否相同，人类的文化模式却从来不是单一的。从最初由英国人类学家爱德华·泰勒（Edward Tylor）所给出的"文化包括知识、信仰、艺术、法律、道德、风俗以及作为一个社会成员所获得的能力与习惯的复杂整体"① 这一著名定义开始，对于文化及其定义的争论就层出不穷。美国著名人类学家威廉·哈维兰（William Havilland）认为文化是一系列的规范和准则，当社会成员按照它们行动时，所产生的行为应限于社会成员认为合适和可接受的变动范围之内。② 而对文化定义的"集大成者"北美人类学家克罗伯（A. L. Kroeber）和克拉克洪（C. Kluckhohn）在 20 世纪 50 年代出版的《文化：概念和定义的批评考察》（Culture：A Critical Review of Concepts and Definitions）中总结了一百余种定义，之后将其总结整理为："文化是由外显的和内隐的行为模式构成的；这种行为模式通过符号而获取和传递；文化代表了人类群体的显著成就，包括他们在人造器物中的体现；文化的核心部分是传统的（历史的获得和选择的）观念，尤其是他们所带来的价值观；文化体系一方面可以看成活动的产物，另一方面则是进一步活动的决定因素。"③ 但是，我们应该注意的是尽管人们对文化的定义不同，但都在文化的认识方面达成了一致，即文化是一种生活方式，这种生活方式为社会成员共同拥有，并且为了满足其要求，社会成员共同创造事物，因此形成了心理和行为。

每个民族都有自己特殊的文化。所谓的民族文化就是一个民族在其自

---

① 爱德华·泰勒. 原始文化 ［M］. 连树声，译. 桂林：广西师范大学出版社，2005：1.

② 威廉·A. 哈维兰. 当代人类学 ［M］. 王铭铭，等，译. 上海：上海人民出版社，1987：242.

③ Kroeber A L, Kluckhohn C. Culture：A critical review of concepts and definitions ［J］. The Peabody Museum of American Archeology and Ethnology, 1952 （1）.

身的发展过程中创造的物质、制度方面的成果以及基于物质、制度之上的民族共同的心理。人类是文化产生、维持和发展的动力、载体和媒介，每一个人作为社会群体的一部分都分属于不同的民族，所以任何文化首先都是民族文化。民族文化影响着民族的教育观和教育意识，影响着学生的人生价值观、认知结构等。同样，民族教育也是民族文化发展的动力，是最有发展潜力的部分。文化的传承、传播、发展和创造无不以教育为最佳手段。因此，我们应该看到，民族教育是具有文化性的，这一文化性深深扎根于各个民族的文化传统之中。随着多元文化主义的传播，各个民族的文化特殊性和中华民族大家庭的文化多样性日益受到重视，也使研究者抛弃了以前的偏见，以更为平等的心态去看待民族教育的文化性。在我国的民族教育研究中，多元一体的教育理念要求研究者不仅重视"多元"也要抓住"一体"。因此，对研究者文化素养的要求不仅来自于我国民族教育文化性的特征，更是有效帮助研究者开展研究的需要。

（二）民族教育的跨文化性要求

我国民族文化的多样性导致了民族间的文化差异，使现代的民族教育渐渐演变成为一种跨文化教育。而在这种跨文化教育背景下的双语教育模式、教学实践、教学评估等都会因文化的差异形成不同的模式。作为研究者，无论是开展质性研究还是量化研究，都会经历这种跨文化情境下所遭遇的困惑与误解，甚至是"文化冲击"。例如，北美民族教育的研究者在对生活在美国境内的纳瓦霍保留地的教育开展研究时，在课堂中经常会出现学生在回答老师的提问时不注视老师的眼睛，而将视线转移到其他位置的现象。在主流的观念里，不与对话者进行眼神交流是一种不礼貌的行为，于是在这种情况下就要求研究者了解到纳瓦霍民族的一个重要的习俗，那就是晚辈直视长辈的眼睛被视为一种不礼貌的行为。由此可见，民族教育研究者应具有一定的文化素养，在研究他者的过程中，了解他者的文化行为、习俗传统以及价值观念，并能以他者的角度、视角和思维去看待问题。因此，民族教育的跨文化性也要求民族教育研究者具备文化素养，能够更为准确地开展研究，避免误解和错误。

二、民族教育研究者应具有什么样的文化素养

如上所述，民族教育的文化性以及民族教育研究的跨文化性要求民族教育研究者应当具备一定的文化素养。因此，民族教育工作者和研究者应思考以下几个问题。

1. 我们有多重视自己的文化？

2. 我们是怎么看待自己的文化的？

3. 我们该如何看待并重视他人的文化？

在对文化素养正式定义之前，我们先看看美国教育学博士李慧珍（Jean Lau Chin）所列的文化素养自我评估清单。①

问问你自己下面的问题。

1. 你是怎么看待文化多样性的？你对来自其他文化背景的个体所具有的差异持开放态度吗？当你的邻居或同事与你的行事方式有所不同时你会怎么做？你会如何反应？你会批判、不予理会还是在言语、行为和态度上进行贬低？

2. 你是怎么看待健康的？你是否意识到健康的行为、应用和实践是与文化错综复杂地联系着的？我们所吃的食物、我们所知觉到的情感、我们的生活和行为方式都受到文化价值、信仰和实践的影响，诸如贫穷、种族主义、移民等社会政治因素以及文化都对健康状况、我们如何得病、我们生病时怎么做以及我们怎么治愈这些问题有影响。

3. 你对你的医疗服务人员有什么期待？你是否期待他们熟知你的文化，在对你的治疗过程中对你的信仰、实践和习俗很敏感？或者，你是否将你的健康从你自己的文化和信仰中剥离出来了？在寻找医疗服务时，你

---

① Chin J L. Cultural competence in a multicultural society: A checklist [J]. Journal for Quality and Participation, 2004 (4).

是否能选择一个除了"技术上是专家"以外还熟知你文化的医疗服务人员？

4. 你住在哪里？在哪里工作？你的邻里、学校、工作场所中是否有来自不同文化的群体或个人？是否对不同文化的实践持宽容态度，比如在庆祝不同民族节日时的放假？在不同的民族群体中是否存在不同的交流模式和互动风格？一些群体更常使用间接的交流方式而其他更强调竞争之上的合作？这些差异在你的邻里之间和工作场所中是如何转化的？

5. 你怎么抚养你的孩子？他们是否意识到了自己的文化起源？你会和你的孩子分享与你的文化有关的信仰、故事、价值观吗？你所传输的价值观是什么，它们又是怎么与你的文化联系的？有时候，往往只有在观察到别人的不同时你才能意识到你自己的文化。

当然，上述的几个问题仅仅是文化素养自我评估中很小的一部分，而且对教育研究者来说，他们所接触的远不只邻居、同事或者自己的孩子，而更多的是民族地区来自不同民族文化背景的学生、教师或者群众。所以我们首先需要对文化素养进行一个更为明确的界定。

吉鲁（Henry A. Giroux）对于素养的解释主要有五个要点：（1）素养不仅是文字、艺术、技能，还必须包含对意识形态与思想的澄清；（2）素养为组织意义、建构意义、维持意义的工具；（3）素养是一种现有的文本、知识论与意识形态系统的再现的实践；（4）素养是要了解差异，因为他人的认同很重要；（5）素养脱离不了差异与权力的语言。作为民族教育研究者，内在的文化意识素养是培养如文字、技能等外在素养的关键。[①]正如吉鲁的这五个要点始终贯穿着文化意识的重要性。

然而目前学界对于文化素养并未形成统一的说法，除了文化素养以外，尚有多元文化素养（multicultural literacy）、文化互动素养（intercultural literacy）以及文化智力（cultural intelligence）等说法。而其中对文化智力的新近国内外研究较多，文化智力的高低决定着文化素养能力的高

---

① Giroux H A. Border crossing: Cultural workers and the politics of education [M]. New York: Routledge Publications, 1992: 56.

低，所以说文化智力的概念相对于文化素养来说更为聚焦，我们接下来主要对文化智力的有关研究进行阐述。

厄尔利（P. C. Earley）和莫萨科夫斯基（E. Mosakowski）基于智力理论提出了文化智力的概念——文化智力是个体应对跨文化环境，并在跨文化环境中有效活动的能力。从本质上说，文化智力属于智力的一种，是与个体的特定认知领域——跨文化环境密切相关的。[1] 简而言之，文化智力即人们有效地与来自不同文化背景的人互动的能力。文化智力的提出有利于帮助处于不同民族、种族或国家之下的人们有效地收集和处理数据、信息，更好地适应新文化。彼得森（Peterson）对文化智力下了一个操作性定义，与霍夫斯泰德（Hofstede）所提的文化价值观维度一致，即平等/阶层制度、直接/间接、个人/群体、任务/人际关系、风险/谨慎，对应于权力距离、长期/短期取向、个体主义/集体主义、生活的数量/质量、不确定性的规避等五个维度。[2] 彼得森把文化智力解释为各行各业的工作者为了提高在工作环境中的沟通能力，与来自不同国家的客户、合作伙伴以及同事保持融洽的商业关系的能力，包括语言能力、空间能力、情感能力与人际关系能力四个方面。[3] 该操作定义置于民族研究的情境之下，也同样适用。而厄尔利（P. C. Earley）等人认为文化智力是三维度的，即认知性（cognitive）、动机性（motivational）和行为性（behavioral）。其中，认知性包括宣告式、程序性、类推性、模式认知、外部扫描、自我觉醒；动机性包括效能感、坚持、目标、增强价值质疑与综合能力；行为性包括技能、惯例和规则、习惯、获取新知识的能力。厄尔利又对文化智力的三维度结构进行了更形象的描述，他将"文化智力"概括为三个要素：头脑、心和身体。"头脑"指的是思考，在于是否理解正在发生的事情，有没有应对新文化的策略，相当于认知性；"心"则指有没有采取行动的动机，

---

[1] Earley P C. Mosakowski E. Cultural intelligence [J]. Harvard Business Review, 2004 (10).

[2] Hofstede G H. Culture and organizations: Software of the mind [M]. London: McGraw-Hill Book Company, 1991: 46.

[3] Peterson B. Cultural intelligence: A guide to working with people from other cultures [M]. Yarmouth: Intercultural Press, 2004: 13.

以及对自身能力的信心和勇气，相当于动机性；"身体"指能不能做出得体、有效的反应，相当于行为性。① 而扑扑克维茨（Thomas S. Popkewitz）从另一个角度提出了与该三维文化智力结构不同的说法，他认为文化智力的结构应当包括知识（knowledge）、留心（mindfulness）与行为（behavior）三个维度：知识是指对文化的识别以及对跨文化交流原则的掌握，既要明白所要面对的文化类型，又要分辨与其他文化的不同之处，以及这种文化将如何影响人们的行为；留心是指能够对所处的内外部环境有所觉察和意识；行为是指在前两者的基础之上，在特定环境之中选择相适合行为的能力，这也是文化智力区别于其他能力的关键之处。②

除了国外学者对文化智力的研究以外，国内学者也对文化素养给出了相关的定义。曾伟提出，文化素养具体体现在跨文化态度和跨文化交往能力两个方面，其中跨文化态度指的是形成尊重差异、包容多元的跨文化态度，其特点是开放、平等、尊重、宽容、客观；跨文化交往能力指的是和而不同、求同存异的跨文化能力，包括跨文化的认知能力、跨文化的比较能力、跨文化的取舍能力、跨文化的传播能力以及跨文化的对话能力等。③而鲁卫群提出，跨文化素养包括知识、态度、能力三个层面，其中知识层面是指对世界上其他民族文化的知识和人类跨文化实践的历史与现实的了解；态度层面指的是培养开放、平等、尊重、宽容、谨慎等积极的跨文化态度；能力层面则包括跨文化认知的能力、跨文化比较的能力、跨文化参照的能力、跨文化取舍的能力以及跨文化传播的能力。④

综合以上各学者的观点，我们可以引用鲁本（B. Ruben）的观点来概括"文化素养"，即在不同文化背景下进行适当沟通行为的能力。这一观点认为，即使具有积极的态度，并且具备了许多关于当地文化的知识，但

---

① Earley P C. Mosakowski E. Cultural intelligence ［J］. Harvard Business Review, 2004（10）.

② Popkewitz T S. Reform as the social administration of the child ［M］//Burbules N C, Torres C A. Globalization and education：Critical perspectives. New York and London：Routledge, 2000：157 – 187.

③ 曾伟. 当代青年跨文化观教育的意义与目标 ［J］. 社会探索, 2007（6）.

④ 鲁卫群. 跨文化教育引论 ［D］. 武汉：华中师范大学, 2003.

如果不能表达、不能通过适当的沟通行为进行交流也于事无补。[①] 文化与沟通联系紧密，文化在很大程度上决定了我们和谁沟通、怎样沟通以及沟通什么。而对于民族教育研究者来说，首先要对自我的文化有很好的把握，即"文化自觉"，此外还应当熟知其他民族的文化，以便更科学地进行教育研究。最后，本节以"欧洲教育者文化素养指标"为例（见专栏3-4），以期对我国民族教育研究者所应当具备的文化素养有所启示。

专栏 3-4

欧洲教育者文化素养指标（2006）

A. 沟通技巧

  1. 沟通技巧，尤其是在跨文化情境下的沟通技巧。

  2. 能讲几种语言（这对跨文化交际能力是可取的，但不是必要的）。

  3. 能阐释和使用非言语交流。

B. 移情

  4. 在多元文化培训情境下感觉到他人情感的移情能力。

  5. 在学员的文化情境下感知其问题的能力。

C. 胸襟开阔，思维灵活

  6. 能识别并努力克服文化上的偏见和刻板印象。

  7. 教学的灵活性——无论在内容还是在过程中。

  8. 公平的胸怀。

  9. 欣赏不同的思维方式。

---

① Ruben B. Assessing communication competency for intercultural adaptation [J]. Groups and Organizational Studies, 1976 (1).

10. 反对种族主义和反对民族中心主义的态度和行为。

D. 对挫折和模糊性的忍耐

11. 在多元文化培训情境下能够应对可能出现的压力。

12. 注意到并接受自己的模棱两可。

13. 能够看到一个观点或一条文化路径的不同方面。

E. 处理冲突的能力

14. 能够管理并解决文化差异带来的冲突。

F. 自我意识

15. 意识到自己的文化及其世界史。

16. 能够为自身的价值而辩说。

G. 创造力

17. 能捕捉新想法和新建议。

18. 能使用非传统的教学方法促进文化互动学习。

19. 能利用文化差异来发展和/或延伸课程、干预策略、项目及网络。

H. 文化互动知识

20. 熟悉不同的文化背景及它们之间的相互影响。

21. 了解与人权有关的知识。

I. 教育学技能

22. 能够理解不同文化背景的人并与其一起工作。

23. 拥有文化互动教学的经验。

24. 拥有文化互动学习的经历。

25. 能够以外国文化的标准进行交流。

26. 建立与学员的良好关系和信任度。

27. 能够使用一种范围广泛的文化敏感的培训、指导、辅导以及协商技巧。

28. 用文化上恰当的方式去倾听、给予和接受反馈。

【章节回顾】

1. 早期的人类学研究大多是在殖民地开展的，其主要目的在于协助殖民地管理者了解当地的风土人情和控制当地人民，因而其行为受到了质疑，并引发人们对田野调查伦理问题的关注。伦理原则是我们进行民族教育研究时必须秉承的一个基本原则，保护被研究者的隐私和人格尊严也是我们的义务。

2. 民族教育研究者首先需要了解社会科学研究的基本伦理原则并进一步了解民族教育研究的特殊伦理原则。

3. 在进行民族教育研究中，我们要时刻秉持"互惠"的原则，将行动研究的理念贯穿于研究中，真正了解当地人的需求，我们能为他们回报些什么，这样参与者在研究过程中就会将自己视为重要的"线人"，进而能够提供更多、更高质量的信息。

【学习提升】

选择一项你曾参与过，或自行完成的研究课题，完成以下工作：

1. 核查研究课题是否符合民族教育研究的特殊伦理原则，若不符合，予以改善。

2. 核查研究课题是否做到了"互惠"原则，若不符合，请予以改善。

【章节逻辑图】

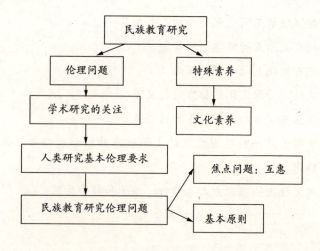

第二部分
民族教育质性研究的策略选择

本书的第二部分将重点讨论民族教育研究中质性研究方法的策略选择及其应用。主要包括开展质性研究的六种基本策略，以及在进行民族教育研究过程中，如何设计和使用质性研究。

第四章 质性研究方法论的选择

【章节导读】

本章重点探讨质性研究方法的选择问题。在这一章中，我们首先需要了解质性方法在民族教育研究中的适用性。质性研究方法的特色要求研究者在自然情境下注重对社会现象进行整体性和相关性研究，收集访谈转录、田野日志、照片、个人文档等丰富生动的描述性数据材料。在民族教育研究中应用质性研究方法既是必要的，也是可行的。质性研究将关注点转移到研究客体身上，有利于祛除一般研究者对少数民族教育的偏见，建立研究者与被研究者之间的平等关系。目前，质性研究方法在研究美国学校中的社会不平等现象、中国的少数民族双语教育等问题上得到了比较广泛的应用。然后，我们将会探讨质性研究方法的应用范围，这是本章的核心内容。质性研究方法主要包括民族志研究、个案研究、比较个案研究、生活史研究、现象学和扎根理论。我们对这六种研究方法的基本观点、研究设计进行了阐释，并结合相关案例对如何应用这些方法进行资料搜集做了具体说明。最后，我们将探讨涉及质性研究方法的伦理原则和价值选择的两个重要问题——民族教育研究中的互惠原则和参与式行动研究。

【学习目标】

1. 理解质性研究的含义和特色。

2. 理解在民族教育研究中应用质性研究方法的必要性。

3. 理解民族志研究、个案研究、比较个案研究、生活史研究、现象学以及扎根理论这六种质性研究方法的概念和内涵；准确把握不同质性研究方法的基本观点和研究设计思路，能够具体应用这些研究方法开展实地调查和资料搜集工作。

4. 理解学术研究中的互惠原则，了解民族教育研究中实施互惠原则的特殊性。

5. 理解参与式行动研究的一般原则和方法，学会在民族教育研究中实施参与式行动研究。

【关键词】 质性研究；民族志研究；个案研究；比较个案研究；生活史研究；现象学扎根理论；互惠原则；参与式行动研究

第一节　质性方法在民族教育研究中的适用性

一、质性研究方法的特色

质性研究是"以研究者本人为研究工具，在自然情境下采用多种资料收集方法对社会现象进行整体性研究，使用归纳法分析资料和形成理论，通过与研究对象互动对其行为和意义建构获得解释性理解的一种活动"①。质性研究方法的核心是为了形成对自然的理解，我们将之称为"自然的理解"，这一概念起源于查尔斯·达尔文（Charles Darwin）的生态学理论观点。当然，这种"自然的理解"对于研究者开展研究是有利的，这将有助于他们去观察和研究日常生活中的调研目标和典型生活案例。伯格丹和拜克伦探讨了自然研究方法在教育中的适用性："研究者们进入学校、家庭、社区以及其他区域开展研究，他们将花费一定的时间对人们关注的教育事物开展研究……研究者们基于研究先前的假设来收集资料，辅之以对当地的实际情况的理解。"②

自然探究的传统要求研究者在自然情境下注重社会现象的整体性与相

---

① 陈向明. 质的研究方法与社会科学研究 [M]. 北京：教育科学出版社，2000：12.

② Bogdan R C, Biklen S K. Qualitative research for education：An introduction to theories and methods [M]. 3th ed. Boston：Allyn and Bacon Publishing Company, 1998：54.

关性，以对所发生的事情进行整体的、关联式的考察并形成部分与整体的
"阐释的循环"之理解。① 最初，通过自然探究所获得的副产品是丰富的
描述性数据。对于质性研究者而言，这些丰富的描述性数据并不只是自然
研究的成果，而且也是社会科学研究的理性依据。正如伯格丹和拜克伦所
言："这些描述性数据大部分采用图表或者文字的形式，而不是数字。"他
们解释道："收集到的数据以图片而非数字的形式呈现。最终的研究成果
包含对这些数据的引用以阐明或证实某种论点。这些数据包括访谈转录、
田野日志、照片、录像片、个人文档、备忘录以及其他的记载。在质性研
究者的探索之路上，他们不会为了形成某种'数字符号'而刻意减少叙事
类材料的篇幅。相反，他们会以尽可能接近真实的方式还原这些丰富生动
的记录材料（或转录的材料）。"② 而还原真实的关键就在于缜密地收集
"叙述类的材料"（即研究客体的话语或叙述），由此可以展现某种丰富宏
伟的文化背景。尽管如此，我们并不是说"数字"一无是处，只不过这些
数字无法确切地描绘抽象的人类存在和社会经验。借用爱因斯坦（En-
stein）的一句名言：不是所有有价值的事情都能被计算，能够被计算的事
情也不见得有价值。

二、在民族教育研究中应用质性研究方法的必要性

一方面，在民族教育领域应用自然研究方法是必需的。从社会角度来
讲，少数民族群体通常缺乏话语权，他们要经历艰难的挣扎才可以将自己
的观点和声音公之于众。而质性研究，因其研究方法和策略的特殊性，将
研究的关注点转移到了研究客体身上，强调站在研究对象的角度来收集有
关社会实体的经验和知识，进而在自己的研究成果中以研究客体的口吻来
转述和表达他们的观点以及自己的发现。质性研究方法有利于去除一般主

---

① 李晓凤. 余双好. 质性研究方法 ［M］. 武汉：武汉大学出版社，2006：10.

② Bogdan R C, Biklen S K. Qualitative research for education: An introduction to theories and
methods ［M］. 3th ed. Boston: Allyn and Bacon Publishing Company, 1998: 5.

流教育研究者对少数民族教育的误解和偏见，以一种客观、公正、自然、真实的方法发现和解决民族教育研究中的问题，真正建立民族教育研究领域中研究者与被研究者的平等关系，符合当前多元文化教育的理念。质性研究要求教育研究不仅要从空间和时间两个维度让事实保持静止状态，还应以真实自我面对分析者，排除先入为主的主观意识，反对"概念暴力"，以达到一种最大限度的本质再现。[①]

为了充分地表述少数民族对于其教育的理解，质性研究方法依旧要进行长期的自我探索和完善，来推进少数民族的教育进程并实现和谐社会的构建。

另一方面，在民族教育研究领域应用质性研究的方法，从研究课题的角度来建构有意义的探询方法通常是非常重要的。伯格丹和拜克伦强调意义的构建："意义是质性研究方法的重要议题。使用质性研究方法进行调查研究的人，通常对'人们如何使得其生活变得有意义'这样一些问题兴趣盎然……他们关注这样的问题：人们对生活做何种假设？他们视什么为理所当然？"[②]

一般认为，质性研究的主要目的是对被研究者的个人经验和意义建构做"解释性理解"或"领会"，研究者通过自己亲身的体验，对被研究者的生活故事和意义建构做出解释。[③] 在民族教育研究中，研究者需要对自己原有的"假设"或偏见进行反省，从被研究者（主要是少数民族地区的政府官员、教师、学生、家长和一般群众）的角度出发，了解他们的思维方式、情感态度和价值观。研究者还要进一步了解，自己是如何获得对对方意义的解释的，自己与被研究者对于理解研究对象的行为方式有什么作用，自己对被研究者行为进行的"解释"是否合理等。总之，在民族教育研究中应用质性研究方法，通过研究者和被研究者双方的意义构建，可

① 冉源懋. 质性研究方法的特点及其在比较教育研究中的运用 ［M］//陈时见，徐辉. 比较教育的学科发展与研究方法. 北京：商务印书馆，2006：351.

② Bogdan R C，Biklen S K. Qualitative research for education：An introduction to theories and methods ［M］. 3th ed. Boston：Allyn and Bacon Publishing Company，1998：7.

③ 李晓凤，佘双好. 质性研究方法 ［M］. 武汉：武汉大学出版社，2006：10.

以更好地对民族教育问题与现象进行"解释性理解"，在意义建构中对民族教育研究对象或事件获得更为全面、真实、丰富、深刻的理解。

三、在民族教育研究中应用质性研究方法的可行性

质性研究方法肯定了不同国家民族教育现象差异性的合理存在，也肯定了比较教育（民族教育）自身研究范式的文化多元性，其意义不仅在于对某一具体文化背景中的教育问题进行深度研究，寻找恰当的解决方案，还能防止直接照搬特定文化条件下产生的平面化分析，即用单一理论文本解释不同地域的教育现象。[①]　目前，在国内外民族教育研究领域应用质性研究方法已有不少研究成果。

在探讨美国质性研究的相关成果中，休·梅汉（Hugh Mehan）提到如下观点，质性研究方法在研究学校中的社会不公平现象上有着重要的应用。这种应用体现在以下三个方面：（1）在决策性的宏观理论上加入文化因素的考量。（2）在这些理论中加入人类做为研究中介。（3）开启学制教育的黑匣子，探索学校实践与学生职业生涯间的互为关系。[②]　除此以外，相关成果还包括一些更为具体的例子，如梅汉提到质性研究者们在对教育现象进行研究的过程中，揭示了社会不平等现象是如何在学校中显现并发展的，并归纳了若干核心概念（例如，身份标签、语言支配、文化资本，等等）。与此同时，研究者们增加了分析的复杂性以了解学生在这一体制中所扮演的角色和地位。所有这些研究，对于惠及低收入家庭和少数民族人口的学校变革是非常重要的。

尽管自然方法可以为探究少数民族教育的研究者提供有力的工具和有效的策略，但是必须予以考虑若干个特定方法论以构建丰富的质性研究设计。构建研究设计的第一步，就是辨别哪些研究方法可用。因而接下来，

---

① 王娟涓. 略论比较教育研究中质性研究方法 [EB/OL]. （2010 - 09 - 27）[2011 - 09 - 10]. http：//www. douban. com/group/topic/14376592.

② Mehan H. Understanding inequality in schools：The contribution of interpretive studies [J]. Sociology of Education , 1992 （1）.

我们将为大家介绍几种重要的质性研究方法，这些方法均是社会科学研究者们广泛运用的研究方法。

第二节　质性研究方法的适用范围

在探讨质性研究方法的适用范围上，我们主要参考了克瑞斯威尔（J. Creswell）以及伯格丹和拜克伦的著作，认为质性研究方法主要包括以下几种研究方法：民族志研究、个案调查、比较个案研究、生活史研究、现象学以及扎根理论。我们将讨论这些不同研究方法的基本观点、研究设计以及通用的资料收集工具等。

一、民族志研究

民族志研究是指对某一特定文化或子文化进行扩展分析或集中研究。正如沃尔科特（Harry F. Wolcott）在其作品中所强调的：民族志研究必须是一种文化性的解读，"这是民族志研究的本质所在"①。民族志研究通常需要研究者具备非常坚韧的研究品质，它要求研究者在某一特定的田野之中与研究对象进行长时间的沟通与交流。"田野调查"是在描述这种广义的观察性研究中经常使用到的词汇。

民族志田野调查会应用到多种资料收集的工具，包括"正式访谈与非正式访谈""参与式观察""文件整理法"或"人工分析法"等。民族志研究同样也会借助现代科技手段来记录资料，例如，使用数码录音或录像设备等来记录影音资料。尽管如此，田野调查还是一项相对基础性的调查研究工作，田野调查员大部分的记录工作还是以纸笔完成，随身携带与口袋大小适当的速记本以方便携带和记录。

---

① Wolcott H F. On ethnographic intent［M］//Spindler G D, Spindler L S. Interpretive ethnography of education: At home and abroad. Hillsdale: Lawrence Erlbaum Associates, 1987: 43.

参与式观察作为自然研究（naturalistic work）的一部分，在捕捉"当地人的观点"这一方面扮演着重要角色，而追求以"当地人的视角"来看问题历来是民族志研究者们遵循的宗旨和追求的目标。如果将这种研究方法应用在教育领域，民族志的分析方法则更强调从文化的维度来研究学校、院系或大学，并促使研究者们对这些院校机构的行为准则、价值信条、信仰与实践等方面进行探索和研究，以获得深入的理解——而这些研究内容都是与文化相关的核心内容。

著名的文化人类学家克利福德·格尔兹（Clifford Geertz）曾这样描述民族志研究的目标：获得丰富的描述性资料。基于这些描述性或分析性的材料，研究者们形成对某一特定文化的深入理解，通过对这一文化中若干基本事实的深入理解，最终形成对其相应的教育进程以及其中存在问题的评析能力的研究。[①]

美国教育人类学家约翰·奥格布（John Uzo Ogbu）认为，优秀的教育人类学研究需要通过人类学家采用的参与观察法来完成。他借用白瑞曼（G. D. Berreman）的观点，认为参与观察法是指与被研究者共同生活，通过日常生活中的密切交往来逐渐地了解他们和其语言以及生活方式。这就意味着研究者要与被研究者交谈，与他们一起劳作，参加他们的社会活动和仪式，走访他们的家庭。简而言之，要尽可能地在不同的场合与他们接触，了解他们……应时刻关注发生在身旁的一切事情，尽可能地去了解那些没有预料的或看上去没有办法解释的事件或事情……[②]

奥格布主编的《教育大百科全书·教育人类学》（The International Encyclopedia of Education · Anthropology of Education）卷展示了教育民族志田野调查中"参与观察"的典型案例。[③] 例如，在本土知识的价值方面，教育人类学家对利比亚的佩里人极强的口算能力进行田野研究。一般认

---

① Geertz C. The interpretation of cultures: Selected essays [M]. New York: Basic Books, 1973.

② 涂元玲. 教育人类学的学科特点及启示——评《教育大百科全书·教育人类学》. 湖南师范大学教育科学学报，2011（6）.

③ 涂元玲. 教育人类学的学科特点及启示——评《教育大百科全书·教育人类学》[J]. 湖南师范大学教育科学学报，2011（6）.

为，佩里地区的人们没有数学方面的认知活动，因为他们不知道西方学校教育的课堂中所教授的基本的几何概念，也不了解基本的计数或度量方面的知识。人类学的有关研究表明，这样的观点是错误的。开展过大量的有关文化与数学研究、担任过英国数学协会主席的毕肖普（A. J. Bishop）对相关研究进行分析后指出，佩里的人们也具有数学方面的认知活动，并具有几何或度量方面的知识，只是他们的这些活动和知识服务于佩里社会和文化的发展，而不同于西方社会出现于学校课堂中的相关活动与知识是满足教学要求的。具体而言，与西方课堂教学中专门性、程序化的数学认知活动相比，佩里人的数学认知活动是在日常生活中自然发生的；与西方课堂教学中抽象的和理论性的数学知识相比，佩里儿童学习的数学知识是具体的和实践性的。虽然佩里的儿童在做西方社会中用于测试数学能力的试卷时，成绩通常是很差的，但他们却具有西方社会的学生所不具有的其他方面的数学认知能力。例如，估算大米的能力就是佩里人普遍具有的一种非常强的能力。一般而言，佩里的儿童在只看一眼一堆大米的情况下，就能精确地说出这堆大米能装多少杯，而西方社会的儿童对此却是望尘莫及的。佩里儿童具有这种能力的主要原因是，大米是佩里一种重要的粮食，在市场上能够精确地估计出所卖或所买的大米的数量是这个地区的人们必须掌握的一项非常重要的技能。这一研究所获取的资料和结论显然是以田野研究为基础的；反之，没有田野研究，也就没有如此翔实的资料。

二、个案研究

个案研究是对某一特定的现象进行集中性研究，它的研究对象范围很广，既可以是微观层面的个人，也可以是中观层面的社会团体与组织，还可以为宏观层面的社会。伯格丹和拜克伦将个案研究定义为"对某一对象或单一客体的精细研究，这一对象可以是一份被储存的文件或一个具体的事件"①。接下来他们提到，个案研究具有不同的类型，例如，纵向（或历史性）个案研究、横向（或组织性）个案研究或观察性的个案研究。作为质性研究方法的一种类型，个案研究可以运用多种不同的资料收集工具，包括正式访谈、非正式访谈、观察法以及文件分析法等。许多著名的社会科学家均使用个案研究法进行深入有效的研究，并取得了丰硕的研究成果。例如，著名的精神分析学家西格蒙德·弗洛伊德（Sigmund Freud）通过对不同病患的个案分析来鉴别其心理问题；著名社会学家马克斯·韦伯通过个案研究的方法来理解并认知复杂的社会进程以建立理想的社会结构。政治学家们通过对著名的政治危机个案的分析，进行复杂的决议或行动方案的制订，并构建相应的理论。

一般来说，个案研究可以分为六个主要的步骤：第一步是确定个案研究的性质和对象；第二步是使用各种方法收集个案资料；第三步是分析整理资料；第四步是解释分析的结果；第五步是追踪研究和对个案实施指导；第六步是撰写个案研究报告，得出结论。②

单一个案研究在质性研究中有一段长久而光荣的历史。与其说进行个人广泛的横断面研究或者任何其他的分析单位，个案研究宁可采取有特定范围且焦点集中的研究。不管是一个个体、一个组织或是对一整座城市的研究，个案研究借鉴质性研究者最大的地方是，在文章的前后脉络中萃取深奥的内涵及意义。一个精神病房、一个宗教仪式、一个乡下村庄、一个现代公司，都可能是一个个案研究的研究焦点，其目标可以是以民族志的方式深入描述现代或过去的历史。林德夫妇（Robert Staughton Lynd & Helen Merrell Lynd）在《中镇》中的（*Middle Town: A Study in American Culture*）研究，是探讨一个社区在大萧条前后状况的个案研究，目前仍是社会科学文献方面的一部经典名著。③

在美国，教育社会学家如伯顿·克拉克（Burton Clark）和罗伯特·

① Bogdan R C, Biklen S K. Qualitative research for education: An introduction to theories and methods [M]. 3th ed. Boston: Allyn and Bacon Publishing Company, 1998: 54.

② 文军，蒋逸民. 质性研究概论 [M]. 北京：北京大学出版社，2009: 99.

③ 李晓凤，余双好. 质性研究方法 [M]. 武汉：武汉大学出版社，2006: 110.

罗兹广泛运用个案研究的方法来研究大学及其子结构是如何运行的。对于教育研究者们，他们将使用个案研究的方法来分析特定的学校或学校系统，对这一个案中所存在的优势和不足进行分析。有时，教育研究者们会有意地选择一些"最佳个案"作为研究对象，即这些学校在某些方面取得了非常显著的成就。这种观点会使研究者们对这些学校进行深入细致的个案研究，以探究"他们为什么成功"。相反，一些"负面个案"也可以成为研究对象，即这些学校存在某些问题，例如，学校的高辍学率等。[1] 由此，研究者们将对这些个案及其问题进行探索和研究，以获得更多发现。

三、比较个案研究

我们可以采用成对的方式或者在一个更大的集团范围内进行个案研究，在不同的个案之中，分析一个或多个关键变量。从这一角度来讲，个案研究将变为一种有力的研究工具，因为个案研究并不像民族志研究那样对时间有着严格的要求。阿诺德（David O. Arnold）提到，"如若想要形成一份较为严密的比较个案研究的研究设计，个案点的选择则是至关重要的一步"[2]。他指出在研究开始之初，就应当确定研究的关键维度或关键变量，而个案点的选择标准，则基于是否能够验证这些关键变量，形成与关键维度相关的研究结果。例如，如果你想研究有关院校教师流失的教育课题，那么个案点的选择就应当同时包括这样两种学校：拥有较高教师流失率的学校和拥有较低教师流失率的学校，以此达到研究结果最大

---

① Clark B R. The Distinctive College: Antioch, reed and swarthmore [M]. Chicago: Aldine Publishing Company, 1970: 4; Robert A. Rhoads. Freedom's web: Student activism in an age of cultural diversity [M]. Baltimore: Johns Hopkins University Press, 1998: 1 - 10.

② Arnold D O. Dimensional Sampling: An approach for studying a small number of cases [J]. The American Sociologist, 1970 (5): 148.

化。① 在以上的研究成果中，罗伯特·罗兹和撒列尼（Szelényi）在关于"全球化公民身份与大学生活"的调查研究中，就应用了比较个案研究的方法。基于不同的大学在全球化事务中的参与程度的不同，他们分别选择了位于世界不同区域的 4 所大学作为研究个案点。他们的研究逻辑是相当直白明晰的，为了使研究结果最大化，为了构建关于"全球化公民身份"的新兴理论，他们必须要选择能够达成以上研究预期的个案点院校，即这些院校中有关公民身份的形式十分明显。

比较个案研究从几个个案中收集和分析资料。从这一点上讲，比较个案研究就与那些对组织内部的次级单元或次级个案（如一个学校中的多个学生）开展研究的单一个案研究区分开来。例如，赖特福特（Lightfoot）在进行个案研究时，选择了 6 所高中学校开展研究。她首先报告了 6 个个案的研究发现（她称之为描绘），然后再进行跨个案分析，进而概括出了一所好的高中的构成要素。一个研究中所囊括的个案越多，个案之间的差别越大，则研究结果越有可能引人注目，"通过对一系列相似或者相反的个案的审视，我们可以理解一个单一的个案是如何行动的，在哪里行动以及它为什么会如此行动。我们可以加强研究发现的精确性、效度以及稳定性"②。

另一个比较个案研究是哈里斯（Harris）对退休后学习机构（Learning Institute after Retirement，LIR）的课程规划的研究，其框架主要来自相关课程设计和规划的文献，特别是有关老年课程规划方面的文献。③ 她所确定的问题是：尽管有无数个课程规划过程模式，但人们对现实情境中究竟发生了什么，尤其是对老年课程规划究竟发生了什么知之甚少。此研究目的是确认这一规划的过程，并理解情境因素是如何影响这一过程的。在哈

---

① Arnold D O. Dimensional Sampling: An approach for studying a small number of cases [J]. The American Sociologist, 1970 (5): 147 – 150.

② 莎兰·B. 麦瑞尔姆. 质化方法在教育研究中的应用：个案研究的扩展 [M]. 重庆：重庆大学出版社，2008：28 – 29.

③ 莎兰·B. 麦瑞尔姆. 质化方法在教育研究中的应用：个案研究的扩展 [M]. 重庆：重庆大学出版社，2008：4 – 5.

里斯的研究中，选择了5个个案场所，其标准如下：这种课程已经存在至少4年时间；5个个案具有区域多样性；赞助的机构具有多样性。这5个场所分别为：一所位于人口密集市区的私立研究性大学，一所处于小型农村社区的州立大学，一所位于农村山地社区的两年制教堂附属学院，一所小型农村城镇的社区学院以及一所位于大型都市区的州立大学。

在每一个机构或个案中，研究者都选择了LIR项目协调人（也是机构和项目之间的联络人）、所有规划委员会成员以及相关高等教育机构的主要行政人员（通常是校长）作为访谈对象。此外，对老年学员也进行了抽样调查。在进行现场参观时，研究人员也对规划委员会的会议进行了观察。最后，所有LIR的文件，包括陈述、论文、课程表、购置的材料也都成为研究分析的对象。

四、生活史研究

生活史研究，又称作传记研究，研究对象一般为个体，侧重于对他们生活经验的深度挖掘和理解。克瑞斯威尔（Tohn W. Creswell）提到：当某一个单独的个体因为文件的记载而需要被研究时，或这一个体可以阐明某种具体事务的时候，人们便可以采用生活史研究或传记研究的方法来研究他们……除此之外，研究者们需要创立研究个案，满足对这些独特个体进行研究的要求——例如，那些具有某个典型问题的个体，有着卓著职业生涯的个体，生活在公众视野下的名人，甚至是一些拥有着平凡生活的普通人等。①

生活史是从个人怎样诠释和理解周围世界的角度来研究个人生活经历的。不同学科的研究人员（文学、历史、心理学、女权与少数民族研究）应用不同的研究方法，并基于不同的研究目的进行生活史研究。在研究人员看来，生活史可以叫作传记、生活故事、口述历史或个案研究，将自己

---

① Creswell J W. Qualitative inquiry and research design: Choosing among five traditions [M]. Thousand Oaks: Sage Publications, 1998: 28.

作为撰写对象的研究者的报告称作自传或回忆录。①

通常来讲，生活史研究的数据是通过生活史访谈法来收集的，这些访谈涉及一系列的延展性谈话，旨在获取关于研究对象生活的深度资料。同时，我们也可以从现存的文档资料中构建起某人的生活史。从教育研究的角度来讲，生活史研究侧重于选择那些具有鲜明特点的学生、教师或学校的行政管理人员作为研究对象，选择的原因如前所述。例如，某些学生克服了重重阻碍，取得了良好的学术成就等。一些美国的研究者们正是通过对少数民族毕业生的生活史分析，才充分了解到了这些学生是如何克服种族主义的教育歧视，并取得了一定的成绩。

丰富的生活史资料可以为人们提供崭新的视野，了解到一些人是如何克服摆在他们面前的困难，如何发挥自身潜能，这同时也为他人树立了学习的榜样。同样，对那些来自低收入家庭或少数民族家庭的教师或教育行政人员进行生活史研究，研究他们是如何从这些家庭成功地走向教育岗位，也可以为人们提供有益的知识思考，并由此探究复杂的教育进程。

在教育领域，生活史已成为研究教师发展的常用方法。美国学者保尔·斯肯普（Paul Schempp）、安德鲁·斯帕克斯（Andrew Sparkes）和托马斯·坦普林（Thomas Templin）所做的研究就使用了这种方法。他们调查了导致新教师从事教师职业的政治范畴，并把该范畴比作微型政治。这缘于他们研究发生在小范围组织背景中（即学校）的政治现象，而并不是研究与政治这个术语联系起来的地区或国家的宏观政治现象。研究人员认为，研究的目的是明晰教师用自己的力量提高个人兴趣的方法、社会对新教师的压力以及他们努力达到同事对他们的期望。② 斯肯普和他的同事选择了两位初中教师和一位高中教师参与辅助研究，并对每位教师进行了长时间的自由交谈以收集资料。

---

① 梅雷迪斯·D. 高尔，等. 教育研究方法导论 [M]. 许庆豫，等，译. 南京：江苏教育出版社，2002：494.

② 梅雷迪斯·D. 高尔，等. 教育研究方法导论 [M]. 许庆豫，等，译. 南京：江苏教育出版社，2002：495.

　　研究人员并没有明确说明资料分析程序，但从所获得的资料中直接推断出了主题，分别为：（1）传记，即把过去的经历带到新的学校之中；（2）角色需求，即教师为了保住职业所需达到的职业要求；（3）学校文化，即正常和得体的行为规则，包括协调并运用职业权力的规则。研究人员的研究报告对每个主题都进行了解释说明，侧重展示教师的主位观点。新教师就职的研究表明，生活史的研究传统可以使读者了解一个人或一组人的内心感受，如同在上述的研究中，关于新教师就职经历的描述对当前学校改革的预设前景提出了反思。

五、现象学

　　现象学研究关注某种具体的行为或一系列行为模式，试图对不同的个体经验进行深度理解或者对不同的行为事件进行解读。现象学研究具备资料收集策略的多种优势，但毫无疑问，观察法和访谈法应用得最为广泛。以"社会角色"（或社会舞台上的演员角色）的视角来看问题对于现象学研究至关重要。正如伯格丹和拜克伦所指出的，"现象学模式中的研究者们试图去理解事件的意义以及特定情境中普通人之间的交往互动……这隶属于韦伯主义的研究传统，即强调 verstehen，对人与人之间的交往互动进行解释性的理解。现象主义研究者们并不假设他们预先了解研究对象"①。

　　在教育领域里，有许多复杂的行为模式都可以通过现象学的研究方法进行鉴别和验证，包括一些教育事件与活动。例如，教师指导学生进行测验，学生为考试做准备，或者是学校的行政管理者对教师进行考评，甚至是家长对其孩子所上学校进行信任度的评价。对复杂的教育行为进行现象学的分析可以获得重要的洞察力，这种洞察力将有利于变革并加强教育实践活动。采用现象学的研究立场，我们不能做出这样的假设，即某些基本的教育进程与存在于这些教育进程中的关键的社会角色彼此匹配。相反，

---

① Bogdan R C, Biklen S K. Qualitative research for education: An introduction to theories and methods [M]. 3th ed. Boston: Allyn and Bacon Publishing Company, 1998: 23.

我们应当试图理解这些人鲜明的生活经验，而这些生活经验是我们通过缜密严谨的资料收集工具获得的。

六、扎根理论

扎根理论为我们描绘了一种非常具体且相当复杂的质性研究方法。在这种方法中，我们探究的目标是形成一种对特定的社会行为或现象的理论性理解。科宾和斯特劳斯提到扎根理论有其自身的哲学根基，它根植于美国两大理论流派：以约翰·杜威（John Dewey）和乔治·米德（George mead）为代表的实用主义范式以及以威廉·托马斯（William Thomas）和赫尔伯特·布鲁姆（Herbert Bloom）为代表的符号互动主义理论学说。

有关扎根理论的一个重要论点，即认为资料的收集与分析的过程是持续不断且彼此互动的，因而一些人将之描述为"持续不断的比较性的研究方法"。因此对于大多数的质性研究方法而言，数据分析一般都发生在调查研究进程的后期阶段，而人们应用扎根理论方法，需要先对最初收集到的部分数据进行分析。

有关扎根理论的另一个重要论点，即认为概念是分析的基本单位。正如科宾和斯特劳斯所解释的，"人们会将某些案例或事件看作或分析成某种现象的潜在指标（或隐形暗示），因此这些事件便被贴上了某种特定的概念标签"[1]。这种观点是在建构理论，是"平地起家"，并最终构筑到可以言说的位置（"扎根"理论便因此得名）。它要求人们形成并验证某些关键概念，而这些关键概念是理论的基本模块。因此，在收集资料时，传统上人们会使用与其他的质性研究方法相同的基本工具（访谈法、观察法、文件分析法等），为形成可能性的概念这一目标服务，而这项工作将会有利于我们去解释更为广泛的现象。最后，基于对不同概念的分类，研究者会进行更大的概念体系的分类，再通过额外的观察法来分析不同类别间的

---

① Corbin J, Strauss A. Grounded theory research: Procedures, canons, and evaluative criteria [J]. Qualitative Sociology, 1990 (1).

关系，并且从始至终地使用连续性比较的方法。整个过程，正如科宾和斯特劳斯以及格拉泽和斯特劳斯①所言，是相当复杂的，并且不应当被偶然提起。在此，我们建议教育领域的研究者们要试图去形成一种理论，它基于质性研究，并首先借鉴以上所提到的诸多观点。

凯西·卡麦兹（K. Charmaz）认为，扎根理论是生成性的，扎根理论方法自身是开放的并依赖于生成的过程，而且研究者对概念的不断生成性建构既形成了过程，也形成了产品。扎根理论可以看作是通过互动出现的生成过程的产物。研究者从互动的结构中建构了他们各自的产品，包括其所看到的和实际经历的。以下几点是凯西·卡麦兹关于扎根理论的建构主义立场：（1）扎根理论研究过程是流动的、互动的和开放的；（2）所研究的问题影响着数据搜集的最初的方法论选择；（3）研究者是他们所研究内容的一部分，和他们所研究的内容不可分割；（4）扎根理论分析形成了概念内容和研究方向，生成的分析可能会导致采用多种数据搜集的方法，并在多个场所进行探究；（5）通过比较分析进行连续的抽象构成了扎根理论分析的核心；（6）分析的方向来自研究者与比较和生成性分析的互动，以及研究者对它们的解释，而不是来自外部的规定。②

中国学者杨朝晖在《大学人员怎样与中小学建立合作研究关系——对一所中学合作研究案例的实践反思》一文中，把 W 中学作为一个研究个案，通过研究者在 W 中学的实践，试图研究和回答这样一些问题：作为大学研究者，怎样与中小学建立良好合作研究关系？大学人员如何走进中小学开展合作？怎样使一个外在于学校的课题真正进入学校的生活，既帮助学校解决现实问题，又能满足研究者的研究需求？

研究者采用质性研究路径，对"我"在 W 中学所亲身经历的合作研究关系开展反思性的案例叙事研究。对于以上问题的研究，研究者采用的是归纳式的研究路径和整体呈现的方式，即先以时间为轴，进行整个合作

---

① Glaser B G, Strauss A L. The discovery of grounded theory: Strategies for qualitative research [M]. Chicago: Aldine Publishing Company, 1967: 62.

② 凯西·卡麦兹. 建构扎根理论：质性研究实践指南 [M]. 边国英，译. 重庆：重庆大学出版社，2009：224－225.

研究历程的描述，然后再从中分离出若干关注的研究点进行反思和分析。在反思分析的过程中，既注重与有关具体事实进行呼应，又注重与有关理论研究成果不断对话，以此实现理论与实践的有机结合，通过层层分析，步步深入，最终建构起自己的扎根理论。①

在实地的研究过程中，研究者选择不同质性研究方法应本着博采众长、甄选比较的原则，选择最适宜的研究方法进行研究（见表4－1）。

表4－1 不同的质性研究方法的描述性定义及其举例比较

研究方法	描述性定义	举例
民族志	民族志研究是指对某一特定文化或子文化进行扩展性分析或集中研究。	民族志的分析方法则更强调从文化的维度来研究学校、院系或大学，并促使研究者们对这些院校机构的行为准则、价值信条、信仰与实践等多方面进行探索和研究，以获得深入的理解——而这些研究内容都是与文化相关的核心内容。
个案调查法	个案研究是对某一特定的现象进行集中性研究，它的研究对象范围很广，既可以是微观层面的个人，也可以是中观层面的社会团体与组织，还可以为宏观层面的社会。	著名社会学家马克斯·韦伯通过个案研究的方法来理解并认知复杂的社会进程以建立理想的社会结构。
比较个案研究	我们可以采用成对的方式或者在一个更大的集团范围内进行个案研究，在不同的个案之中，分析一个或多个关键变量。	在"全球化公民身份与大学生活"的调查研究中，就可以应用比较个案研究的方法。基于不同的大学在全球化事物中的参与程度的不同，分别选择位于世界不同区域的四所大学作为研究个案点。

---

① 陈向明. 质性研究：反思与评论（第2卷）[M]. 重庆：重庆大学出版社，2010：109－133.

续表

研究方法	描述性定义	举　例
生活史研究	生活史研究，又称作传记研究，研究对象一般为个体，侧重于对他们生活经验的深度挖掘和理解。	研究那些具有某个典型问题的个体，有着卓著职业生涯的个体，生活在公众视野下的名人，甚至是一些过着平凡生活的普通人。
现象学	现象学研究关注某种具体的行为或一系列行为模式。它试图对不同的个体经验进行深度理解或者对不同的行为事件进行解读。	研究教师指导学生进行测验，学生为考试做准备，或者是学校的行政管理者对教师进行考评，甚至是家长对其孩子所上的学校进行信任度的评价。

第三节　互惠原则与参与式行动研究

一、民族教育质性研究的互惠原则

从传统上讲，社会科学家通过研究一个个特定的现象，并收集资料，以大多数同行都认可的方式撰写他们的研究成果，教育研究者们通常也遵循这一方式。教育研究者们要考虑其研究发现或结论的可行性，因为这些成果最终是要为实践工作者或政策制定者服务的。事实上，大部分教育研究者很少关注其成果对实践的影响，他们有些仅仅关注于自己的学术研究，有些则因为实践工作者或政策制定者对其研究工作并不是真的感兴趣。对于一些研究者而言，来自于学校或者其他教育机构的个体是资料收集的主要来源，一旦他们从这些个体那里收集到了有价值的信息，哪怕微乎其微，那么研究者们就不再需要他们了（研究对象从某种程度上便失去了利用价值）。学者们通过出版学术论文，实现自己的职业发展，但是对于那些被研究学校的义务，以及促进教育进程的责任则被遗忘在了身后，并没有得到很好的落实。

互惠原则的理念对以上提到的教育领域中的社会科学研究形成了挑战。互惠原则提出，研究行动必须被定义为"两种途径并行"的研究进程。首先，研究者通过了解研究对象及其所拥有的知识获得所需的研究资料，同时研究对象的载体如学校、院校或大学等也应当以可行的方式从研究中受益。例如，将研究成果以某种途径同研究中的关键参与者（或当权者）共享，提升其认识，促进其发展。此外，那些帮助协调研究者收集资料或开展访问工作的人们，也应被给予酬劳。过去，那种单方面的陈旧的研究方法，即主要关注如何提升研究者工作的研究方法，在今日社会已经无法被认可了。毫无疑问，教育质性研究者必须要重视互惠性的研究，这是重要又紧迫的任务。

显然，作为一项重要的学术伦理原则，互惠原则更注重强调的是对被研究者利益的维护以及对被研究者为研究所做贡献的回报。

质性研究过程往往用时较长，研究者与被研究者会有较多的直接互动，涉及的研究问题有时会比较敏感。相应地，被研究者往往要付出很多时间和精力给予配合并提供信息，甚至就敏感问题做出评论等。而被研究者的付出与配合对研究的顺利进行和研究成果的真实有效是至关重要的。另外，相对于研究者来说，被研究者更为被动。因为一旦研究结束，研究者即可离开研究现场，而被研究者还要继续在该地生活。如果研究过程违反学术伦理，给被研究者所造成的影响很可能是持续的。如果涉及敏感问题或被研究者的个人隐私，被研究者对研究的参与配合是存在潜在风险的。对此，有学者认为，出于确保研究顺利进行的需要和公平的原则，要以口头、行动、物质等方式补偿、回馈被研究者。比如，倾听被研究者的倾诉并给予同情，介绍被研究者需要的外部信息，帮助他们干活，给他们的孩子补习功课，赠送小礼物或适当给予其劳务费等。总之，凡是可以与被研究者发展友谊、拉近距离，从而使其自愿、积极地配合研究的办法都可以采用。

就民族教育研究来说，互惠原则的实施要建立在对我国国情和少数民族特点把握的基础上。总的来说，少数民族有时具有特殊的习俗与观念；少数民族教育往往相对落后，对研究成果的作用具有更高的期待；由于信息不对称，少数民族被研究者认为更多的是处于相对弱势的位置。民族教育研究人员给予少数民族被研究者的回馈与报偿要符合他们的实际需要与处事方式。

有的具有典型性的少数民族地区或少数民族教育单位频繁接待各种研究团队，付出了大量的人力与物力，却不见由此带来的社会发展与问题的改善。长此以往，少数民族人民对学术研究人员的感情与信心势必受到伤害。

被研究的少数民族群体，尤其是少数民族精英群体，对改变现状有着强烈的诉求。他们期盼着前来调研的专家们能够反映他们的问题，为他们争取特殊的政策与资源，研究成果能够即时改变当地教育的面貌。事实上，被研究者对研究结果有所期待是非常正常的。但学术研究，尤其是教育研究效果的体现需要时间，不可能像扶贫等物质建设项目那样直接给钱、给物，取得立竿见影的效果。学术研究人员没有政策制定或资源分配方面的实权，不能直接干预具体的教育决策。于是，如果不具有强烈的伦理意识与反思意识的话，研究者为了保证研究的开展，就可能搬出上级政府开具的请被研究地区或机构对研究给予配合的"红头文件"或介绍信，加之沟通处理不当，就会给人一种强制的感觉。研究者夸张研究的作用、隐瞒研究的目的，甚至欺骗被研究者的可能性也是存在的。以上不当行为如果引起被研究者的反感，就会适得其反，阻碍研究的进展，削弱研究的真实性。研究人员要观察被研究者的需要、体会他们的心理，对研究目的和研究过程进行耐心解释，一定要取得被研究者的知情同意。如果对被研究者欺瞒或夸大研究内容，甚至造成了不良影响，不管对方是否察觉，作为受过学术研究训练、具有反思意识的研究人员，势必会受到学术道德良知的谴责。毕竟，民族教育研究具有长期性的特点，要为未来的进一步研究打好基础、预留出空间。研究本身具有意义、能够促进少数民族社会的进步是最重要的。通常，只要研究不是空洞的、脱离实际的，是为被研究者的利益与福祉着想的，被研究者是愿意给予帮助的。

互惠原则的基本底线是得出的研究结论不能脱离实际，不能违背少数民族人民的利益。比如，有位研究者对"两免一补"这一教育政策进行评估研究，所得出的结论之一是认为"两免一补"政策不利于发挥学生学习的积极性，因为不收学费了，学生对自己所受的教育就不珍惜。事实上，"两免一补"政策对少数民族地区教育的普及与发展发挥了至关重要的积极作用，该政策对民族教育的提升作用有目共睹。该研究者将其观察到的少数民族学生厌学的现象直接与"两免一补"政策挂钩，对其他复杂因素缺乏考察，与被研究者沟通不足。显然，这一研究结论是简单粗暴、有违被研究者利益的谬论。

给予关心、倾听和理解是贯彻互惠原则的另一种方式。对于被研究者，尤其是处于弱势或遇到困难却缺少倾诉渠道的被研究者来说，耐心地倾听他们诉说、关注他们的困境、理解他们的需要，是不亚于直接的物质馈赠的善意行为。例如，少数民族学生中的寄宿生比例较高，所以他们遇到的语言、文化适应方面的困难相对多一些。当有外来的研究者关心他们的生活、对他们遭遇的困难给予同情和理解时，学生们会对研究者产生信任甚至依赖。研究者给予他们的鼓励与指导有助于其建立信心、提高成绩。

研究者还可以直接询问被研究者需要哪些帮助。对于教育领域来说，少数民族地区往往师资力量薄弱，教育理念与手段更新较慢，对外部社会缺乏了解，渴望接触最新的信息。教育工作者普遍反映他们所接受的培训与讲座偏重理论，不实用，渴望操作性强的、直接的指导与示范。开设讲座、座谈、示范课是民族教育工作者，尤其是偏远农牧山区的民族教育工作者非常欢迎的回报方式。研究者在基层教师的眼中是教育研究专家，如果推脱或不胜任这些实践性较强的工作，会让被研究者对研究者的能力产生质疑，心理上产生距离。因此，到民族地区开展研究之前要有所准备，要对当地教育工作者的业务方面有所帮助才具说服力。

对被研究者进行经济补偿的方式与程度始终存有争议。一方面，学术科研活动都是非营利性的，科研经费通常有限，不足以付给每个被研究者充足的报酬；另一方面，所谓"互惠"原则，就民族教育研究本身来说，研究者与被研究者具有共同利益，"受惠"是相互的。直接给钱容易让被研究者造成误解，进而忽视研究对其自身及所处环境的提升与改善的长远价值与意义，甚至以为可以通过接受调研来牟利。研究者力所能及且符合被研究者需要的、能够由两者共同参与的帮助活动是最好的回馈方式，可以遍布工作、生活的方方面面。

现在，我们主张向为研究提供重要帮助、付出时间与精力的主要被研究者和关键参与者发放劳务费，体现对其劳动的尊重与补偿。但是，出于不同的习俗和观念，少数民族民众对"惠"的理解经常是不同的。根据过往的经验，简单给予物质回报换取合作，效果往往不好，甚至适得其反。比如，在获得某地教育局官员配合，结束田野调查之后，研究者按照课题经费财务管理规定送给该行政人员一定数额的劳务费，并索取他的身份证号码用于履行课题经费报销手续。没想到引起了该行政人员的不满与猜疑，认为研究人员没有拿他当朋友，即便是付报酬的话，劳务费也并不丰厚，不足以与他的人情相抵。经过研究者再三解释，我们的课题经费支出计划就包括了劳务费这一项支出，该行政人员还是有些许的不快。再比如，在西南地区的多个少数民族中，酒、茶、糖是基本的礼品，表示尊重，有"无茶不成礼"之说。在当地的乡村中，这三样礼品的价格都非常低廉，对关键的被研究者进行入户调研或请求帮助的时候，带上一包茶、两瓶酒或一袋糖果，既节约经费，效果又好。对方会觉得研究者知礼懂礼，更容易配合。

总之，研究者要对调研当地的风土人情有充分的了解，把握好发放物质报酬的尺度分寸。每个研究所遇到的情况都是独一无二的，需要研究者结合实际情况进行判断。

要实施好互惠原则，研究者的眼睛不能只盯着完成预定的研究目标，而是要根据研究对象的实际情况验证研究假设，与被研究者真诚沟通，了解被研究者的真正需要与问题，并据此适当修改研究计划。这样，不但可以使被研究者受惠，还可能发现新的问题生长点，也许还会有意外收获，最大限度地实现"互惠"。当然，对被研究者的需要也不能一味地迎合，要有独立的思考，耐心与真诚是最重要的。

总之，使被研究者受惠，是民族教育研究的出发点，是民族教育研究者的价值选择，而不仅仅是为了保证研究顺利进行、换取学术生涯发展的手段。

实质上，遵守伦理原则，设身处地地为被研究者着想，这才是学术研究最为至关重要的。

二、民族教育的参与式行动研究

目前，许多教育质性研究者们开始采用行动研究，或者叫作参与式行动研究（participatory action research，PAR）的框架作为实施质性研究的方法。这是一种有效的策略，同时也是研究者们开始关注互惠原则的一种实践活动。在美国，参与式行动研究以非常显著的方式被广泛推行。社会心理学家库尔特·勒温（Kurt Lewin）在其经典的著作中就提到了"行动式研究以及少数民族问题"的论题，许多研究者们也在他们的论述中提到了参与式行动研究。

参与式行动研究强调，研究探寻的目的是为了寻求积极的改变。从参与式行动研究的视角来看，研究活动不应当仅仅包括简单的事实与信息的发掘，同时强调行动应以改善研究对象的生存环境为导向。与此同时，研究活动应当是自然的行为参与，因而研究者与社区成员（或被研究者）应当成为研究行动的中心。由此，参与式行动研究拒绝权威或知识型的专家进入研究社区。研究的侧重点转移到如何使社区（群体或组织）成员，以特定的方式参与到研究进程之中，并由此改善其生活。研究对象不再被研究者左右，他们自然地融入到研究活动之中，因而也会对研究结果投以足够的热忱与帮助。

参与式行动研究不仅是质性研究的独特形式，同时也会引导量化研究。然而在实践中，质性研究者们会更为广泛地采用参与式行动研究，这或许是因为研究者们需要与研究对象紧密联系，以获得相应的资料，从而使研究者对所调研学校或项目点担负起更多的责任。例如，在美国，因考虑到很多学校所面临的经济方面的挑战，在没有得到相应回报的前提下，研究者们很难要求学生、教师或管理人员耗费宝贵的时间来辅助研究。

通常，研究者可以回报的成果，就是可以为特定的研究对象（或目标载体）带来实际的改变。因此，参与式行动研究中的"参与"，是指特定的研究范围内的代表性样本（例如，一所学校）成为研究活动的参与者。而参与式行动研究中的"行动"，则要服务于这种合作研究进程的最终宗旨——实际的改变。所以，参与式行动研究不再仅是为了满足研究者们的利益需求（研究者自我职业的发展或价值实现），同时也要满足被调查的学校或特定的研究对象的需求。参与式行动研究应当在研究者和被研究对象的共同参与下被了解和认知。

那么，参与式行动研究应当如何有效实施呢？例如，在中国河北省的一个偏远地区，有一所条件较差的学校（under-resourced school，URS），学生流动率较高。在过去十年间，学校饱受舆论之苦，学生的毕业率也在逐年下降，几乎只有50%的学生可以顺利完成高中课业，拿到高中文凭。此时，一些来自北京的教育研究者，对这所学校里的"学校条件"实施参与式行动研究，他们可以同院校共同设计一项质性研究方案，以此来更好地解决这所学校所面临的问题与挑战。

一些学校的老师，可以被视为"潜在参与者"，即他们有兴趣协助研究，成为研究团队中的一员。同时，他们也可以为项目的研究进展定期提供咨询和建议。研究成果、署名或相应的补助可以同时包括参与调研的来自大学的研究者以及学校的教师，因为这些教师通过持续不断地参与项目，使得"教师亦是研究者"成为可能。①

研究目标以及可能性的研究成果应当得到项目全体参与者的认可与贡献，同时在研究论著中，应当清晰地讲明此项研究为这所"条件较差的学校"所带来的明确的利益。此外，研究可以为这所高中的学生们提供一些机会，让他们也参与到资料收集的过程中来，或者将调研者所在大学的学生容纳到调研团队之中。由此，通过这种合作研究，我们除了能获得调研成果，还可能收获其他额外的效益。而研究者们也会对他们所收集的研究成果感到满意，调研学校的学生和教师们也会对在研究过程中所收获的

---

① Kincheloe J L. Teachers as researchers: Qualitative inquiry as a path to empowerment [M]. New York: Routledge, 2003: 4 – 6.

体验和知识而感到快乐。学校会基于调研成果调整相应政策，清新的"改革风"充盈在学校的每个角落。最终，实现巩固学生毕业率这一宗旨与目标。

从传统的社会科学视角来讲，以上的案例不免有些理想化，在现实中会有诸多因素对研究对象构成干扰。调查研究本身就无可避免地会将一些教育性的干扰带入研究设计里面。例如，假设将调研学校里的高中生纳入到研究经验之中，这会影响到这些学生在高中停留的可能性，甚至会影响到他们将来进入大学的可能性。有趣的是，传统的社会科学会将一项研究的缺点或弊端同样视为长处，正如大多数质性研究者们都广泛支持参与式行动研究一样。谁能理性地决断那些参与了实证研究的高中生会不会同样成为研究的障碍？谁又能准确定义这个对高中毕业率产生了积极影响的研究项目是否一定就是一项成功的研究呢？所以，问题的关键点，不在于这个研究到底是不是参与式行动研究，而在于传统的社会科学研究的局限性。

源于其革新性的品质，参与式行动研究成为了对弱势学校或少数民族学校开展研究的一种越来越有力的方法工具。从更广泛的角度来讲，参与式行动研究为促成整个少数民族教育领域的发展提供了切实的可能性。在为少数民族群体争取更大的权益的同时，作为由院校发起的研究项目，研究者们有机会去拓展他们的影响力，而不仅仅是发表文章这么简单。通过参与式行动研究的质性研究项目，他们可以切实地为特定的学校或教育领域带来改变。从这一点上讲，我们可以视参与式行动研究为一种重要的、不断发展的民族教育领域中的质性研究方法。

【章节回顾】

1. 质性研究是以研究者本人为研究工具，在自然情境下采用多种材料收集方法对社会现象进行整体性研究，使用归纳法分析资料、形成理论，通过与研究对象互动对其行为意义建构获得解释性理解的一种活动。质性研究方法的核心是为了形成对自然的理解，研究者通过自然探究获得丰富的描述性数据——包括访谈转录、田野日志、照片、录像片、个人文档、备忘录以及其他的记载，由此可以展现某种丰富宏伟的文化背景。

2. 在民族教育领域应用自然研究方法是必需的。质性研究方法有利于祛除一般主流教育研究者对少数民族教育的误解和偏见，以一种客观、公正、自然、真实的方法发现和解决民族教育研究中的问题，真正建立民族教育研究领域中研究者与被研究者的平等关系。

3. 质性研究方法主要包括民族志研究、个案研究、比较个案研究、生活史研究、现象学和扎根理论。每一种质性研究方法都有其不同的特色、内涵和适用范围，我们可以针对民族教育研究中不同的研究对象和研究问题选择适宜的研究方法。

4. 民族志研究要求研究者在某一特定的田野之中与研究客体或研究对象进行长时间的沟通与交流，参与式观察是其重要特色。个案研究是对某一特定的现象进行集中性研究，它的研究对象范围很广，既可以是微观层面的个人，也可以是中观层面的社会团体与组织，还可以为宏观层面的社会。比较个案研究采用成对的方式或者在一个更大的集团范围内进行个案研究，在不同的个案之中，分析一个或多个关键变量。生活史研究，又称作传记研究，研究对象一般为个体，侧重于对他们生活经验的深度挖掘和理解。现象学研究关注某种具体的行为或一系列行为模式，扎根理论认为资料的收集与分析过程是持续不断且彼此互动的，它试图对不同的个体经验进行深度理解或者对不同的行为事件进行解读。

5. 互惠原则认为，研究者通过了解研究对象及其所拥有的知识获得所需的研究资料，同时研究对象的载体也应当以可行的方式从研究中受益。就民族教育研究来说，互惠原则的实施要建立在对中国国情和少数民族特点的把握的基础上。民族教育研究人员给予少数民族被研究者的回馈与报偿要符合他们的实际需要与处事方式。

6. 参与式行动研究强调，研究探寻的目的是为了寻求积极的改变。从参与式行动研究的视角来看，研究活动不应当仅仅包括简单的事实与信息的发掘，同时强调行动应以改善研究对象的生存环境为导向。源于其革新性的品质，参与式行动研究成为了对弱势学校或少数民族学校开展研究的一种越来越有力的方法论工具；从更广泛的角度来讲，参与式行动研究为促成整个少数民族教育领域的发展提供了切实的可能性。

【学习提升】

选择或设计一项你正在实施或计划参与的研究课题，完成以下工作。

1. 选择本章中提及的一种或多种质性研究方法进行研究设计。

2. 应用一种或多种质性研究方法进行实地调查研究。

3. 对质性研究方法的应用进行反思。

4. 完成一篇基于实施质性研究方法基础上的研究报告。

【章节逻辑图】

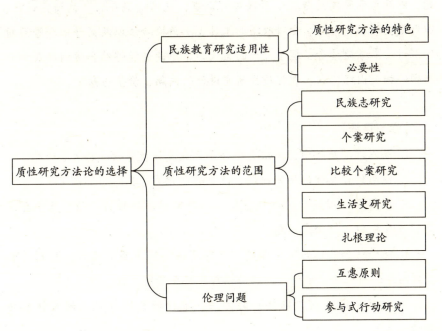

第五章　质性研究设计的思考

【章节导读】

本章主要探讨质性研究的设计问题。我们将从以下三个方面开展讨论：1. 质性研究方法在民族教育中的适用性问题。2. 基本的研究设计，包括研究地点与样本的选取，如何进入田野，研究中的主观性和客观性问题，以及角色管理问题。3. 开展田野调查，包括"漏斗状"的研究设计、田野调查的实践活动、资料收集的工具、三角检验法以及离开田野等问题的探讨。本章为读者呈现了大量的案例，希望读者能够结合案例以及章节回顾的相关内容，深入理解质性研究设计的内涵、价值与意义。

【学习目标】

1. 深入理解质性研究方法更适合于开展民族教育领域的问题研究。

2. 能够结合具体的研究课题，设置与之相关的具体的研究问题。

3. 理解质性研究中"过程指向"的研究问题的独特价值，并学会设置"过程指向"的研究问题。

4. 能够结合具体的研究课题，进行质性研究方案的设计，特别需要注意的是，质性研究中设计方案必须贯穿整个研究过程。

5. 能够运用"内心取样"的方法，进行研究地点以及研究样本的选取。

6. 理解并掌握"漏斗状"的研究设计的内涵与设计方法。

7. 理解并重视研究过程中所出现的"语言与文化差异"问题，能够寻求合理的方法处理由差异所导致的困难或冲突。

8. 理解一般性观察与参与式观察的区别，学会选择不同的观察法开展研究。

9. 理解"描述性问题""结构式问题"和"对比性问题"的概念，并能够在访谈提纲中熟练地设计这三种类型的问题。

10. 学会记录田野日志，深入理解描述型田野日志与反思型田野日志的区别与联系。

11. 理解"三角检验法"的概念与内涵。

12. 深刻领悟"离开田野"的意义；能够妥善处理离开田野的相关事宜。

【关键词】质性研究方法；民族教育研究；适用性；研究设计；田野调查

第一节　质性研究方法的优势探讨

在开展质性研究项目时，一项关键的思考就是要识别质性研究的优势所在，其目的是为了帮助研究者形成"如何"解决问题的思路，以及对"过程指向"的关注。同样，研究者要在头脑中形成清晰的认识，即我这项研究的终极目标是什么？这些研究是否会对制度的实践有所帮助，是否会为更为广泛的政治议题提供建议？又或者在对民族教育领域中的一些问题进行理论思考的同时，可否发展出更具理论性特点的东西？

伯格丹和拜克伦认为，质性研究者们会首先关注研究的过程，例如，事物是如何运转或操作的。正如他们所解释的，"质性研究者们更为关注研究的过程而非简单的研究结果。他们会考虑这样的一些问题：人们彼此协商的行为意味着什么？特定的习语或符号是如何使用的？特定的概念是如何成为人们熟识的'常识'的？研究中行为与事件的自然史是什么？"①过程指向（process-oriented）对于开展民族教育来讲是具有特殊的重大意

---

① Bogdan R C, Biklen S K. Qualitative research for education：An introduction to theories and methods［M］. 3th ed. Boston：Allyn and Bacon Publishing Company, 1998：49.

义的。

例如，在美国，学者们会基于以上的假设，提出相应的重要议题，如学校如何使不同的学生参与到特定的教育规划之中，是追随学术之路还是踏上职业轨迹（在美国，不同的实践选择称为"轨迹"），而错误的教育规划或实践选择会导致学生的自尊心受到严重的伤害。通过过程指向的质性研究探询，美国的研究者们同样可以回答以下方面的问题，即教师对学生的感知如何塑造教师与学生之间复杂的互动方式。例如，教师会对学生的种族、民族或社会阶层（身份）做出假设，这种假设通常会影响教师对某些特定的学生的评价，因而也会影响到学校在消除种族差异或社会不平等中应扮演的角色。在很多个案中都可以看到，少数民族以及低收入家庭的学生都受到过这种负面评判的影响。传统的社会科学方法或研究问题，会发现很多这些潜在的偏见，如教师的假设，包括对这些学生的刻板印象。因此，提出有效的质性研究问题的良好开端，就是关注研究的独特进程，并可以由此窥见更具社会意味的宏观议题。

基于民族教育的关注点，我们可以设想出许多教育问题，这些问题都可以通过自然科学的研究方法得到很好的验证。例如，特定学校中的少数民族学生与其他学生相比，可能会表现出学业水平较低的特点。首先，质性数据分析可以帮助学校管理者记录这种学业水平差异；其次，我们需要更多的信息来有效地诊断并解决这一问题。

就像是听一节课，我们看到的不仅是教师的讲课技能，更多的是能够通过这种途径获知课堂场域中师生互动情形，进而为教育问题的成因分析提供思路。也可以说，质性研究方法可以扭转人们由于量化数据或刻板印象而对某些教育问题成因的误解，由对过程的关注以及人与人之间交往互动的深入思考，得出新的结论和理解。下面是两个具体的案例（见专栏5-1和专栏5-2）。

专栏 5 - 1

案例 1①

上课铃响了，同学们三三两两地走进教室。后排的学生继续说着话，也没有书本。有的学生不停回头观望我，窃笑。我问他们上什么课，答曰英语。我问英语书呢？他们只是笑，不语。

老师走进教室，开始掏出眼镜不慌不忙地擦了一阵子。老师从讲台走到了教室最后，还在擦眼镜。突然看到了我……"同学们，今天我们来讲一下上次考的试卷。把试卷都拿出来。"（有3个同学趴到桌子上。）

（教师从第一题开始讲。讲解过程中其实是直接念出答案，或者提问一些根本不需要回答的问题。窗外下起了很大的雨，窗户上很多玻璃都坏了，没有窗帘，坐在那里冷风阵阵。第一排最右边的学生戴着帽子，没有在听课，还回头看我。有的学生这个时候拿出课本，但没有试卷。）

老师问："office 是什么？"

许久，有学生答："咖啡。"

老师："coffee 才是咖啡，office 是什么？"

没有学生回答。

老师说："office 是办公室啊！"

老师问："have a cold 是什么意思？"

（老师的目光基本停留在第一排中间4个学生身上，后面的学生也都处于他视野范围之内。教室前面的插座上谁的万能充电器在充电，我猜测是学生的。）

老师问："wife 是什么？"没有学生回答。老师笑道："这个应该记得很清楚，应该说是太太。"有男同学大声重复："太太！太太！"

（教室前面贴着5张头像的图，不像是名人，也不像学生。昨天听课的时候也见到过，不知是什么意思。课后去观察，原来是眼保健操图。）

① 本章专栏部分的案例均来自苏德教授主持的联合国教科文组织西班牙千年发展目标促进基金"中国文化与发展伙伴关系"项目"中国少数民族基础教育政策研究"课题以及国家社会科学基金教育学重点招标课题"民族教育质量保障和特色发展研究"的研究成果。

后排学生一直在说小话，左排的 4 个同学仍旧趴在桌子上睡觉。他们是不是很累？睡眠不好吗？

老师在讲阅读理解时，突然走下讲台，口里说，"有个问题要请教一下江老师"，拿着试卷问我"thieves"是什么意思。我回答："是贼的复数吧？"老师恍然大悟的样子，不知道是真的不知道还是故意考我。走回去，说道："一个无贼的世界。"我说："可能是天下无贼吧。"这位老师接着说："这是一部电影，天下无贼，大家看过没有啊？"果然，这篇阅读理解讲的是冯小刚、刘德华、刘若英等人在《天下无贼》中的角色。

课后，这位老师告诉我，我听课的这个班，其实是最乱的一个班，如果不是我坐在后面，每节课都要十几次地维持纪律。我问为什么，他说这个班学生基础最差、最难管、很特别。

案例 2

F 中学的课堂，也是让我非常吃惊的课堂。第一次去听的是初二几何课程。我和几何老师基本是同时进入教室，老师是从前门进，而我是从后门。上课铃响了 5 分钟之后，还有同学三三两两地走进教室。很多同学在第一时间就注意到我，他们很好奇，不时回头看，还窃窃私语，完全不像我在其他地区听课的情境。因为很多地方的学生，只要看到有人听课就非常积极认真地配合老师。有一部分同学连课本都没有。后来有老师告诉我他们把课本当作垃圾，要么撕掉，要么扔到垃圾桶，因为是"免费的"，所以不珍惜。

在整个课堂上，几乎没有几个学生在认真听课，老师即使提问，也是可答可不答的问题，比如"是不是啊？""听懂了吗？""你们认为这样对吗？""不添加辅助线能行吗？"一些同学一直趴在桌子上，不知道是不是在睡觉。

课后老师告诉我，这样的课堂算是非常好的了，因为有"我"这样一个外人，他们多少收敛一些，不然他们会在教室里走来走去，甚至打架。对于趴在桌子上的同学，老师说，他们其实没有睡觉，只要下课铃一响，立即起身就往外走，他们实际上听不懂。那听得懂的同学占多少呢？

质性研究者在研究过程中可能会提出以下问题：少数民族学生是如何反馈他们在学校的体验的？这些学生对学校，或者对教师的态度是否异于其他同龄人？少数民族学生是否发觉学校满足了他们独特的需求或者教育兴趣的需要？另外一些学校，因其少数民族学生的成功而被格外关注，并由此使其与其他学校形成了自然科学意味上的丰富对比。对于后者，质性研究分析可能会揭示这些学校在教育方法上的积极方面或者"最佳案例"。也许通过广泛的教师学生访谈与观察，我们会发现，这一学校的成功在很大程度上依赖于学校拥有一批技能娴熟，且恪尽职守的教师，并且他们对民族教育有着深入的理解。学校中的少数民族学生会发现，教师对于他们的多元背景报以积极支持的态度，他们感到备受鼓舞，因而会力争上游，并积极应对学校的各种要求与期望。无论任何情况，通过与特定的研究对象中的学生和教师进行积极互动以开展研究，更有可能发现和挖掘积极或消极的教育进程中的重要信息。

之前的案例，为我们呈现了质性研究者们一直在强调的"过程指向"的研究问题的设置。下面的例子则与学生的学业成效有关。尽管质性研究方法论强调使用某种方式方法来测量学生的学业水平，但质性研究者们更倾向于关注独特的学校干预（school-related interventions）模式对学生学业水平的影响。例如，课后补习班或者是一对一辅导班的设计，目的是为那些努力学习的学生提供学业支持。质性研究者们可能会对参加这些活动的学生展开统计分析，并将其学业成绩同其他群体中的学生进行比较（在这里，基本的研究问题则会围绕不同的学业成效展开）。而质性研究者们则更想要了解这些课后补习班或者一对一辅导班中究竟发生了哪些事情？他们如何开展教学或采取了哪些教学形式？学生在这些辅导中的体验如何，学生是如何反馈他们的经验的？等等。例如，学生们是否了解他们是因为之前较低的学业表现才被分配到这个学习项目里？学生们会不会因为参加这些特殊的学习活动感到精神压力（例如，自尊心受到了伤害）？质性研究过程中"过程指向"的研究问题，是指研究者更关注某一教育事件发生与发展过程中，研究课题的体验、感受与反馈。这些"过程指向"的问题可以将质性研究与量化分析很好地区别开来。大多数时候，人们会将两种研究方法结合起来使用以促进对民族教育问题的研究。

　　以下（见专栏5-2）为大家呈现在一所学校进行调查时的一段场景，由此能感受到少数民族学生学业成就不高现象背后所潜藏的多种信息，而这种信息的挖掘如果仅靠定量研究方法，则难以获得其中复杂性和微观性的信息。

专栏5-2

案例3

　　少数民族学生情况描述：D中学的学生主要来自于D乡，主要接收5个村的学生。D乡YP村的学生靠近ZF农场中学，当地学生就近入学，只有极少数的学生在D中学就读。此外D乡总人口少，所以中学生数量也不多。D中学本年度有6个教学班，每个年级2个班。由于小学刚刚由5年制改为6年制，2006年9月未招生，2009年之前只有2个年级，直到2010年才开始有3个年级的学生。在校学生合计225人，其中景颇族学生198人，德昂族学生3人，汉族学生24人，少数民族占89.33%。学校中少数民族学生状态观察：对于D中学的学生，一直找不到一种合适的语言来描述。我们在小学调研时，那些小学生开始对我们充满了好奇，经常会挤在我们住宿的门口观察我们，稍微熟悉之后便主动和我们打招呼、做游戏，但是D中学的学生不会。我们在校园里面碰到他们，主动说"你好"的时候，他们要么羞涩地低头不语快速走开，要么就是不屑地昂头迈步。他们的服装也各式各样，发型、发色都光怪陆离，从我们保守的观点来看，总觉得有一点儿"痞"气，尤其是男生更为突出。而且课堂上的听课效果更是让人充满了失望和无奈。

　　D中学的学生分布遍及整个乡镇，近的学生几分钟便可到家，离学校最远的步行4—5小时才能走到。可能是因为年龄的原因，学生骑摩托车的比较多。另外就是手机问题，根据我们的观察，我们看到的学生几乎80%都有手机，校长告诉我们大概50%的学生有。虽然两个数据都不准确，但有一点是肯定的，中学生拥有手机的现象还是比较普遍的。

有一次我们在 D 乡移动营业点充值的时候，发现一些中学生也在充值，充值金额基本都在 10 元以上，20 元的居多。最初我们猜测这些学生家庭条件可能好一些。但老师们否定了我们这种推断，"现在的义务教育，都是老师和家长求着学生，所以学生很厉害，跟家里要这要那，比如摩托车，如果父母不给买就不来上学，没办法，只有给他们买"。

终于可以跟学生交流了。当我们提出访谈几个学生时，老师们非常热情，主动去教室找了几个同学，每个班平均两个。我们利用他们晚自习的时间与他们进行了交流。老师们选择的大都是班里比较优秀的学生，我们也欣然接受，第一是让老师和领导放心，第二我们也想了解一下 XS 中学最优秀的学生到底是什么水平。让我们意外的是，在这些学生中，有的学生连基本的交流都存在问题，比如很多问题都只用"是"或"不是"来回答。问其原因，他说，"想说，但是不知道怎么说"。女生回答问题相对要好一些。

以下是老师们对学生学习现状及原因的描述。

"成绩稍好一些的学生都到坝区的中学读书去了，因为那里的学校'条件更好，成绩也更好'。"

"学生不太学习，没有时间观念，要上课了还跑向小卖部买零食。有手机或手表能看时间的学生也经常迟到。"

"学校确实不能吸引学生，缺乏文体娱乐活动，学生生活单调，因此学习积极性也不高。由于父母长期在外打工，一些学生双休日都不回家。由于长期不和家长在一起，一些学生性格孤僻、不合群。"

"放学之后学生们都三三两两地跑出学校外面去玩，宿舍生活多是玩和聊天（吹牛），有的学生连晚自习都不上。中学生更是肆无忌惮地聊天、睡觉。"

"这里的学生，怎么说呢，有可能是因为我们刚来的时候感觉不是很凶。所以上课的时候，他们很放肆，不是讲话，就是走来走去，他们想干什么就干什么。反正教学很难进行。就是七年级的 3 班，班主任管得严一点，他们还能安分一些。"

"这里的中学生不仅骂老师，更有甚者会动手打老师。尤其是看着瘦弱的女老师，经常被中学生欺负。"

· "中学的学生以少数民族为主，他们对汉语的学习也是比较吃力，在理解文字和做数学题方面都有一些困难。虽然语言关应该在小学解决，但是因为学生的基础差，导致到了中学仍旧存在语言困难。教师在努力地教授，但是教学效果却不尽人意。景颇族的孩子多数不愿意学习，他们受社会大环境的影响，尤其是街上社会青年的干扰，中学生都缺乏学习积极性。家长也受'读书无用论'影响，任其孩子发展，对他们的学习从不多加干涉。学生的成绩提不上来，学生没有学习的欲望，好多学生不太想学习。初一的学生刚入学的时候，还有点想学习的兴趣，但后来也被不学习的学生带着不学习了。"

"不知道你有没有注意第一排中间的那四个女同学，最有希望考上高中的就是她们了。其他同学其实都没希望，对学习不感兴趣，经常旷课、打架，有的还逃学。我是这个班的班主任，每天都要花很多时间去联系那些不来上课的学生。"

"他们汉语没问题，交流都没问题……学习不好主要是底子差，好学生都到 M 市去读了，还有的去了坝区的学校，剩下的都是没希望的……即便学生语言有问题，也是小学应该解决的问题，不能到中学再来解决，那就太晚了。"

"当然最好还是能有少数民族的老师来讲课，比如一些很难讲的例子，如果用景颇族语言加以解释，肯定效果要好很多。但是我们都不会啊，只听得懂最简单的几个词，比如吃饭啊、男孩女孩啊什么的……还有，当景颇族学生特别调皮的时候，我们都不敢去批评他们，因为这些小孩回家会告诉家长，家长就会到学校来找老师或者校长。但是 L 老师（少数民族）就可以，不管是打还是骂都没有关系。"

"现在不像以前了，以前是分配，政府会考虑哪儿的学生回哪儿。现在都是考试，考试少数民族不行啊，他们连高中都上不了，怎么可能考上大专或者大学呢？即便照顾分数能上，可是最后教师岗位招聘考试还不是一样把他们卡住了。"

学生自己的看法：接受访谈的15名D中学的学生分别来自8个村寨，平均步行回家时间为3至4个小时。约有一半的学生会有家长接送，一半的学生与同伴步行回家。路程较远，有些需要翻山越岭，遇到下雨天，路很泥泞，十分不好走，周末无法回家，好容易回到家里又无法上学。交通不便是D中学寄宿生面临的一大难题，据学生讲有一部分学生就是因为路程遥远而辍学。

在162名被调查的学生当中，53.1%的学生表示"喜欢上学"，"有时上课听不懂，但是又不敢问。最好的学生，语文成绩大概是80分左右，而数学基本处于及格的边缘。数学很难学，太难了，不知道从哪里想。语文就很简单了，就是记住字、词，然后会写作文就能考好成绩"。

通过这则案例，我们发现影响少数民族学生学业成绩的原因是多种多样的，各种因素对少数民族学生学业成绩的影响作用是通过日常互动，微妙地发生的，是在人与人的互动过程中不断建构的，而这种过程需要通过质性研究才能更好地揭示出来。

第二节　基本的研究设计

在形成了表达严密、组织清晰的研究问题后，研究者们就需要考虑质性研究的方案设计了，而且这些方案最终都必须得到处理。有这样一句老话：良好的开头是成功的一半。在研究开始之初便准备完善，的确可以使我们的工作大为受益，但是我们也必须意识到，质性研究的魅力之一正是在于它的"灵活性"或"变通性"，即研究设计要根据研究进程中的不同阶段不断地调整完善。的确，伯格丹和拜克伦曾提到，质性研究中的设计方案必须贯穿整个研究过程："传统的研究者们认为一项研究的设计是研究策划阶段的产物，接下来，研究者们陆续开始实施设计、收集资料、分析数据、撰写文章。质性研究是分阶段的，但各个阶段彼此又不是分割孤立的。设计方案必须贯穿整个研究过程，从始到终。"①

在研究过程中，究竟要做哪些决策？这要依据不同的情况而定。接下来要探讨的一系列议题与研究的设计方案有关，包括研究地点的选择、选取样本、进入田野、研究中的主观性和客观性问题、资料收集的工具、角色管理等。

一、研究地点的选择与选取样本

质性研究者们在研究设计之初，必须仔细考虑的一个问题就是田野调查的精准选择。当然，这也要依据质性方法论以及研究问题而定。但是，在大多数情况下，研究地点的选择仍是最重要的研究设计环节。研究地点如果选取得不理想，可能会使研究结果过于牵强，甚至整个研究毫无意义。

伯格丹和拜克伦提到过内心取样（internal sampling）的重要性。正如他们所解释的，"所谓内心取样，是指在正式开始调研之前，要在头脑中形成一个整体的观念：你要调研什么？要对谁进行访谈？要在什么时间进行观察？要查阅哪些资料？查阅多少资料？等等"②。这意味着研究者们在选择好调研地点后，仍需要针对所选择的调研地考虑一系列样本选取的问题。假设内蒙古 X 市的一所学校因其悠久的历史而著名，我们选取它作为研究少数民族学生的地点，此时，我们就需要考虑：应该访谈或观察哪些学生，应当访谈或观察哪些老师？如果我们选好了一个班级进行观察，那么观察的范围和程度如何？在一天之中的什么时间段可以开展观察呢？研究者们是否应当访谈学校的管理人员呢？如果有此打算，应该邀请哪些

---

① Bogdan R C, Biklen S K. Qualitative research for education: An introduction to theories and methods [M]. 3th ed. Boston: Allyn and Bacon Publishing Company, 1998: 50.

② Bogdan R C, Biklen S K. Qualitative research for education: An introduction to theories and methods [M]. 3th ed. Boston: Allyn and Bacon Publishing Company, 1998: 61.

领导来参加访谈呢？以上这些问题都与内心取样和针对研究地点开展样本选取紧密相连。

下面一则案例表明，在制订研究方案的时候，如何基于研究目标来确定调查对象及其调查方法。

专栏 5 – 3

案例 4

鉴于前期调研对目标点学校教育现状的了解，本次调查拟转换调研思路，转变调研对象群体，侧重于对当地民族教育政策决策者、执行者、参与者以及政策对象的研究，调查内容包括如下几个方面：

（1）政策实施人员结构与方式；

（2）政策实践者文化认知水平与相关素养；

（3）政策实际执行人员结构与方式；

（4）政策效果的反馈与评价途径；

（5）政策实施的独特经验与本土创新；

（6）政策实施的问题与当地存在的特殊困难；

（7）教育部门、学校师生、社区对政策的感受与革新建议。

另一方面，由于学校场域对于教育政策研究的重要性和不可或缺性，本次调研将在目标点学校进行关于现行政策执行状况及执行成效的调查，主要侧重于保障少数民族教育权利和教育质量部分：

（1）少数民族儿童入学率、巩固率、辍学率、升学率、毕业率；

（2）如上比例的性别差异、民族差异；

（3）课程，尤其是课堂教学质量；

（4）办学条件（师资、经费与基本设施）；

（5）民族民间文化传承。

因而，确定所要调查的研究访谈的地点和群体的依据是：本部分力求全貌揭示政策实施过程的问题、原因以及当地人的革新建议。在问卷调查基础上，加强运用人类学深度访谈，发掘当地草根性观点。

因此，调查对象包括：（1）教育系统人士，包括学生、教师、教育官员和当地教研人员；（2）社区相关人士，包括学生家长、社区领袖、当地文化精英（包括宗教人士、村寨老人和民间艺人）等。社区选点的依据是，在前期调查基础上，根据项目对调查点的基本要求，依据前期调研对当地社区和学校基本情况的了解，与当地教育部门进一步磋商，确定社区研究的选点。选点策略是，在了解项目县各乡基本情况的基础上，选定项目乡，深入了解项目乡教育情况，选定项目学校及社区。因此，每个项目县至少选取一个乡，每乡包括乡政府所在地社区（通常包括初中和中心小学）和村寨社区（通常包括初级小学或教学点）。为了使选择的项目学校更具有代表性，根据第一年度的调查情况，本年度将在当地民族教育专家和教育行政领导的参与下，进一步选择调查的项目点。

二、进入田野

进入田野，这个概念不难理解。但它却是整个研究设计实施中最为复杂的一项工程。大部分质性研究工作者们会选择较为合作性的方式进入田野——也就是说，他们会事先征询这些被研究的特殊的团体或组织的许可，并争取他们的加入来开展调研。如果未经许可，擅自进入研究场域开展研究，将会被视为不道德的行为，特别是那些必须履行其所在院校的机构审查委员会相关要求的美国社会科学家们〔美国大学里的机构审查委员会（Institutional Review Boards），其建立旨在和美国政府共同保护人文学科，防止不道德的研究活动〕。

尽管这样的机构审查委员会在中国并不常见，但是研究的道德问题还是应当予以考虑。我们建议在那些基于共同研究兴趣的团体、组织和社区之间开展公开的、坦诚的对话。在进入田野之前，与田野之中的重要人物建立良好的关系是开展研究的重要环节。通过这些重要人物，我们可以接触到当地颇为重要的团体、组织或社区。得到了这些人的支持，可以使我们下一步的工作变得更为轻松。

伯格丹和拜克伦提到过，质性研究的研究者们在进入一个特定的研究地点之前，要准备以下一系列问题：你究竟打算去哪里做调研？研究中会不会受到打扰？你的研究结果将如何运用？为什么是我们来调研？我们如何离开这里？他们提炼出了关于获得许可、进入田野开展调查的几项基本建议：坚持到底，灵活处事，富于创造。①

下一则案例（见专栏5-4）说明在缺乏有人介绍又不熟悉当地情况的时候，如何抓住各种时机，将调查进行下去。

专栏 5-4

案例 5

由于调查需要深入学校和进行社区调研，为了协调时间，就把进入社区的时间安排在周末。但由于学校教师并非当地人，与当地人的互动也不多；且该校是寄宿制学校，来自不同的山区。因而，进入社区只能依靠自己的力量，而不能先请个向导。为了尽快了解当地情况并与当地人确立合作关系，调查小组自行进入社区。

一路上我们不停拍照房屋、花花草草等，基本没照个人照。中心社还不算远，不过每家每户都插着红旗和党旗。中心社只有一家姓L，也就是X老师的姑丈，很容易就找到了，不过也是由一个S中心小学的学生带路，我们送给他几支铅笔。L老已经78岁了，不过身体健康。家里也很整洁，访谈了一个多小时，不过毕竟年纪大了，只能听他讲，问问题基本不能解答。访谈结束，我们送给了他酒，他回赠了自家的茶叶。L老还让我们看了他们家逮到的一只猴子，很可怜。我们给他们老两口拍了照片，他们很高兴，拿出以前的照片给我们看，也赠送我一张他年轻时候的一寸照片。我很感动！我想，回去（复印保存）后一定把他老人家的照片寄过来。

---

① Bogdan R C, Biklen S K. Qualitative research for education: An introduction to theories and methods [M]. 3th ed. Boston: Allyn and Bacon Publishing Company, 1998: 79.

　　我们继续走，本以为下一个景颇寨很近，实际上很远。走了很久，想着那些小学生每周都要这样走，还真是觉得他们很辛苦。把她们三个远远甩在后面，我先进了几户人家，可惜都没有小孩在上学。后来碰到一个景颇老人，与她说话，她也听不懂。终于碰到了一个女孩，是S小学的学生，她居然认识我们，呵呵，毕竟我们待了一周了。我们让她带路去她家里。有人看到我们和她走到一起，远远地说，她可苦了，父亲也不在。我们以为去世了或者怎么了。问她，她低头说不知道。问她小时候爸爸在不在身边，也说不知道。于是觉得更加疑惑，但没有继续问。还没走到她家，就遇到了她妈妈准备到地里干活。不过说实话，一点看不出她妈妈脸上的苦难和劳顿，反而觉得很轻松，甚至有点时尚。不能耽误人家的劳动，无奈只能到她家里看看。问了她名字，告诉我们叫G。到了她家里，先给我们开了一个侧房的门，进去之后显得很空阔，有炭火烧过的痕迹，看上去是厨房，不过家什很少。问G有没有吃饭，她说吃过了，当时刚到11点。我问谁做饭，她说自己做。我让她打开正屋，真是大吃一惊，一点儿也看不出这里有人住过的痕迹。地面坑坑注注、高低起伏，一件家具都没有，连个桌子都没有，只有用竹子堆起来的大大的铺，铺中间有一堆灰。左边又隔出一间房，看到里面有一张床，简单的被褥，一个简易衣柜。这就是全部家当了，我更加纳闷……

　　G叫了邻居的一个男孩，在XS小学上4年级，叫LNS，穿着M市小学的校服上衣、运动裤，穿着凉鞋，看上去像是比较有钱人家的孩子，因为这里的孩子大多穿人字拖或者不穿鞋。他带我们去家里，只有奶奶在，80多岁了，也不便访谈。出来的时候，我们发现牛棚里的牛不见了，发现有一位中年男子牵着放牛，开始以为是邻居，后来才知道是LNS的父亲。真是太好了，于是开始访谈，因为我站在坡下，他站在坡上，朴红月赶紧把录音笔放到了我们中间的平台上。聊了一下，才知道刚才去的根本不是LNS的家，是他叔叔家里，而我们赞叹不已的豪华别墅似的房子才是他的家。说是别墅一点儿也不过分，因为本来这个寨子各家各户离得都很远，而且地势又比较高，视野很开阔，有车库，有越野车。后来他邀我们到家里坐坐，告诉我们自己以前做老缅的生意，现在主要种树，雇用了七八个人。提到G家，他连连叹气，说LCG的父亲刚被派出所抓走，因为吸毒，已经进去多次了。不干活，地里都荒了，家里有的东西都卖掉了；母亲整天打麻将，每天早早起来草草吃完饭就去打牌，有时实在没钱就来LNS家里帮工，到山上干一天活，能挣几十块钱，然后又去打牌。我们问是不是这里吸毒的人比较多，他说，整个寨子80多户人家，不吸毒的只有3家。真是没办法。G还有一个伯伯的儿子——孤儿，没人管，一直都是他管着……这个话题真是越来越沉重。

由案例可知，在整个田野调查过程中，研究者采用类似于滚雪球的方式来寻找"线人"，不断地积累需要调查对象的相关信息。这样的方式可能会遇到不同的挑战和问题，但坚持到底一定会有所收获。我们会在下一节重点讲解如何开展田野调查。

三、研究中的主观性和客观性问题

诸多的质性研究教材中都谈到，质性研究排斥传统的社会科学中所强调的"客观主义"价值观，即一项研究或观察者本身将其自身同研究对象区别开来的能力，但这一观点并不完整，并没有抓住质性研究的复杂性本质，也没有充分表达质性研究的不同范围。很可能绝大部分开展质性研究的研究者们，都倾向于主观性的立场，这意味着他们将自己也视为其观察和研究的一部分。从这一观点上讲，研究者们必须提出自己的观点，而这些观点很有可能会影响到其后的研究观察与资料分析，甚至会在选题与研究问题的确定中反映出来。这些研究者们同坚持"客观主义"价值观的研究者们（无论是那些一般坚持这一价值观的研究者，还是坚定地维护"客观主义"价值观的信仰者）相比，并没有降低研究的科学性。事实上，主观主义的研究立场深刻地植根于哲学思辨之中，即关于现实的本质问题，以及认知者将其自身脱离于现实的程度——他们究竟只是在了解现实，还是觉得自己就是现实的一部分。

　　主观研究者们倾向于后一观点（他们就是其研究的社会现实的一部分），但是客观主义者则将其自身同研究对象分离开来。无论是上述两种情况，还是研究者采用了某种更为复杂的研究立场（介于主观主义研究立场和客观主义研究立场之间，我们将其称之为主—客观立场，或客—主观立场），有效的质性研究都要求对其进行精准地表达。在一些文章里，对研究的主—客观研究立场进行描述，将有助于读者对文章的理解。同时，还有一个重要的议题值得关注，即质性研究的优势就在于这种探究行为将严肃性贯穿于研究过程当中，强调高度的"自我反思性"（self-reflectivity），这将有力地支持研究者的探究行为（自我反思性是指研究者缜密地思考其自身与研究行为之间关系的过程）。

四、角色管理

　　角色管理的理念主要关注：整个研究过程中如何管理研究行为与研究者之间的关系，特别是在考虑田野调查的时间问题上。

　　从某种程度上讲，角色管理与一般性观察—参与式观察连续体的选择点有关，但同时也可以延伸到其他相关事务中去。针对不同的研究者身份（局内人或局外人），就会出现不同的角色管理模式。如果研究者扮演着局内人的角色，那么角色管理的复杂性将增加。所谓局内人是指研究者将自己视为研究对象团体中的一员，例如，以局内人身份对研究者所在的社区群体开展调研，无论这个社区是研究者在客观地理概念上所隶属的社区（例如，研究者住在社区之中，空间物理范围内的归属）或者是主观认同概念上所归属的社区（例如，研究者同研究对象同属于一个民族群体），都无可避免地会面临由研究者"双重身份"（研究者的身份以及研究对象群体中的一名成员这两种身份）所导致的冲突或矛盾。

我们应当怎样回应以下的一些问题呢？例如，如果研究者以局内人的身份被邀请来参加某些较为亲密的群体活动时，你将如何回应？研究者是否可以暂时将研究者的身份搁置一边，而只是简单地以团体成员的身份来参与活动呢？很明显，当你作为一名研究者，以局外人的身份在特定的群体或社区背景下开展研究任务时，可能会由此产生不同种类的角色期望，这同时也会涉及研究者的非群体成员的身份问题。

再比如，一个特定的群体或社区的成员，可能会向这些"专业的研究者"寻求帮助，帮助其解决各种各样的复杂问题，而这些问题是超出研究者的研究范围的。那么，此时研究者该假定自己为哪种身份呢？例如，当被问及解决一些复杂的群体矛盾时，你应当如何处理？如果只是简单地忽略或拒绝这些请求，并提示对方自己是一名研究者的话，可能会导致你的研究无法再继续进行下去。

出于同样的原因，如果研究者承担了其身份范围之外的责任，也可能会导致其他各种问题。例如，马可利德（J. Macleod）对两类不同群体的城市男性开展民族志研究，这两类男性群体均来自于类似的低收入社区。在他的参与式观察过程中，出现过一系列角色冲突的问题，包括被要求为低龄男孩购买酒精饮料。①

这些问题在进行量化研究时很少涉及，但在更为自然的质性探寻中，却非常常见。在这里，研究者们需要对资料收集中究竟期望得到哪些资料予以更多的思考，尽管在进入田野之前，有很多问题是无法提前预知的。

第三节　开展田野调查

假设你有两位即将外出旅行的朋友，其中一个除了知晓自己的旅行目的地以外，旅程是随意安排的，他可能会这样期待自己的旅行过程——边

---

① MacLeod J. Ain't no makin' it: Aspirations and attainment in a low-income neighborhood [M]. Boulder: Westview Press, 1995: 4 – 9.

走边看旅途中的风景。相比较而言，另一位朋友则将自己的旅程安排得井井有条、一丝不苟。他将旅行的每一个细节都设计得很到位，甚至包括可能停留的餐馆等路线都悉数安排。其实，对于田野调查的设计与实施，就类似于安排一场学术化的旅程。

田野调查是大部分质性研究者们收集资料的基本方式。他们深入研究对象所在的领域，和他们交往互动并深入相处，以获取相关资料来完成研究。田野调查发生在日常背景中，在这样的背景里，研究对象展现其日常生活状态，也许是去当地的社区上学，也许是晚上回到家后在餐桌上完成作业，抑或是在大学校园里参加课程等。教育及其所包含的一切内容都会发生在不同的场景之中，而质性研究者们必须通过他们自然的生活环境，参与到研究对象之中。

田野调查通常用于捕捉以下的观点："要置身于研究对象的世界中……不是一个过路者的短暂停留，而是作为一个前来访寻的研究者；不是一个无所不知的人，而是一个前来学习的人；不是一个想要成为和他们一样的人，而是想要了解如果成为和他们一样的人究竟会怎样的人。"① 换句话来讲，质性研究者们一方面参与到研究对象的世界之中，感受并研究他们的生活和所思所想；另一方面，又要站在中立的角度，保持客观中立。他们会选择参与研究对象的一些活动，但同时控制这种参与的程度与范围。他们要具备感知力，但更重要的是，他们要能够对自己的研究进程展开适时的反思与反馈。

对于田野调查来讲，"建立关系"是至关重要的。一般来讲，田野调查都会综合采用多种研究策略，很少有研究者只单独使用观察法或访谈法来开展研究。但是，无论采用哪种策略，都离不开人与人之间的互动与互信。例如，研究者如果想要采用访谈法，他可能会重复性地拜访研究对象，花费个把小时在研究对象的家中或者办公室里开展访谈，同时通过观察来辅助资料的收集，这些都离不开研究对象的支持、耐心与配合。如果

---

① Bogdan R C, Biklen S K. Qualitative research for education: An introduction to theories and methods [M]. 3th ed. Boston: Allyn and Bacon Publishing Company, 1998: 73.

你的研究需要对部分文献资料进行分析，那么你也离不开这些资料的创作者或者所有者，也必须同这些关键人士保持良好的关系。甚至，这些人士的只言片语也会为你理解文献点拨迷津。所有这些良好的人际关系，都会为你的田野调查带来巨大的方便和益处。绝大部分质性研究者们都会选择个案调查，将其作为一项研究课题的开端。以个案调查作为开端，积累田野调查的经验，才有可能使研究者向着更深入、更复杂的质性研究迈进。

在本章中，我们讨论的重点是质性研究者有效开展行动的整个过程——从进入田野到离开田野，以及其中所包括的若干策略与技巧。

一、"漏斗状"的研究设计

具体来讲，个案调查的进程是"漏斗状"的，以开放且宽泛的开端起始，进而逐步深入并不断细化。首先，研究者会广泛搜寻那些可能成为研究对象和资料收集源头的区域与人群，选择他们有意向研究的地点，进而将这些人、事、物与自己的研究目的对比，评判研究的可行性。接下来，研究者开始收集资料，浏览并研究这些资料，并基于这些资料做出合理判断，对下一步的个案调查做出指导。这些指导包括：接下来我将如何分配研究时间？我将访谈哪些人？我将如何使研究变得更加深入？研究者可能会摒弃一些旧想法，形成新理念。随着研究的深入，研究者对研究课题也愈发理解，会在研究进程中及时修正最初的研究设计，使得研究最后集中于关键一点，从而使研究结果正中靶心。

二、田野调查的实践活动

（一）获得许可

田野调查中所面临的第一个棘手的问题，就是如何在田野中获得许可以开展研究。不同研究者会有不同的解决办法，例如，有的人会去所调查的学校应聘某一职位，或者注册成为该校的学生来开展研究。我们的建议是，研究新手最好将自己的研究项目与研究目的诚恳地告知研究对象，并积极寻求他们的合作与帮助。在这种情况下，如果你的研究申请得以通过，那么你的研究将被给予足够的空间和开阔的视野。

以下是一些初入田野时的注意事项，研究者可以从这几个方面着手，以便更好更快地适应田野调查。

1. 不要用个人的主观感受去评判你所看到的事情。你要想到，所看所闻都是田野调查过程的一部分。

2. 你选择的第一个研究对象最好是引领你进入该研究地点的人士。或许经过他的引荐，你可以认识并熟悉更多的研究对象。

3. 刚进入田野时，不要为自己安排太多的工作，要放松心态。利用第一天的时间熟悉环境，搜集一些总体性的信息。

4. 适当安排日工作量，做好田野日志的记录。如果每天你的调查对象过多的话，可能会来不及整理田野日志，这样也许会漏掉某些关键信息。因此，在田野调查过程中，及时整理并记录下自己的所观所感，这也是非常重要的。

5. 适当保持被动。要对所研究的对象表现出积极的兴趣和热忱。不要询问过多细节性的信息，特别是在那些较为封闭或保守的地区。通过适当的引导，让你的研究对象敞开倾诉。

6. 保持友善。当别人介绍你的身份时，保持微笑，有礼貌，向路过的人们打招呼。田野调查中善意的修养和举止，会令研究对象感到轻松愉快，进而加强他们对你的信任。

总而言之，刚刚进入田野时，研究者们总会感到这样或那样的尴尬或不适。而消除这些尴尬或不适的关键，在于研究对象对你的接纳与配合。通过耐心与坚持，这些问题终将得到解决。或许某天你会发现，曾经陌生的研究对象们会像朋友一般，亲切地称呼你的名字，邀请你共进午餐。

（二） 田野调查中的关键信息者

正如农民在田地里照料庄稼，从事农活一样，质性研究者们也必须要去往教育及教育过程发生的地方，参与到关键的教育行为者的对话和行动中。这些关键的教育行为者可以是学生、教师、家长或政策制定者。

成功的田野调查的一个关键方面就是同研究对象构建有意义的人际关系。如果没有这些研究对象的合作与信任，质性研究者们只能永远将研究停留在表面，而无法深入挖掘下去。当然，构建信任需要付诸一定的时间与承诺，这也是为什么许多教育研究者们认为质性研究方法太具挑战性。

在田野调查中，那些关键的信息提供者、具备特殊知识的内部人士以及进入田野的"守门人"，对于质性研究者们进入田野以及构建信任是非常关键的。许多质性研究，甚至是量化研究项目，之所以没有开好头，就是因为忽略或者根本就是对这些关键的"守门人"毫不在乎。再小的研究社区，如果直接忽略掉这些关键人物的话，很可能会导致无法与当地合作。相反，如果尽早与这些人物建立起联系，就可能会产生很好的效果。

例如，如果你想调查一所学校，那么该校的校长便是研究的一位关键人物。也许他们并不具备极高的权威，但无可否认，校长的一言一行会对学校的诸多方面产生影响。如果你的研究得到了校长的认可与支持，那么这无疑会为你的研究添砖加瓦。此外，同部分教师以及其他工作人员进行沟通，也会为你的研究带来新的思路和启示。

在田野调查中，质性研究有其自身的优势。例如，当研究对象被告知，你的研究不会对他们的日常工作产生干扰，同时也不需要他们填写繁杂的问卷或量表时，研究对象可能会在潜意识中产生一个想法，这可能就是一个非正式的调查。因而，研究者就会以一种低姿态同研究对象开展互动，而研究对象——例如，学校中的教师、校长或其他工作人员——也不会在脑海中设置藩篱，会更为自由地与研究者沟通。

总体来讲，进入田野与获得研究许可是一项费时的工程，特别是践行正式的官方流程，通常要花费几周甚至几个月的时间。因而，研究者应当将时间规划好，提早准备进入田野的一系列手续。下面，我们为大家罗列几种在进入田野时可能会被询问的问题以及建议性的回复（见表 5 - 1）。

表5-1　进入田野时可能会被询问的问题以及建议性的回复

可能遇到的问题	对策建议
1. 你打算如何开展研究？	对于这个问题，你回答的原则就是诚实，不要说谎，既不要过于细致也不要夸大其词。例如，我将在研究中采用一种叫作参与式观察的方法开展研究，具体来讲，就是在一周内进行三次课堂观察，以此来深入了解教师的课堂角色。
2. 你会对我的日常工作产生干扰吗？	这是绝大部分研究对象普遍关心的问题。他们担心你的研究可能会对他们的日常工作产生干扰或影响，那么你的回答要让他们消除这种担忧。例如，告知他们你的研究不会对他们的正常工作、隐私或其他方面产生影响。你的研究计划是围绕他们的正常工作而设计的。
3. 你将如何处理研究成果？	大多数研究对象都会担心他们所提供的信息或资料被公之于众或引起政治性的问题。因而，你应当将资料的使用情况与研究对象分享。例如，说明你的研究只是一个短期的项目，或是撰写毕业论文等。如果你还无法确定研究成果将如何使用，也要向研究对象表明，随着研究的深入，会同他们进一步沟通以明晰目的。
4. 为什么选择我们作为研究对象？	人们通常会询问为什么选择他们或他们的组织作为研究对象。如果你的答案是积极的，且对你的选择有帮助，那不妨直白地告诉他们。例如，我听说你们是一群非常有经验的教师，对教学有很多独到的见解，这就是我选择你们的原因。除非你的研究群体非常特殊且典型，研究者们通常会说："我的这项研究并非针对某些特别的个体或组织来收集资料。相反，我的研究关注这一领域的教师群体或某一方面。"我的目的不仅是描述或报告情况，而是要通过研究获得对该对象更为深入的认识和了解。
5. 我们如何从研究中受益？	许多的学校管理人员都期待从研究中获益。他们认为，为研究者提供一定的条件和资料就应当得到一定的回报和反馈。一些人希望获得你的研究发现、报告或者是参加项目结束后的座谈会。另一些人也许并无所求。记住，不要承诺太多。座谈会或者简短的研究结论是可行的，但我们反对长篇大论，更反对将你的研究结果毫无保留地与研究对象进行分享。这样，你可能会担心成果的版权与保密问题。

（三） 语言与文化的差异

在田野调查里所面临的另一个问题就是语言与文化的差异问题。理想状态下，质性研究者们应当使用研究对象的语言。然而，这只是一个理想，很难实现，特别是像中国这样的多元社会，各地方言差别很大，充满挑战。在这种情况下，翻译就很有必要了，但研究者们仍然需要明确这一策略的不足之处，衡量潜在的问题有哪些。

除了语言差异以外，文化差异也会对田野调查产生诸多的挑战。理想状态下，研究者应当花费大量的时间处在特定的文化环境中，适应并充分理解这些文化差异。同样，这也只是理想状态，现实状态是我们的研究选择通常会受到时间以及资金的限制，在田野之中花费数月通常是不现实的。

在这里，我们的最终目标是，不能轻易忽视文化差异，当研究者缺乏对某一特定团体的文化沟通能力时，在研究过程中建构内外沟通将是明智之举。例如，可以将被研究的文化群体中的一名成员积极纳入到研究团队之中。这与阿奎那（Aguilar）的观点相一致，他认为局内人与局外人或许会协同起作用，并会为研究进程与现象提供更为先进的观点。①

三、资料收集的工具

研究者可以采用不同范围的技术方法，将其应用于质性资料收集的实践过程中。总体来讲，最为原始的资料收集工具就是访谈（包括正式访谈与非正式访谈）、观察（参与式观察与非参与式观察）以及文件或人为资料的分析。此外，其他一些技术工具也可以用来收集资料，例如，摄像器材、录音设备或者根据相机的使用情况对所拍摄的照片进行文档编辑。访

---

① Aguilar J L. Insider research：An ethnography of a debate ［M］//Messerschmidt D A. Anthropologists at home in north America：Methods and issues in the study of one's won society. Cambridge：Cambridge University Press，1981：15.

谈提纲（提纲是指访谈问题的设置）也可以根据访谈的结构进行调整，这些结构包括高度结构化访谈、半结构化访谈、非结构化访谈（非正式结构）等。

（一）观察法

质性研究中，参与式观察是资料收集的核心工具。换句话说，这是因为质性研究者们都倾向于在常态生活中对研究对象进行观察。伯格丹和拜克伦提道："质性研究者们假设生活环境会对人类的行为产生深远的影响，因而只要有可能，研究者都会到研究对象的生活情境中开展调查。"[1] 一般的观察可以和参与式观察结合使用，或者直接代替参与式观察。那么，参与式观察与一般的观察行为之间有什么区别呢？

首先，这种区别是依据观察者对被观察的研究对象的参与程度而变化的。一方面，例如，观察者可以坐在教室后排，在课堂上对学生进行观察，可以从来不与学生交流或互动，以致最后学生们都忽略了其存在。这个例子体现了一般性观察—参与式观察连续体的一个极端情形（见图 5-1）。

图 5-1 一般性观察—参与式观察连续体 1

另一方面，研究者也可以协助教师开展教学活动，这样就可以和学生们亲密接触，甚至可以帮助学生们开展课业学习。后一个例子体现了参与式观察的情形（见图 5-2）。

图 5-2 一般性观察—参与式观察连续体 2

---

① Bogdan R C, Biklen S K. Qualitative research for education：An introduction to theories and methods［M］. 3th ed. Boston：Allyn and Bacon Publishing Company，1998：5.

伯格丹和拜克伦针对一般性观察与参与式观察连续体时提到："研究者究竟应当以何种方式参与到田野活动之中呢？参与的程度如何？"[①] 对于这个问题，其实并没有对错之解，因为任何一项研究的研究背景、研究性质、研究者的性格特质、研究对象都相差很大，我们无法将其规范划一。小马过河，深浅自知，这个问题只有亲身经历的研究者自己才最为清楚，随着策略的不断调整，他们或是更为深入地参与观察（一般性观察—参与式观察连续体的一个极端），或者依旧保持隐形状态（一般性观察—参与式观察连续体的另一个极端）。保持隐形状态的最大好处是，尽最大可能不对研究环境产生影响。参与式观察的最大优势在于，通过与研究对象的积极互动与交往，从而获取研究对象更大的信任，并因此获取或观察到更为真实和亲近的想法与经验，由此获得更为丰富的关于文化背景方面的知识。最后，每一个研究者都必须衡量两种观察方法的利弊所在，并针对特定的研究任务，选择最为合适的研究行动方法。

（二）访谈法

质性研究者们会普遍采用访谈法开展研究。质性研究中的"访谈"，是一种有目的的谈话，通常发生在两人之间，有时也发生在群体之中。访谈的目的是希望从访谈对象身上获得某些信息，不同访谈者的访谈风格也是不同的。

1. 研究问题的三种基本类型

斯浦莱德利（James P. Spradley）为民族志访谈的编制与理解提供了有效的指导方针。他提出了研究问题的三种基本类型。

第一种类型为描述性问题，即研究者可以对某些具体的事件或过程获得描述性了解。这种问题设置的目标是使研究者对研究对象获取足够的语言或叙述性的描述。关于学校教师的工作情况研究的描述性问题包括：给我讲讲你的日常生活吧？你为何选择教师作为你的职业？你能为我讲讲你

---

① Bogdan R C，Biklen S K. Qualitative research for education：An introduction to theories and methods［M］. 3th ed. Boston：Allyn and Bacon Publishing Company，1998：81.

在工作中所遇到的困难或阻碍吗？

第二种类型为结构式问题，其设置的目标是为了获取关于研究对象文化性知识的基本信息。正如斯浦莱德利所说："这种问题将有助于我们了解研究对象是如何组织他们的知识的。"关于学校教师的工作情况研究的结构性问题可以设置如下：你在考试中会设置哪些不同类型的问题？你如何看待自己作为教师所承担的不同职责？

后一个问题，当询问到不同对象时，可以揭示一所特定学校中教师所必须具备的各种职业素养。如果一所学校吸纳了许多少数民族学生，但相对应的是，教师的日常工作中并没有特别侧重如何同少数民族孩子相处的问题，那么研究者们就会继续探究学校在整个运转过程和组织结构中所潜在的（教育）不充分性问题，因为该学校本应当是同民族教育密切相关的。

第三种类型为对比性问题。对比性问题可以帮助我们深入地理解意义的维度，而"调查对象应用不同的意义维度来区别其生活中的不同事物和事件"①。对比性问题用来明确调研对象提出的诸多概念和分类。我们继续探讨上面的例子，可以提出以下几个对比性问题：你在编制考卷时，是如何区分回忆型问题和识别型问题的？为学生建立模范行为与在学生中树立领导威信的区别是什么？你如何区分日常小测验、常规考试以及对学生的年度考评？

一份设计优秀的访谈提纲应当包含斯浦莱德利所提到的以上三种类型的问题，同时涵盖各种各样的提示语。所谓提示语是指用一些小标注来提示研究者所要关注问题的某些特别方面。例如，在研究教师的职业生涯准备时，我们可能会提到这样一个问题：你能否讲一讲，在大学期间是如何选择教育作为你的专业的？那么这个问题的提示语可能如下：如果调查对象没有特别谈到其学校的话，一定要问这个问题。

---

① Spradley J P. The ethnographic interview [M]. Fort Worth：Holt, Rinehart and Winston, 1979：60.

2. 质性访谈资料来源的两种形式

质性访谈资料来源主要有两种形式：一种是资料来源的主要形式，另一种是资料来源的辅助形式（通过辅助观察、文献分析或其他研究技巧来收集资料）。无论哪一种形式，访谈的目的都是为了获取"描述性的资料"，获取研究对象"自己的观点"，研究者通过深入洞悉这些话语，理解所研究群体是如何解读或感知某一事件的。

大部分访谈都以一些轻松的话题开始，例如，了解被访谈者的基本信息或兴趣爱好等，由这种轻松的谈话逐步深入到正式的访谈题目中。为了能够顺利过渡到正式的访谈之中，你可以让访谈对象提前熟悉访谈问题。在访谈过程中，你可以通过重复的方式来确认研究对象所表达的观点与你的理解是否一致。

此外，在访谈中是否使用录音设备也需要谨慎考虑。如果你选择使用录音设备，那一定要提前征询研究对象的同意，未经许可是不可以录音的。尽管研究对象意识到访谈被录音，会有所顾虑，不敢畅所欲言，但是录音会使我们得到相当丰富的资料。再强调一遍，在使用这些录音录像设备之前，得到研究对象的许可是必需的。

以下是通过录音整理的一份正式的访谈转录内容（见专栏 5-5），通过分析和整理访谈转录的相关内容，我们可以从研究对象的话语中发现其背后隐藏的价值观、所存在的问题或事实情况等。

专栏 5-5

访谈片段

问：你们在宿舍住得舒服吗？喜欢住在学校吗？

答：喜欢住在学校，因为可以和同学们一起玩。但是住的地方不太舒服，床有点儿硬。在学校吃得很好，学校会发补助。用水都要去学校大门旁边的地方去接水。有的时候上厕所，也要到教学楼旁边的地方去上。

（三）田野日志

田野调查的一个重要方面就是通过写田野日志的方式，记录下大量准确又丰富的观察和体验。对于任何一项成功的自然主义的调查探究来讲，详细又精准地记录田野日志是非常关键的，包括"研究者在质性研究中，收集资料并反馈资料时的所听、所见、所闻、所感"[①]。田野日志应当具备描述的丰富性与详尽性特点。在田野中工作的研究者们不能仅仅依靠其记忆力来记录资料，因为如果这样的话，很多细节会被遗忘，大量的信息如果未能及时处理的话，将被时间所淹没。

在得到对方允许的情况下，我们可以采用照相技术来收集影像资料，这将加深研究者资料数据库以及对研究对象理解的深度。但毫无疑问，任何工具都无法代替积年累月在田野日志本上的笔耕墨耘。伯格丹和拜克伦提出过几种不同类型的田野日志。

描述型田野日志，包括对研究对象的素描，对话的复原，物理环境的描写以及对某些特别的事件、行为的叙述或者对研究者行为的记录。

反思型田野日志，又称为备忘录，记录的是田野工作者对于某些特别观察的看法或反思，它与描述型田野日记是有所区别的。伯格丹和拜克伦对在备忘录中可以记录的不同类型的内容进行了表述：记录分析、记录方法、记录道德困境与冲突、记录观察者的心情以及观点的澄清。对于开展质性研究的新手来说，在完成论文写作时，备忘录是一个有效的法宝，他可以帮助我们记录下研究中的灵光一现，或是对观察到的行为与事件进行潜在地解读。

以下为大家呈现两段田野日志的片段，看研究者是如何将现场描述同研究感受结合在一起的（见专栏5-6，专栏5-7）。

---

① Bogdan R C, Biklen S K. Qualitative research for education: An introduction to theories and methods [M]. 3th ed. Boston: Allyn and Bacon Publishing Company, 1998: 107.

专栏 5-6

田野日志片段——××中学的音乐课

昨天旁听了××中学初一的音乐课。音乐老师手持木吉他，边弹边唱。老师先清唱了一首民族歌曲，之后又一句一句地带着学生唱了一遍。之后，老师自弹自唱了《春天里》，他在课前将歌词写在了黑板上，板书笔体很漂亮，接下来又带着学生唱了两遍。教师上课不用教材，歌谱就在脑海里。听课的孩子们兴奋不已，整齐高昂，全然不是上其他专业课程的那种沉闷感觉，每个学生都抬头挺胸，满面笑容。坐在这个教室里，我也被幸福传染了，嘴角一直上扬，忍不住地乐，甚至想和他们一起合唱。忽然间，我仿佛回到了我的初中时光。这些孩子们真的非常可爱，他们唱起歌玩起游戏真的非常喜悦，每一个孩子都需要鼓励，需要自信，因为他们唱得如此卖力。与其说很多小孩不喜欢读书，还不如说是不喜欢枯燥的感觉。想想自己也是从这种学生生涯中走过来的，那时候也爱唱歌，但总是在控制。但回头想想，心中还是会保留着小时候对音乐的热爱和喜悦。

专栏 5-7

令人敬佩的基层教师

越是基层的教师，越是发光的金子。那些小学教师，他们不仅需要专业知识，更需要极大的耐心来手把手地教小孩子学习，为他们打基础，这是学生一生学习中最基础、最关键的任务。他们任劳任怨，即使有的时候看不到希望，还是在兢兢业业地教书讲课，他们真的非常伟大。也许有人会说，他们不是任劳任怨，而是被逼无奈，不得已才在这里教书的，如果能走出去，谁不想出去啊。但我不同意这种看法，一般情况下，人在顺境中是比较容易安于现状的，但在逆境中再默默忍受，就是特例了，要么是祥林嫂似的人物，要么是张海迪似的人物。

> 而祥林嫂和张海迪的区别，就在于他们安于现状的同时，是不是积极
> 乐观，是不是消极堕落。根据这个标准，这些在基层教书的老师，大
> 部分都能够认真对待自己的工作，用执着的精神和负责任的态度对待
> 每一个学生，所以他们才是真的伟大。联想起很多民办教师，他们工
> 资很低，可能也无法和家人团聚，但还是认真执着地坚守着内心的信
> 仰，用看似简单却十分伟大的操守去生活着，那么还能有谁说他们是
> 不幸福的呢？

田野调查中需要考虑的另一个问题是，在田野中所用到的随身工具的特点。一些研究者可能会选择普通的铅笔与小本子（大小视口袋大小而定，要便于携带），而另一些人则会采用现代科技，从视觉、听觉等感官上，记录他们的研究对象，当然首先要征得同意才行。当研究者选择教室这样的田野地点时，使用录像设备或视觉工具收集工具是比较普遍的。但是，如果在学校操场或其他的教育领域中收集资料时，这些设备的使用就不那么普遍了。

四、三角检验法

在社会科学中借用"三角检验法"（triangulation）这一术语，实际上是想表达这样的观点：为了了解事情的真相，资料来源应当是多方面的。在质性研究之中，采用"三角检验法"归根结底是为了对事实进行查证与核实。与单方面的资料来源相比较，多重途径收集到的资料，可以为研究者研究某一现象提供更深入的理解视角。在这里，我们不推荐使用"三角检验法"这一晦涩的术语，对实践和理解质性研究并无大用。相反，我们采用以下的说法来表明观点，例如，综合使用访谈、观察等研究策略来收集资料；扩展研究者的范围，引入多个研究者共同收集资料；扩展研究对象的范围，针对同一研究课题，从诸多研究对象那里收集资料；等等。

五、离开田野

在完成了研究任务后，就要离开田野了。离开田野并不像看起来那么简单。通常，经过一段时间的接触后，研究者会对研究对象产生兴趣，甚至建立了一定的感情。特别是那些生活条件较差、无力改变命运和环境的人们，研究者通常会对他们产生深深的同情。

通常，研究者们不会突兀地离开田野，而是渐渐地减少访问次数，直到彻底离开田野为止。这种过渡性的行为，不仅对研究对象有好处，也对研究者的身心适应有帮助。此外，有些研究者在离开田野后的资料整理过程中，发现某些重要的信息没有收集到，因而需要重回田野去收集这些资料。为了应对这种情况，研究者也需要为后续的田野调查研究做些准备。

另外，在离开田野前，不要忘了给研究对象兑现那些承诺过的回报。例如，与之分享部分研究成果、经验，召开座谈会等。很多研究者们通常都会与曾经共事过的研究对象保持良好的交流往来，例如，定期拜访他们，追踪他们近期的生活与工作情况，有些人甚至因此成了长久的朋友。妥善地离开田野，可以为以后再次进入田野做准备，研究者可以再次开展更具深度的纵向追踪研究。

【章节回顾】

1. 教育研究者们的行动价值在于，其所关注和研究的课题应是具有社会意味的教育问题。换句话讲，教育研究者们所付诸实践的研究活动，应当是与国家、社会乃至民族息息相关的教育领域内的事件。并且，通过教育研究者所开展的研究活动，能够为解决这些敏感问题或重大议题献计献策，为教育发展、社会稳定乃至国家相关政策纲领的制定提供可参考的信息或资料。这既是教育研究者们需要考虑的立场和导向，也是教育学术研究的实践价值和目标。

2. 什么是针对研究课题，提出具体的研究问题呢？请参看以下案例（见专栏 5 - 8）。

专栏 5-8

　　研究课题：民族地区基础教育寄宿制院校寄宿制学生的学校生活适应性问题研究。

　　具体的研究问题包括以下方面。

　　1. 这些寄宿小学生对校园生活的感受和观点是什么？少数民族寄宿制小学学生的学业成绩如何？

　　2. 教师们对少数民族寄宿制小学学生在校园生活的观点和意见，他们认为存在哪些问题？少数民族寄宿制学校生活教师和教学教师的分配比例是怎样的？

　　3. 少数民族寄宿制小学学生的日常条件如何？他们的饮食、宿舍和基本生活设施情况是怎样的？（食堂、宿舍、医疗室、水房、澡堂等）

　　4. 寄宿制学校采取了哪些措施来帮助这些小学生更好地学习和生活？效果如何？学校面临的问题与挑战有哪些？

　　由此可见，具体的研究问题是一项研究课题的"导航仪"，即质性研究者们往往会根据具体的研究问题来拟定研究方案与计划，进而设计访谈提纲与观察量表等工具，最后安排论文或报告的架构与格局。往往研究问题设置得越精准、越全面，研究课题的实施就越顺畅，进而越有可能收获有深度、有价值的研究发现。

　　3. 质性研究过程中"过程指向"的研究问题，是指研究者更关注某一教育事件发生与发展过程中，研究客体的体验、感受与反馈；更关注人与人之间的交往与互动；更关注行为符号的意义以及约定俗成的"常识"的形成历程。这些"过程指向"的问题可以将质性研究与量化分析很好地区别开来。大多数时候，人们会将两种研究方法结合起来使用以促进对民族教育问题的研究。

　　4. 所谓"漏斗状"的研究设计是指以开放且宽泛的开端起始，进而逐步深入并不断地细化研究设计。质性研究的魅力之一在于它的"灵活性"或"变通性"，即研究设计要根据研究进程中的不同阶段不断调整完善。质性研究中的设计方案必须贯穿整个研究过程。

5. 所谓内心取样，是指在正式开始调研前，要在头脑中形成一个整体的观念：你要调研什么？要对谁进行访谈？要在什么时间进行观察？要查阅哪些资料，查阅多少资料？

6. 在田野调查中，同"关键人物"保持良好的沟通与合作是非常重要的，甚至是进入调查以及整个田野调查过程中最重要的一个环节。而如何同这些"关键人物"保持良好的关系，并进一步如"滚雪球"般，不断地扩大人际范围或研究范围，则需要根据具体情况，灵活应对。这也与研究者本身的耐性、沟通技巧以及社会经验有关。质性研究新手们需要悉心观察、累积经验，才能不断前进。

7. 在研究开展之前，明确你的研究者身份（局内人或局外人）。不同的研究角色意味着研究者承担着不同的角色期望和身份，进而会带来不同的研究进程与经验。

8. 访谈法、观察法、记录田野日志与一般意义上的"访谈""聊天""观察""观看"以及"写日志"或"写日记"是有区别的，区别在"法"这个字上。所谓"法"，即规则，它强调了研究的逻辑性与实证性。本章为读者介绍了质性研究中与观察法、访谈法以及田野日志相关的知识与案例，希望读者在实践中深入领会这些知识，并寻找到最适合于自己的资料收集之"法"。

9. 进入田野，并不意味着将自我完完全全地同化到田野之中；离开田野，当然也不是彻底决绝的别离。妥善地离开田野，说明研究者在达成了自己的任务和目标后，也不忘对田野之中人们所提供的帮助和善意给予适当的回报与感恩；妥善地离开田野，更可能为再一次的造访铺设条件与人脉。

【学习提升】

选择一项你曾参与过或即将开展的研究课题，完成以下工作。

1. 设置"过程指向"的研究问题，并结合研究问题，设置一份包含"描述性问题""结构式问题"以及"对比性问题"的访谈提纲。

2. 针对课题，设计一份"漏斗状"的研究计划，并说明如何在研究过程中不断缩小研究范围。

3. 运用"内心取样"的方法，对研究地点以及样本进行选取。

【章节逻辑图】

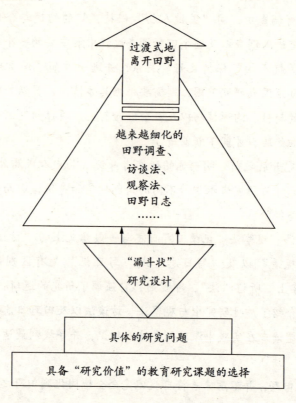

过渡式地
离开田野

越来越细化的
田野调查、
访谈法、
观察法、
田野日志
……

"漏斗状"
研究设计

具体的研究问题

具备"研究价值"的教育研究课题的选择

第六章　数据管理、分析与论文写作

【章节导读】

在这一章中，我们首先关注质性数据该如何管理，探讨数据管理的含义、资料存储的媒介以及资料编码的相关知识。之后，我们会探讨如何进行数据分析。对质性资料开展分析，可分为在田野之中的资料分析以及离开田野之后的资料分析，这是两个彼此相对独立又融合一体的过程。在田野之中的资料分析，我们主要为大家讲解九个一般性的资料分析指导原则。而田野之后的资料分析过程，着重介绍了"资料编码分析法"（data-coding）这一重要的质性研究资料分析方法。此外，我们的讨论还包括归纳式数据分析以及演绎式数据分析，同时也关注数据分析的信度、效度以及自然主义调查研究的质量评估问题。之后，我们会转向研究成果的写作过程，以及诸多与论文写作相关的、有可能出现在质性研究论文写作过程中的相关事宜。在这里，我们要强调两点：第一，请同学们结合章节回顾阅读本章内容；第二，请同学们认真研读本章中涉及的全部案例以及专栏内容。请同学们结合案例与专栏内容反思相关的概念或原理等。这对于更好地了解并实践数据管理、分析以及论文写作都是大有裨益的。

【学习目标】

1. 理解数据管理的含义，辨析不同的资料存储媒介的区别与功能。

2. 理解资料编码的概念，重点理解五种资料编码的方式以及资料存储和检索的五种基本类型，比较电脑辅助资料编码与传统的资料编码方式的异同。

3. 比较在田野中开展资料分析的九个指导性原则，深入理解每一个原则的内涵与意义。

4. 理解并能熟练运用资料编码分析法进行质性资料的分析。

5. 理解并把握质性研究质量评估的独特标准及具体策略。

6. 理解质性论文写作的若干指导意见，准确把握不同风格论文的写作策略，能够熟练运用质性资料开展论文写作。

【关键词】数据管理；资料编码；资料存储与检索；资料分析；质性研究的写作

第一节　数据管理

一、数据管理的含义

数据管理是一项系统的工程，主要是指对访谈转录、田野日志以及其他的质性研究资料进行存储和管理，以便于数据的检索与资料分析。休伯曼和米尔斯将数据管理定义为"对数据进行收集、存储与检索的系统性且一贯性的操作过程。这些操作旨在确保：（1）数据可用且质量高；（2）可以对数据文件开展分析；（3）研究之后，数据的保存以及相关的分析是完整的"[1]。

数据管理的宗旨是为了能够高效地存储数据并开展数据检索。正如休伯曼和米尔斯所认为的，"数据管理的核心就是数据的存储与检索，如果没有清晰的工作方案，数据很可能会因处理不当而丢失"[2]。他们还提到："首先，良好的存储与检索系统对于鉴别数据的可用性非常关键，同时有

---

[1] Huberman A M, Miles M B. Data management and analysis methods [M] //Conrad C F, Haworth J G, Lattuca L R. Qualitative research in higher education: Expanding perspectives. Boston: Pearson Custom Publishing, 2001: 552.

[2] Huberman A M, Miles M B. Data management and analysis methods [M] //Conrad C F, Haworth J G, Lattuca L R. Qualitative research in higher education: Expanding perspectives. Boston: Pearson Custom Publishing, 2001: 555.

助于研究者在项目进行过程中不同的时间点简便、灵活、可靠地使用数据（这通常是由一个研究团队中不同的研究者们共同完成的）；其次，有助于编制研究分析方案，从而使此项研究得以检验或复制。"①

二、资料存储的媒介

台式电脑，特别是笔记本电脑，是存储质性资料最为常用的工具，但是针对另外一些纸质的个人或官方文件、复印件，就需要采用其他数据存储方法，例如，准备文件夹、档案袋或公文柜等进行资料的收集与存储。研究者对所收集到的文件种类以及文件页数进行登记，并在电脑中单独建立一个文档来记录这些数据。一个研究团队中的研究者们如何使用这些文档，包括诸如访谈转录、田野日志在内的不同种类的信息，也必须予以考虑或协调。

三、资料编码

对资料进行编码的过程，本身就是揭示关联或无关主题的过程。伯格丹和拜克伦提出了在资料管理过程中可能出现的几种不同类型的资料编码方式：（1）背景类资料编码；（2）对情境进行定义式资料编码（包括研究对象所持有的观点，以及他们对人对物的思考方式）；（3）过程型资料编码（行为类资料编码、事件类资料编码、策略类资料编码）；（4）人际关系与社会结构类资料编码；（5）方法类资料编码（与不同的研究程序相关）。②

一些研究者选择使用电脑软件来辅助资料编码的过程，而另一些研究

① Huberman A M, Miles M B. Data management and analysis methods ［M］//Conrad C F, Haworth J G, Lattuca L R. Qualitative research in higher education: Expanding perspectives. Boston: Pearson Custom Publishing, 2001: 555.

② Bogdan R C, Biklen S K. Qualitative research for education: An introduction to theories and methods ［M］. 3th ed. Boston: Allyn and Bacon Publishing Company, 1998: 152 - 154.

者则属于"古典派"，他们倾向于选择传统的阅读和浏览资料，以阅读和浏览资料的方式来编码资料。无论是采用先进的模式—识别软件（pattern–recognition software）进行资料编码的"潮流派"，还是通过阅读和浏览资料进行资料编码的"古典派"，构建概念式分析模式的研究主题和副主题，才是组织编码资料最为重要的过程（这在本章中的"资料编码法"中会进行进一步讲解）。从这一点上讲，研究者构建联系和解读编码资料，将有利于广泛地讨论某一具体现象。

研究者发现，诸多主题下的资料编码可能隐含了两种、三种甚至更多的独立的议题信息，这些议题可以帮助我们完成书目的不同章节、毕业论文或者期刊论文。从主题、副主题的分类到构建事实的描述和解读，其实就是从资料分析过渡到论文写作的过程。研究者应当尽早从研究对象那里获得反馈意见，以强化研究的信度和效度。

此外，列文（Harold G. Levine）为质性研究者们描述了五种数据存储与检索的基本类型，其中包括格式化（formatting）、互相转介（cross-referral）、编制索引（indexing）、摘要法（abstracting）、编页码法（pagination）。格式化是指如何从形式上设计文件、田野日志、访谈转录等材料并将其组织为不同种类的文档；互相转介是指链接不同文档并使之互为参照的方法；编制索引是指对文件进行编码，将其归入不同的结构并纳入到数据库中；摘要法是指对某些大批量的数据信息，例如，田野日志或者重要文件等进行浓缩性的总结；编页码法，包括编制速记系统，以便于在庞大的数据库中快速地鉴别关键信息与主题。①

很明显，同许多研究者共同参与的数据管理相比，独自一人开展数据管理会产生不同的需求。

---

① Levine G H. Principles of data storage and retrieval for use in qualitative evaluations [J]. Educational Evaluation and Policy Analysis，1985（2）．

第二节 资料分析

对于许多初次接触资料分析的质性研究者来讲，资料分析工作会让人产生焦虑感："我不可能完成这么多资料的分析！""一想到要转录这一大堆的访谈，我就头痛。"固然，资料分析的过程是复杂的，但资料分析又是可操作的，原因在于它的可分解性，即将资料分析贯穿于整个田野调查的过程当中。

伯格丹和拜克伦将数据分析描述为"系统地搜索和处理访谈转录、田野日志和其他质性研究资料，且随着研究深入，不断得以累积的过程"，"资料分析包括处理数据，组织数据，将数据分解为可操作的单位，整合数据，寻找模式，发现关键内容与研究点，决策需表述的内容等方面。在大多数研究中，研究成果为学位论文、论著、论文、报告陈述；在应用型研究中，还包括行动计划等。资料分析始于看似无章法的长篇描述，止于研究成果的成型或发表"。[①] 我们需要谨记一点，质性研究的资料分析不能简单随着资料收集的结束而结束，事实上要在资料收集结束后继续进行下去。

接下来，我们为大家介绍几种具体的操作方式。但是，实践出真知，研究者也必须要亲自处理数据，从而总结出最适合自己的资料处理路径与风格。

一般来讲，资料分析的途径主要有两种：一种是资料收集与资料分析同步进行，也就是说，资料收集工作完成的时候，资料分析的工作也基本结束了。那些经验丰富的田野调查工作者基本会采用这种方法。另一种方法是先收集资料，后分析资料。我们对于开展质性研究的新手的建议是，将正式的资料分析留到所有资料都收集完整之后再展开。这主要是因为质

---

① Bogdan R C, Biklen S K. Qualitative research for education: An introduction to theories and methods [M]. 3th ed. Boston: Allyn and Bacon Publishing Company, 1998: 157.

性研究新手一般都不具备丰富的理论背景和研究经验，因而无法深入发掘资料背后所隐藏的观念。盲目地开展分析，可能会影响研究的深度和广度，进而漏掉某些本来十分重要的资料。当然，有一些资料分析的工作是必须在资料收集的过程中完成的。例如，通过访谈 10 位教授，你已经就某一议题收获了丰厚的资料，那么接下来对研究对象的选择就应当有所取舍，不要在同一问题上耗费过多的时间和精力。只有这样，你的研究才会朝着某一具体的目标前进，而不是毫无方向性地广泛撒网。随着研究经验的积累，你的资料分析工作也可以随之提前。

一、在田野之中的资料分析

在资料收集的过程中，研究者所前进的每一步，都建基于之前的准备之上。如果田野工作者们收集到了计划之外的数据，他们仍需要记录下对这些数据的想法和观点。如果只是等待着整个资料收集工作结束后，再开始考虑数据分析的问题，可能会导致研究者身陷庞大的数据沼泽之中而无法自拔。

除了以上的内容，伯格丹和拜克伦还提出了九个原则[①]，以确保资料分析贯穿于整个质性研究的过程之中。

（一）通过决策，缩小研究范围。

正如我们之前所述，资料收集的过程是漏斗状的。一开始，资料收集的范围是宽广的，研究者广泛地接触研究对象，扩展研究的物理范围和领域。随着研究的不断深入，田野调查将会聚焦于以下两个方面，一是那些可行性的研究行为，二是与研究直接相关的研究活动，从而将资料收集的范围缩小。在田野中，研究者会发现吸引自己的趣事很多，而且研究的领域似乎漫无边界。然而适当地缩小研究范围是非常必要的，你必须要让自

---

① Bogdan R C, Biklen S K. Qualitative research for education: An introduction to theories and methods [M]. 3th ed. Boston, MA: Allyn and Bacon Publishing Company, 1998: 158-163.

己在关键时刻做出抉择：究竟应该深入挖掘哪一点，深入访谈哪些人，观察哪些事或物等。只有在某一特定主题上收集到的资料越多，你对这一主题的理解和思考才会越深入，最后才可能完成具备一定深度和价值的研究报告。

（二）决策要始终围绕所选择的质性研究方法

之前我们讨论过几种不同类型的质性研究方法，例如，个案调查法、观察型研究、生活史研究等。作为一名研究新手，应当清晰明确自己所选择的质性研究方法。例如，是想对某一研究领域进行全面的描绘，还是就某一具体方面构建理论框架。笔者建议研究者要针对不同的研究方法开展资料分析，因为不同的研究方法都有与之对应的资料分析模式，按照不同的模式开展分析，可以节省研究者的精力，使资料分析更为精准。

（三）设置分析型问题

一些研究者偏好设置宏观性的研究问题。这些问题是很重要的，宏观性的问题可以帮助研究者锁定资料收集的范围，并帮助研究者在研究过程中组织资料。我们的建议是，随着研究的深入，你要不断地评估研究问题，看看哪些问题是相关的，哪些问题是需要重新设置的。

例如，一项针对纯粹失业人群再就业开展培训的项目评估研究，最初的研究问题可能是：这个项目是如何提升这些失业者的再就业能力的？通过几天的观察，你会发现参与这个项目的大部分人群并不是真正意义上的"纯粹失业人群"，而且项目的大部分培训内容也与准入工作无关。因此，前一个问题被替换为另一个分析型问题：这个项目的内容进展同预期目标有如此大的出入，那么又是如何开展下去的呢？

有些质性研究新手们的研究问题，很难得到充分理想的回复。因为这些研究新手们深受质性研究传统的影响，在研究中过分强调"因果"或者某一现象发生的概率。质性研究问题更需要开放式的结尾，更为关注过程，而不仅仅是所谓的"原因"或"结果"。

具体来讲，研究问题的陈述应当直白、清晰，用一到两句话说明即可。研究者可以假设自己是一个对自己的研究完全不知情的局外人，看看通过阅读研究问题，能否明白"究竟想要研究什么问题"。研究者应当在脑海中清晰明确地给出满意的答案，这个答案既不让人感到迷惑，也不会让人反感。如果你能够最终形成这样的研究问题，那就离阐明你的研究意图（也是研究分析的关键一步）不远了。

（四）基于之前观察中的发现，计划资料收集的程序

研究者需要经常回顾自己所记录的田野日志，并对下一步的资料收集工作做好计划。通过询问自己如下的问题：还有哪些内容是不了解的？还有哪些资料是不具备的？如此，自己便可以对已经拥有的研究资料做到心中有数，并指导下一步的研究工作，看看下一步究竟应当对哪些事物开展进一步的观察，或者对哪些人再一次开展访谈，等等。另外，在田野调查中总会发生一些意想不到的情况，当自己拿着一份之前设计好的研究计划书进入田野时，可能会发现一切情况都和想象中不一样，之前的研究假设变得毫无意义。因而，在田野调查中，要学会根据现实情况随机应变，根据田野情况适时地更新研究计划中的部分侧重点，而所有的这些都要基于对已有观察发现的理解与反思。

（五）随时记录"观察者感悟"

田野日志中包括观察者的心得与感悟。正如之前所讲，这些心得与感悟是观察者对田野调查的所思所感与真实反应。一般来讲，刚刚开始从事田野调查的研究新手，并不会花费大部分时间进行深入的思考与研究，相反他们注重长篇累牍地记录"真实现状"，详细地记录田野调查中的细节与活动，而这些丰富翔实又中规中矩的记录反过来会抑制研究者思想火花的产生。因而，我们建议研究者一定要及时记录脑海中产生的灵感或想法，因为这些感受可能会转瞬即逝。无论何时何地，当研究者对看到的某一场景、听到的某一对话或参与的某项活动产生了强烈思想共鸣时，应当立刻记录下他们。当眼前的事物让研究者联想起另一个场景中的活动时，将它们在头脑中建立起联系，因为它们可能会在之后的资料分析中产生关

联。假如在研究的过程中，研究者忽然对某一个曾经让自己迷惑不解的事情云开雾散，应当立刻记录下此时的理解并对其进行深挖和进一步的思考。假如发现某些特定的研究对象之间存在相似之处，要及时记录下这种相似性。这一观点将促使研究者对所观所见进行深入的思考，而不仅仅是一个只会记录现状的描绘机器。以下的例子，摘自两篇田野日志中的"观察者感悟"，拥有这样的记录，将会对后续的研究分析甚至是之后的田野调查研究提供极大的帮助（见专栏6–1）。

专栏 6 – 1

田野日志1①

　　通过转录访谈录音，我发现有时候表面性的文字录入比后续分析的工作要更为艰难。前者是后者的基础，转录得好才能产生有深度的分析结果。这两天我们收集上来了很多的资料，其中大部分是访谈的录音，但是要想把这一个个的录音整理成电子文档，还是非常非常困难的。通常来讲，一份30分钟的录音，要花费3—4个小时才能完成转录的工作。访谈转录是一项十分枯燥但又十分必要的工作。因为最后要形成分析文本，一定是建立在这种一手资料的基础上的。就像是教育科学研究方法里讲的二次分析法，听到别人的话，剔除没用的客套，剔除没必要写进去的浮草，最后剩下的就是精华了。

田野日志2

　　X族大歌深深融入到X族人民的骨髓之中，它是一种精神必需品和生活营养品。X族大歌记载着X族人的历史和繁衍，承载着他们的

---

　　①　本章专栏部分的案例均来自苏德教授主持的联合国教科文组织西班牙千年发展目标促进基金"中国文化与发展伙伴关系"项目"中国少数民族基础教育政策研究"课题和国家社会科学基金教育学重点招标课题"民族教育质量保障和特色发展研究"的研究成果。

生存与生活，记录着他们的悲欢与喜乐。现在很多唱 X 族大歌的村民都不知道 X 族大歌歌词的含义了，但他们还是在一代一代地传唱，时时在唱，事事都唱。Y 小学也沉浸在这种浓郁的 X 族大歌文化之中，成为民族民间文化进校园的典范。但有时候总是事与愿违，Y 小学的孩子因为唱歌唱得好，所以经常被拉出去表演，而一表演就是很多天，这样会耽误学生正常的课堂教学。盛名之下的 Y 小学只能担负着无奈的负担，多数本可以用于提高教学质量和教师培训的资金被用来搞接待，回报支持的不多，但付出的可不少。

（六）定期完成总结性"备忘录"

随着田野中调查次数的增加以及所获得资料的不断累计，研究者要开始完成一个个相对独立又彼此关联的研究备忘录了。所谓备忘录，是对一段时间内所有重要的研究发现的总结性记录，这种记录建立在对已有资料的阅读、分析和理解之上。和观察者感悟的不同点在于，观察感悟是即时性的，是一个个零散的独立片段。而备忘录是基于这些零散记录之上的相对完整的阶段性总结，即将这些记录摆放在一起，相互比较，产生关联，深入分析并总结。要养成定期写备忘录的习惯，这些备忘录可以帮助研究者对某一研究背景形成宏观性的概念，并继而延伸到更广的理论视角、方法论视角中。

以下是一个关于访谈法的总结备忘录，研究者通过总结同两位访谈对象的访谈情况，得出了关于如何有效开展访谈工作的心得、感想和注意事项。我们可以从中体会到研究备忘录的重要性和珍贵性（见专栏 6 -2）。

专栏 6 - 2

关于研究方法（访谈法）的总结备忘录

主题：做一个"变色龙"型的访谈者

日期：2010 年 3 月 31 日

　　老师和老师之间的差异真是巨大！尽管不同的老师，也可能存在相同的观点，但是他们之间的个体差异还是如此之大！通过我在 V 市 X 小学对两位老师的访谈，更加印证了这一观点。我发现，访谈不同的教师并与他们建立较为亲密的关系，必须要像一只"变色龙"一样地变换自己的态度、身份和访谈语气。为了更好地推进访谈的进行，让访谈对象更多地同我交流，说出他们的想法，我的互动和行为方式是完全不同的。我将同 W 和 M 两位访谈者的访谈相比较，发现自己的表现竟然如此不同。和 W 在一起时，我只需要询问很短的问题，他就可以给出很长很长的答案。在访谈过程中，我一直在不断地点头，发出"嗯、嗯"的赞同，表现出对他回答的兴趣，鼓励他继续说下去。这个访谈并不正式，但却收到了预想中的效果，非常顺利。

　　同 M 的访谈则更加随意。他基本不看访谈提纲，随意而谈。他略带口音的回答中，偶尔会夹杂些脏话，而我竟然也不自觉地模仿起他的说话方式。我认为 M 并不像 W 一样，对自己所说的话非常注意，这也可能同他的性格有关。

　　因此，我认为访谈者应当具备"变色龙"的特质。为了适应不同的访谈对象的特点，我应当适当地改变自己以配合他们（当然，这里只能是适当地改变自己，完全改变可能会彻底影响研究的客观性）。这种改变，能够让我去询问一些更具挑战性的问题。当你去适应研究对象的风格的时候，他们会把你当作朋友来看待，因而愿意同你讲更多的话。他们会试图回答那些挑战性的问题，因为他们并不把你看成是一个局外人，一个访谈者。

> 当然，这样做也有风险，适当地伪装自己去适应他人是可行的。一旦伪装过度，研究对象会把你当成骗子来看待。要把自己当成一个弹簧，适当拉伸，而不是过度扭曲。

（七）总结归纳研究对象的观点和主题

来自于研究对象的观点或思想，是研究资料的重要来源。但是不要没有原则地完全照搬照抄他们的观点和想法，因为研究对象出于自身的利益考量，会对某一事物产生具体的看法，而这种看法可能会有失偏颇，无法做到客观中立，从而对自己的研究产生错误的价值导向。例如，对于某些问题，研究对象讳莫如深，并不代表这一问题不重要，相反，这个问题可能是整个研究的关键所在。研究对象的沉默态度也许更印证了这一问题的关键性或严重性。在与研究对象的交往中，切忌表现出过度的权威性，即表现出是多么了解他们。这样一来，可能会让研究对象"后退"，不会说出自己的真实想法。最后，并不是所有的研究对象都可以被提问题，并不是所有听到的答案都有帮助。在特定情况下，某些关键人士的只言片语可能会起到画龙点睛的作用，他们的想法、观点可能会为研究描述填补空白，会为研究分析添砖加瓦。当然，研究助手的选择也要慎重，因为他们只是助手，并不是研究的主导者。

（八）田野研究与文献研究同时进行

关于质性研究者应该从何时开始进行文献研究的问题，存在着诸多争论。笔者的建议是，在不同阶段开展文献研究，各有优势和劣势。一些研究者们在田野调查开展一段时间之后再着手进行文献研究的工作，可能会对他们的研究分析起到更大的帮助作用。在进行文献综述时，应当关注以下几个问题：此文献的主要观点有哪些？过去的研究发现对研究有哪些影响？研究者的视角或观点同文献有哪些相似点或不同点？这些文献研究有哪些不足或哪些方面没有涉及？通过我们的分析发现，对于质性研究者来讲，广泛地阅读不同领域（甚至是毫不相关的领域）的文献资料是非常有益的，因为这些文献可以帮助研究者了解其他人是如何处理数据和资料的，从而为自己的资料分析提供可参考性的模型或思路。

在文献研究中，研究者们会了解到许多概念、原理或模型，而这些概念或原理可能会限制对自己所收集资料的处理方式。研究者要避免这种定势的影响，避免将数据资料划分到一个个固定的分析模块中。文献研究的最终目的，是为研究者自己提供"灵感"或"启发"，而不是提供某种直接可用的思维方式。参考和借鉴他人已有的研究成果，必须要规范引用。除此之外，更要注意这些庞杂的信息对研究思路的控制，在与文献保持适当距离的前提下，保持中立，完成研究成果。

（九）使用视觉工具

使用视觉工具来辅助分析，已经得到了越来越多的关注和应用。这里的视觉工具是指图片、结构图或表格等资料。这些视觉性的工具，可以将复杂的资料简单化、明了化，可贯穿于研究设计到完成成果的整个过程。

笔者发现，在开始计划一项研究项目之时，使用视觉性的图表或表格，将项目不同的组成部分组合起来，可以为我们厘清研究目标，有助于下一步的决策工作。例如，我们可以使用简单的线条，将研究对象分类，应先拜访哪些人，先访谈哪些人，访谈的侧重点是哪些方面，等等。

在田野调查过程中，通过图表的形式总结已占有的研究资料，可以为下一步的资料收集工作厘清思路，明确下一步的资料收集重点。此外，图表还可以使研究者对不同要素之间的关系一目了然，将不同的要素产生关联和交集，为创新性的研究分析提供思路。

下面的例子是"中国少数民族基础教育政策研究"课题中"新课改"政策与"教师队伍建设"政策的关系图（见图6-1）。其中，这两项政策可以视为彼此独立又相互关联的要素。通过图表，我们将这两个要素联系起来，发现了它们之间的内在联系。这对资料收集与资料分析工作将产生巨大帮助。例如，当收集有关"新课改"政策的相关资料时，研究者便会有意识地探究与之相关的"教师队伍建设"政策的相关信息。通过访谈校长"参与培训的骨干教师的选拔标准是什么？"（这个问题可以划分在"教师队伍建设"政策之下）自然联想到如下问题："参与培训的骨干教师对新课改的认识和实践，与那些没有参与培训的教师之间是否有差别？差别在哪儿？"此外，专栏6-3对田野调查之中和之后进行资料分析提出了三点建议。

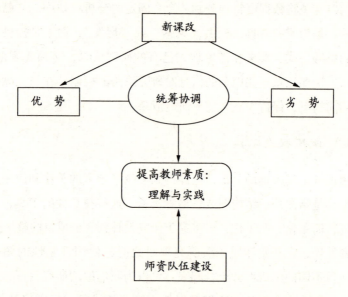

图6-1　"新课改"政策与"师资队伍建设"政策的逻辑关联

专栏6-3

　　无论是在田野调查进行之中开展资料分析，还是在离开田野之后进行资料分析，以下三点建议还是非常值得研究者考虑的。

　　1. 勇于思考，善于推断

　　刚刚开始进行质性研究的新手，由于受书斋传统的影响，不敢对自己的研究轻易做结论，不敢轻易形成观点和想法，除非他们确信这个想法是绝对真实可靠的。然而，过分地强调事实或细节，反而会限制研究者打开思路。但需要注意的是，我们并不是说事实或细节不重要，因为任何的观点或想法都是基于事实资料的基础上的，但它们只是厘清思路并形成观点的途径和手段，并不是目标。正如质性分析的先驱人物格拉泽所说："研究发现很容易被遗忘，但是因这些发现而产生的观点或想法则不会被轻易地遗忘。"① 所观必有所感，有了想法就要立刻写下来。不要说"等到所有的资料都齐全后我再做结论"，而是应当基于已有资料做出适当判断和反思。

2. 适当倾诉

在研究进行过程中，新想法新思路层出不穷，这一过程会令你无比兴奋。

随着新想法的增加，你会产生倾诉的意愿。以下有两种途径供你选择：一是同你的朋友或同事交流感想。二是不断地写研究备忘录等总结性反思。需要注意的是，不断地同他人交流你的研究感想，可能会反其道而行，影响你继续完成写作的热忱和精力。换句话说，讲得太多，本该是你自己独创性的发现变成了"人人皆知"的观点。因而，在资料分析过程中，要学会忍受孤独，要学会同你的"电脑"独处，对着它写出你的观点和想法。

3. 分析已有的调查笔记或研究反思

我们建议研究者在浏览自己所记录的"观察者感受"和备忘录时，另起一页，对已有的研究思考进行再反思，再记录，写下新的感受和想法。但需要注意的是，要做好标记，例如画圈或标上日期，从而将新的观点同旧的观点区别开来。例如，通过浏览你的田野日志或者访谈转录，发现这些资料的空白处有很多你过去做过的标注。那么，可以用圆圈标出这些标注中的关键字，在那些特别重要的部分标注下划线。用铅笔做标注会比较好，因为这样容易修改。

---

① Glaser B G, Strauss A L. The discovery of grounded theory: Strategies for qualitative research [M]. Chicago: Aldine Publishing Company, 1967: 8.

二、在田野之外的资料分析

许多质性研究文章将资料分析的过程描述为一种归纳式的过程，在这一过程中，关键信息点和主题潜藏在数据资料中，通过分析与归纳，建构在事实数据基础上的结论与发现才能够呈现。但是，笔者发现这个观点有些误导，因为它忽视了资料分析的演绎性质，特别是当研究者在研究之初采用某种具体的研究理论来解释自己的研究时。因而，一般会将质性资料分析视为具备归纳式和演绎式双重特质的一种过程。

这与休伯曼与米尔斯的观点一脉相承，他们认为"两种思维方式各有千秋，归纳式研究设计较为松散，演绎式研究设计较为紧凑。归纳式研究适用于研究过程较为陌生或相对复杂的情况，包括单个案例，研究目的是探索性与描述性的。紧凑式的研究（演绎式）是指'研究紧紧围绕某一理论的指导而展开'，它表明研究者对所要研究的环境比较了解，采用更具解释性且实证性的研究立场，描绘清晰且实用性强的概念"①。简单地讲，假定研究者对研究现象具备良好的内在洞察力，当质性研究者选择某一理论视角来指导研究时，资料分析过程就具备了演绎的性质，这意味着理论将对资料分析的途径与方法产生极大的影响。然而，质性研究的优点之一就是会发现意料之外的事情，所以尽管采用了某个理论视角或框架来指导研究，包括规范资料分析的方向，研究者还是应当注意资料中的归纳式发现。接下来，我们将阐述什么是归纳式资料分析与演绎式资料分析。

（一）归纳式资料分析

质性研究的优点之一就是大部分研究结果都具备归纳的特质。通过归纳，可以从资料中获得认知与知识，换句话说，这些发现都是从资料中得

---

① Huberman A M, Miles M B. Data management and analysis methods ［M］//Conrad C F, Haworth J G, Lattuca L R. Qualitative research in higher education: Expanding perspectives. Boston: Pearson Custom Publishing, 2001: 557.

出的。当研究者从某些关键的材料（例如，访谈转录和田野日志）中获得发现，或将他们在田野中的所观所感给予更多关注的时候，归纳式的主题就会出现。从这方面说，归纳式资料分析是指将研究发现建立在事实资料的基础之上，研究者在寻觅分析和解读的跋涉中，要试图限制先前假设的影响。一些质性研究者放弃将理论加入到质性研究中，转而采用更具建构性的研究立场，这意味着他们最终会将所搜集到的资料以及整个研究成果，导向理论解读的发展或建构。

笔者使用"建构"这个词，强调构建于研究成果之上的理论来解读行为，这同以先验的方式在研究之初就将一个理论加入到研究之中的行为恰好相反。这样的归纳式策略与扎根理论相似，所以应当谨记格拉泽和斯特劳斯对"扎根理论"有着非常清晰且精准的界定。因此，可以准确无误地说，质性研究倾向于归纳式地推导研究成果与理论解读，质性研究就是有基础的解读（或者说是基于资料的解读），同时应当准确理解格拉泽和斯特劳斯所提出的"扎根理论"这一方法与理念。

（二）演绎式资料分析

当研究者对研究成果的种类具备一定的感知时，基于他们所拥有的关于研究现象的认知程度，研究者会在质性项目的开始之初采用某种理论视角来指导研究。当一个理论在质性探究之初便开始指导研究时，资料的分析过程就具备演绎式的性质。在这里所探讨的演绎性，从某种程度上讲，是指探究中所获得的一些基本结果，很可能是通过"演绎"研究中的指导性理论而得来的。

不难理解，在研究设计阶段，应用这些理论可以帮助我们设置研究问题与研究假设，因而研究者可以在实际收集资料的过程中，发现研究结果其实是与关键的理论密切相关的。例如，如果我们想要更好地理解"文化资本"概念，并了解文化资本是如何影响学生的高考成绩的，便可以开展一项质性研究，通过访谈学生与考试编制者，采集与文化资本这一理论相关的资料。我们会发现部分研究成果或研究主题都支持了以上观点。这是理论指导研究的成功范例。当然，如前所述，即使我们可以采用与文化资本相关的理论结构，仍需考虑某些不可预知的研究结果（即归纳式结果）。研究中除了应用现有的理论范畴，探索其他理论范畴和隐藏于资料中的观点之外，还会偶尔出现一些意料之外的研究发现。

（三）资料编码分析法

无论是采用归纳式资料分析、演绎式资料分析，或者是两种方式同时使用，毫无疑问，任何研究者都将面对庞杂繁多的资料信息，如何有效地分析资料，并进而利用分析结果形成论文或著作等，是质性研究的关键议题。在这里，我们将为大家详细介绍资料编码分析法。图 6 - 2 所示的两种研究范式中，都存在对资料的收集与编码问题。

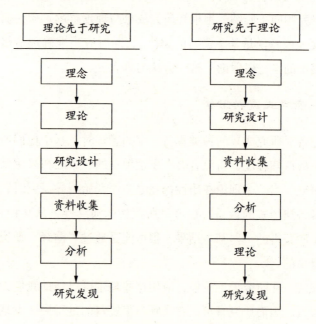

图 6 - 2　"理论先于研究"与"研究先于理论"

所谓资料编码，其实就是依据不同的研究子主题对资料进行科学系统的分类。所有这些主题是依据研究兴趣、研究问题和收集到的资料内容而科学拟定的，旨在帮助研究者厘清分析的不同维度和所收集到资料的内容与性质，并以关键词或关键句的形式呈现。对于一个研究者来讲，在田野中收集到的所有资料，包括访谈转录、田野日志、观察笔记等都可以进行编码。编码之后的资料，分属于不同的研究主题之下，编码内容清晰、结构明了，可以为下一步的论文写作提供巨大的帮助。下面以一个例子（见专栏6－4）为大家呈现如何有效地使用资料编码分析法。

专栏6－4

案例

　　研究主题：中国少数民族基础教育政策研究

　　主要的资料收集方法：访谈法、观察法

　　开展"中国少数民族基础教育政策研究"课题，对资料进行编码的分类主题可以按照"背景型资料"和"少数民族基础教育政策"两大类进行。通过对相关的文献资料以及国家和各地方出台的少数民族基础教育政策的整理与总结，将"少数民族基础教育政策"下的子主题初步拟定为七个焦点政策，分别为"布局调整政策""两面一补政策""寄宿制政策""师资队伍建设政策""新课程改革政策""民族民间文化进校园政策"和"双语教育"。

　　基于以上七个子主题，资料的收集也围绕着这7个方面展开。在调研进行的过程中，又将"控辍保学"这一子主题，纳入项目研究领域之内，从而将七个子主题，扩展为八个子主题。

　　在调查过程中，对不同的研究对象展开了访谈，以下片段节选自对项目点学校的一位教师的访谈内容（见专栏6－5）。

专栏 6 – 5

访谈：L 中学体育老师访谈

问：平时上课的时候会讲民族语吗？

答：因为我是体育老师，所以在双语教学这一块，还是比较有优势的。我们民族有一种传统的体育活动，叫作高脚竞速，无论是在我们学校还是本地，这个项目都是运动会的运动项目。有时候上课，有的学生十分害羞，他能听得懂汉语，但平时还是会说民族语，所以我上课的时候就会先用汉语将体育动作讲一遍，最后还会用民族语将关键的动作要领讲一遍。很多初一的小孩子，他们刚来到学校，不适应汉语教学，很需要用民族语进行过渡。

问：这么说，同学们很喜欢上体育课吧？

答：是啊！（大笑）一般体育老师很受学生欢迎，因为体育课是户外活动课，而且体育老师们都很活泼，一般遇到特殊情况，我们也会和同学们用民族语悄悄交流，使学生感到很轻松。

问：体育老师是怎么评定职称的呢？

答：曾经体育课在中考中只占 20 分，现在加到 50 分了。我们（体育老师）一般不参加教师评比，所以老师们职称很难有上升的机会，所以有的体育老师就兼任其他科目的教学。现在，如果体育老师的学生可以获奖，那么老师还有评职称的机会。

问：你对大学生就业难是怎么看的？

答：在原来，如果学生考上了师范或者中专，毕业了还可以包分配。而现在家里可能负债累累，供出来的大学生也找不到工作。很多学生陪着父母外出打工或者下海经商，可能一个月会挣 500—600 元。

问：新课程改革对体育教学有什么影响？

答：新课改后，对于我们体育老师来讲还是挺有好处的。以前的体育课都是按照刻板的教科书来进行体育教学，但是现在新课改之后，强调体育课要以学生为中心，以兴趣为中心。所以现在他们的体育课很灵活，如果学生不爱打排球，就可以去打篮球。总而言之，能起到锻炼身体的作用就可以了。

问：在你看来，目前你们学校的体育教学还存在哪些问题？

答：我认为主要有两个：一是体育老师太少，二是体育器材太少了。

问：关于你们学校学生寄宿生活，你有什么想说的？

答：寄宿制学校如果可以采用全封闭式管理会好一些，因为除了上课时间之外，学生自由活动的时间也很多，而老师不可能时时刻刻都去管你，因为老师也需要休息，所以学生就可能被"放空"。我们学校有一个中英合作项目，给寄宿学生带来了很多好处，例如，宿舍的床铺由木板变成了铁床，而且还配有棉被。学生来学校，只需要自己带一点儿米，而且因为有补助费，吃饭也不成问题，不用自己交钱，可能比在家吃得还好。学校往学生的饭卡里充20元，这20元管9餐，但是学校不负责早餐，学生自己带点钱吃早餐，不过学生还需自愿交20元的人身保险费。

问：学生平时上课有没有使用本土开发的教材？

答：教育局针对我们本地的情况，开发了一系列的民族民间文化乡土教材，并规定各中小学要开设相应的课程，招聘民间艺人教授民族民间文化，让民族民间文化进入课堂之中。

问：关于学生补助，你了解哪些信息？

答：学生补助一般都是打到学生的饭卡里，如果有的学生比较节俭，期末的时候有剩余，那么要通知家长来领，而学校也会统一购买寄宿生的生活用品。其他的就不知道了。

问：你曾经参加过教师培训活动吗？效果怎么样？

答：我在2004年的时候，参加了"义教工程"新课改培训，我认为这个培训对于自己的教学活动很有帮助，对新课改有了新的认识，学生们也很喜欢现在的体育课。

接下来（见专栏6-6）是研究者在田野调查中所记录的田野日志片段，简写为F6。

专栏6-6

田野日志6（F6）

2010/5/×× G省C县L镇

记录人：××

一、一天工作总结和反思

通过这两天的工作，我还是感觉，在进行具体的访谈之前，一定要提前做好提纲。例如做学生访谈时，不能自己想当然地进行访谈，虽然我们有工作手册，也有访谈提纲，但具体的情境还是比计划和想象的要复杂得多。例如，我们在和教师进行访谈的时候，如果先询问教师：你的年龄多大？你的背景履历是什么？那么这种访谈介入可能就失败了，因为在开头教师就会产生反感，他就会不理你了，之后的访谈可能就没法进行下去了。所以说访谈的内涵非常广泛，它包含着个人的社会经验和对调查研究的深入了解，把访谈变成有目的性的聊天，把调查变成无提纲有框架的访谈。

L中学的宿舍条件

L中学在"普九"的时候，学生宿舍的一张床是挤着两个人的，而现在10人间的宿舍有时候都住不满人，由此可见，还是有一些本应接受义务教育的学生因为各种原因流失或者辍学。学校宿舍的条件一般，这些床铺原本就是木质床铺，后来通过中英项目的资助，已经把木质床铺变成上下层的铁床了，比较结实耐用，而且中英项目还资助了一部分棉被，但是通过我的观察，这些学生的床实际上就是一个木板上面盖一张凉席，很硬而且很凉，男女生宿舍都是一样的，他们晚上能睡得舒服吗？宿舍里除了床几乎没有什么其他的东西，女生宿舍还好一些，有洗漱用品、手巾和杂物箱，男生宿舍几乎什么都没有。因为住的人很多，所以宿舍空间显得十分狭小，人挤人，女生们没有

热水洗头、洗脚，只能用凉水冲，光脚踩在水泥地上。因为没有放杂物的地方，就把东西放在床上，睡觉也变得很挤了。想想自己从高中到大学，住宿条件一直都不错，有时候睡在硬一点儿的床上，还嫌不舒服睡不着，和这些学生们一比真是惭愧。

二、第二天的工作安排

1. 听课：上午 2 人为一组，听文科课；下午 3 人一组和乡长一起听理科课。

2. 校园观察。

3. 学生访谈：3 人。

接下来，开始对以上的访谈转录以及田野日志资料进行资料编码（见专栏 6 - 7）。如之前所讲，资料的编码实际上是根据不同的主题信息，对资料进行系统分类，将以上两段内容编入七个子主题之下。切记，所编入的访谈资料，必须是访谈者自己的话语，而不是研究者自己所说的话。而且，同一个资料信息可以被重复多次编入不同的子主题之下。例如，当问及有关教师培训活动的问题时，某位访谈对象回答道："我在 2007 年时，曾前后两次参加了县里的骨干教师培训，培训效果很好，让我对新课程改革有了新的认识。"那么这个信息，既可以编入"新课程改革"子主题下，也可以编入"教师队伍建设"子主题之下。

专栏 6 - 7

资料编码页

将资料信息编入相对应的七个子主题下。

一、布局调整政策

二、两免一补政策

I3：学生补助一般都是打到学生的饭卡里，如果有的学生比较节俭，期末的时候有剩余，那么要通知家长来领，而学校也会统一购买寄宿生的生活用品，其他的就不知道了。

I3：学生来学校，只需要自己带一点儿米，而且因为有补助费，吃饭也不成问题，不用自己交钱，可能比在家吃得还好。学校给学校往饭卡里充20元，这20元可以维持9餐，但是学校不负责早餐，学生自己带点钱吃早餐，不过学生还需自愿交20元的人身保险费。

三、寄宿制政策

I3：寄宿制学校如果可以采用全封闭式管理会好一些，因为除了上课时间之外，学生自由活动的时间也很多，而老师不可能时时刻刻都去管你，因为老师也需要休息，所以学生就可能闲散下来。我们学校有一个中英合作项目，给寄宿学生带来了很多好处，例如，宿舍的床铺由木板变成了铁床，而且还配有棉被。

四、师资队伍建设政策

I3：曾经体育课在中考中只占20分，现在加到50分了。我们（体育老师）一般不参加教师评比，所以老师们的职称很难有上升的机会，所以有的体育老师就兼其他科目的教学。现在，如果体育老师的学生可以获奖，那么老师还有评职称的机会。

I3：我在2004年的时候，参加了"义教工程"新课改培训，我认为这个培训对于自己的教学活动很有帮助，对新课改有了新的认识，学生们也很喜欢现在的体育课。

五、新课程改革政策

I3：新课改后，对于我们体育老师来讲还是挺有好处的。以前的体育课都是按照刻板的教科书来进行体育教学，但是现在新课改之后，强调体育课要以学生为中心，以兴趣为中心。所以现在他们的体育课很灵活，如果学生不爱打排球，就可以去打篮球。总而言之，能起到锻炼身体的作用就可以了。

六、民族民间文化进校园政策

I3：教育局针对我们本地的情况，开发了一系列的民族民间文化乡土教材，并规定各中小学要开设相应的课程，招聘民间艺人教授民族民间文化，让民族民间文化进入课堂之中。

七、双语教育

I3：因为我是体育老师，所以在双语教学这一块，还是比较有优势的。我们民族有一种传统的体育活动，叫作高脚竞速，无论是在我们学校和本地，这个项目都是运动会的项目。有时候上课，有的学生十分害羞，他能听得懂汉语，但平时还是会说民族语，所以我上课的时候就会先用汉语将体育动作讲一遍，最后还会用民族语将关键的动作要领讲一遍。很多初一的小孩子，他们刚来到学校，不适应汉语教学，特别需要用民族语进行过渡。

由此可见，通过对在田野中获得的全部访谈转录、田野日志以及观察笔记的整理，我们可以收获一份相当丰富的"资料编码页"。对于研究者来讲，也许每一个子主题都可以独立成章，即针对每一个子主题都可以完成一份报告或者调查论文。也可以将若干个子主题放在一起来分析研究，完成一份涉及多个子主题的报告或调查论文。

专栏 6 - 8

对资料进行编码，并提取概念，获得范畴[①]

步骤1：初始编码。从受访者的回应，进展到这些回应的核心想法。

步骤2：重新审视初始编码。

步骤3：发展出一份关于范畴或是核心想法的初始清单。

步骤4：重新审视你的范畴与次要范畴。

步骤5：由范畴进展到概念（主题）。

---

① Lichtman M. 教育质性研究实用指南 [M]. 江吟梓，苏文贤，译. 台北：学富文化事业有限公司，2010：321.

（四） 信度与效度的问题

传统的社会科学家们一直强调信度和效度问题，它们与分析议题紧密相关。所谓信度，是指对研究进行评估与测量的一致性。如果一项研究具备很高的信度，那么当其他研究者对同一议题进行研究的时候，应当得出近似的研究结果。效度更关注研究结果的可靠性或准确性。如果一项研究具备很高的效度，那么就意味着研究结果和结论是准确或可靠的。同样，传统的社会科学模式强调研究的客观性，这与人们眼中的质性研究或自然主义调查研究有区别，一些社会科学家认为质性研究的优势就在于它可以包含一系列主观性讨论，以及研究者在研究过程中具有的积极角色。

林肯和库巴总结了传统社会科学的基本定位："用于测量传统和科学范式的精确性的标准，尽人皆知。这些标准致力于探索研究或评估的真实价值（内部效度）、适用性（外部效度，又称作普适性）、研究结果的一致性（可靠性或复现性），以及中立性（客观性）。"[1] 而这里存在一个问题，关于信度和效度的概念（同样包括客观性的概念）最初是从社会科学（主要是实证主义自然科学）的特定模式中演变来的，但它们并不一定完全适用于质性研究。例如，在科学（包括社会科学）的传统模式中，现实的知识和理论要比假设检验和问题解读更胜一筹。对于任何一项实验或研究来讲，其可重复性至关重要，只有这样才能使研究结果和问题解读得到不断检测和发展。如果一项研究的方法和结果可以被不断地复制和刻录，那么可以断定这个研究具有很高的可靠性，也就是高信度。换句话讲，这个研究是个相当不错的研究，应当受到重视。然而，有关质性研究如何获取一定的信度和效度问题，一直让人们困惑，这主要源于以下两点。

首先，质性研究者们通过与研究对象的积极互动，进入研究领域。从传统科学的视角看来，质性研究者们应当是"轻视"研究地点和研究设计的。但是质性研究者们，特别是那些认可民族志传统的丰富性以及参与式

---

① Lincoln Y S, Guba E G. But is it rigorous? Trustworthiness and authenticity in naturalistic evaluation [J]. New Directions for Program Evaluation, 1986 (30).

观察角色重要性的人，将"融入"（engagement）视为获取研究对象观点的重要一步。因此，与研究对象的积极互动以及对研究背景的主动深入了解并不是缺点或不足，相反，正是精准的实地资料收集的优点之一。

其次，质性研究者，特别是那些在教育领域中工作的研究者们，通常会将参与式行动策略融入到研究项目之中。他们希望通过合作式的研究为对方带来积极改变。研究者积极促动研究对象参与资料收集和资料分析的过程，并致力于推动和实施解决现实世界中的问题行动方案。如果这项研究成功了，那么研究对象将会从一系列改变中获益。同时，这也意味着传统社会科学的理想，即研究可重复性，不大可能实现了。因为在行动研究之后，研究对象在某些基本方面已经不复原貌了。

举个具体的案例，假设在新疆的某所高中，少数民族学生的辍学情况很严重。一批大学里的研究者来到这里，与该校的教师和行政管理人员共同完成一项合作项目。该研究的目的是对导致少数民族学生高辍学率的因素进行分析，并致力于控制学校辍学率，提高学校的毕业率。如果这项行动研究成功，那么学校会因为这些干预项目而得到改观，且学校的高辍学率也有希望得到遏制。而如果有其他的研究者们也想要在这所学校重做一遍该研究，如果该校本身已经发生了结构式的改变，那所得到的结果未必与之前一致。由此，传统的科学家们可能会得出这样的结论，之前的行动研究项目质量不高，但事实是这个项目已经成功地达成了它的预期目标。这也是为什么信度和效度这两个词很少出现在质性研究中，研究者们通常会采用其他标准来评估自然主义调查研究的质量问题。

通常，研究者们会采用可信度（trustworthiness）和真实性（authenticity）两个术语来评估质性研究的质量问题（图 6-2 列举了与评估质性研究有关的关键议题）。这两个术语关乎质性研究的合理性和宏观准确性。例如，研究者可能会在质性研究中被问及一些问题：研究中的描述与一系列研究主题是否准确、可信？研究结果是否可靠？研究结论是否合理？为了对研究的可信度和真实性予以评估，质性研究者们通常会邀请研究对象对得到的观察结果、初步的研究发现以及最终的研究结论进行评估。林肯和库巴将这个过程描述为"成员检验"（member checks），这个过程是一个连续性的、非正规的信息检验过程，通过信息反馈，调查者重塑或完善其听到或者发现的资料信息。

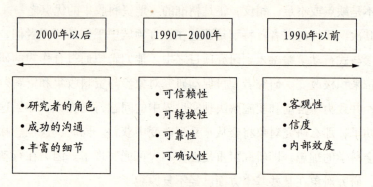

图6-2　与评估质性研究有关的关键议题①

同样，他们也提到了其他强化研究可信度和真实性的策略，例如，延长时限、持续观察、同辈检验（这种方法是指邀请该问题领域内的专家共同探讨观察结果和初步的研究发现）、三角检验（使用的信息来自于多重源头，参与研究的调查者来自于多个方面）、深度素描（这也可以由专家，甚至是研究对象来评估）等。

第三节　质性研究的写作

尽管许多质性研究者都意识到了研究的主观性特征（例如，无论客观世界如何，田野日志还是要通过研究者之手书写出来，只要有主观个体经手过，研究便会或多或少带上主观性特征），但是如何准确无误地描绘和展示在田野中的所观所感仍有一定的困难。在这里，伯格丹和拜克伦提供了帮助："研究者不必苛求那些收集到的资料是否'包含真理'，或者是否是认知经验世界的唯一路径，他们只需要强调，其描述或写作是精准无

---

① Lichtman M. 教育质性研究实用指南［M］. 江吟梓，苏文贤，译. 台北：学富文化事业有限公司，2010：363.

190

误的就可以了。换句话说，研究者所述与事件的真实情况之间必须保持一致。"①

此外，研究者应当根据收集到的资料信息来完成写作，这不能只靠研究者自卖自夸地说"我的写作绝对真实"，空口无凭，而要根据资料来看，这些写作的内容的确是可信的、合理的（但是，研究者对资料具有描述权和叙述权。换句话讲，在基于事实资料、尊重事实情况的基础上，研究者可以在文字和叙述上下功夫，无论是雕琢用词、激情飞扬还是文风朴实、平铺直叙，都是写作者可以自己掌控和选择的），"从这一点上讲，研究者将自己视为经验主义的研究者"②。当然，在自然主义的调查研究基础上获得的研究发现，在进行丰富描绘、深度解读和写作过程中，还面临着很多的挑战。

伯格丹和拜克伦提出质性研究者在开始写作之前，要先明确以下几点关键内容。

第一，研究者需明晰其论文内容的基本特征和格调。当然，用来构建框架的研究结论以及理论视角，都可以帮助塑造所著论文的基本特征和格调。

第二，质性研究者们需要对其在论文叙述过程中的角色进行定位。质性研究有别于传统的社会科学研究，因为研究者和研究背景与研究对象是"亲密接触"的。那么，摆在质性研究者面前的难题就是：在著述过程中，研究者应当将这些主观印象发挥到什么程度？其实，这个问题没有对错之解。关键在于，质性研究者们要对主观性议题敏感，要在写作中随机应变，见机行事（在认为合适的时候写出来就可以了）。

第三，研究者要明确论文是面向哪些读者群的。是政策制定者，还是同行的研究学者，或者是实践工作者，抑或是普通大众，针对不同读者群的论文写作是非常不同的。

---

① Bogdan R C, Biklen S K. Qualitative research for education: An introduction to theories and methods [M]. 3th ed. Boston: Allyn and Bacon Publishing Company, 1998: 24.

② Bogdan R C, Biklen S K. Qualitative research for education: An introduction to theories and methods [M]. 3th ed. Boston: Allyn and Bacon Publishing Company, 1998: 24.

第四，明确运用何种策略来呈现论据和研究发现。例如，研究者可以用多大的篇幅来描绘研究对象及其详细行为？一些学术杂志对文章限定了严格的字数要求，这将不利于质性研究者进行丰富的质性描述。但是，如果研究者选择将研究写成一本书的话，那么就可以留出大量篇幅进行丰富的民族志描写。

最后，一些具体的事项，诸如在文章的引言、主体和结论等不同部分应采用哪种叙述手法，也要予以考虑。例如，研究者在呈现基本的研究发现时，可以在多大程度上发挥写作的创新性？如果文章要投给某个非常传统的社会科学杂志，这种飞扬的文采可能会成为文章被认可的阻碍。但是，另外一些杂志或出版商可能会鼓励创新性的描述与分析，通过出版宣传这些充满趣味性的研究成果，也许可以成功地吸引更多的阅读对象。总体来讲，质性研究者们还是倾向于在写作中包含更多的创新性形式，作为其构建自然主义研究基础上文本写作的一部分。从某种程度上讲，这也是格尔兹所提到的"厚实描述"的归宿所在。此外，资料收集的核心任务，就是搜罗各种各样的故事以及叙述性材料，因此，研究者如果可以在一定程度上有效地捕捉细节以及研究对象所描绘的故事的丰富性时，质性写作就是成功的了。当然，如果还能原汁原味地传达研究对象真实地描绘其生活和经验的言语就更妙了。

因此在进行写作时，研究者可能会大量地使用研究对象所说的言语。确实，严格的质性写作要求真实地呈现研究对象的声音。在这里，斯普莱德利为开展质性写作和民族志写作的研究者提供了一些建议："学着去写作民族志文章的最好方法，就是借鉴其他的民族志文章。选择一些感兴趣的、讲述其他文化的作品。试图找出那些使生动的文化跃然纸上，仿佛亲身所见生活的那些生活在这些文化中的人们及其生活方式的民族志作品。当阅读完这些非常不错的作品后，就会发现自己的创作过程也会因持续不断的努力而前进着。"①

---

① Spradley J P. The ethnographic interview [M]. Fort Worth：Holt, Rinehart and Winston, 1979：60.

　　关于质性写作所要谈到的最后一点，就是研究者同研究对象密不可分的现实，这是因为自然主义的调查研究本身就具有"亲密性接触"特征（即研究者与研究对象紧密相连、亲密接触）。这对质性写作者构成了一项特殊的挑战，本应是客观的背景描绘，却在研究者不知不觉的情况下融入到主观的经验和反思中。罗兹在探讨"如何将自己纳入到质性研究和叙述之中"时谈到了这一问题，同时还谈到了研究者开诚布公的思考，如何将个人生活同职业工作（包括为研究所做的决策）彼此交融的潜在可能性。[①]

　　罗兹认为将自我叙述的元素加入到质性研究之中，会为研究带来更多层面的意义，将读者"拉入"到与所阅读文章深层交互的层面。最终，以某种方式传递我们的观察发现和研究结论，从而诱使读者对某一个或某些特定的现象进行深度思考，这将是写作过程的中心目标。为了使教育研究成果更具阅读性，并最终发挥实际功用，我们应通过多种途径积极地提高写作质量，例如使文章通俗易懂，揭示研究的复杂性以及发掘与我们日常生活的交叉点等。专栏6-9是有关质性写作的一些建议。

专栏6-9

关于质性写作的小贴士

好文章不是写出来的，是改出来的

　　在决定着手开始论文写作时，不妨给自己这样的暗示："我现在所写的只是最终论文的一个初稿"或者"我先试着写论文中我最擅长的某个章节"。用这样的方式，鼓励自己迈出写作的第一步，将脑海中的想法付诸于纸上。俗话说，好文章不是写出来的，而是改出来的，在论文写作的过程中，可以不断地进行修改或重写。

---

　　① Rhoads R A. Traversing the great divide：Writing the self into qualitative research and narrative [J]. Studies in Symbolic Interaction：A Research Annual，2003（20）.

控制字数

第一手的初稿，往往面临着内容过多的困扰。要不然就是字数过多，要不然就是文章中许多内容是读者不感兴趣的，进而使读者产生这样的误解——作者抓不住重点，堆砌了很多内容却没有特别吸引人的亮点。因而，研究者在写作前，就应做到心中有数，把握好论文的篇幅，确定文章的核心观点与重点部分。在修改初稿时，对于某些繁复的措辞，可以用更为简单明了的话语代替，从而使文章更为清晰流畅。

解答读者的疑惑

在质性研究写作中，研究者们通过挖掘资料来呈现自己的观点、分析，并就某一问题开展解读。某些读者可能是非常挑剔的，他们会提出这样的质疑，例如，"对于这些发现有没有其他可能的解释？"或"你是这样陈述事实的，有没有其他可能的表述方法？""是不是所有的研究对象都持有相同的观点？"

对于研究者来讲，要尽最大的可能在论文中回答读者的这些问题，这一点非常重要。除了陈述自己的观点外，尽可能地列举其他的观点或解读，并为自己的选择做解释，说明这么解读资料的优势所在。你可以将自己想象成一个最挑剔的读者，设想可能存在的问题，并一一解答这些问题。

开放直接的写作风格

不要为读者呈现过多繁复的细节信息或资料。研究者在写作中通常会忽略一点，那就是他们对材料与信息的熟悉程度要远远大于读者。因而，一篇高质量的质性论文，永远是从读者的角度出发来完成写作，而非研究者的角度。因而，应以简单、直接的方式开宗明义，逐步带领读者进入更为复杂和深刻的细节信息之中。此外，可以采用脚注或尾注的形式来帮助读者理解你的论文信息。

明确写作的视角和立场

质性研究论文通常会对研究对象的观点、视角以及思维方式进行描述，而不同研究的研究对象各有不同，如学生、教师以及行政管理人员等。不同的研究对象因其身份与立场的不同，有时会对同一事物产生不同的观点和看法。作为一名研究者以及写作者，也持有自己的观点与看法。那么，在写作过程中，一定要明确从谁的视角开展写作——是作者本人的视角还是研究对象的视角——如果是从研究对象的视角开展写作，同样需要标明是哪个群体的研究对象的视角，同时需要基于已有的研究观察，分析这一群体的研究对象观点背后的动因。

其他的建议

● 尽量从积极的视角开展写作，避免消极的态度。

● 学会使用字典或其他重要的量表工具。

● 加入一个写作团队，或结交一位写作搭档；他们可以对你的文章做出正确反馈。

● 参考其他优秀的质性研究文本。

许多研究者都认为，写作有助于他们的思考。但是，这并不是促成写作的全部原因。大部分人写作的目的，是为了形成一个完整的成果，一个可以同其他人共享的研究发现。许多质性研究新手的第一篇论文，是交给他们自己导师的课程作业。但是，不要止步不前，要学会为自己寻找更宽广的读者群，例如将自己的论文发给报刊杂志，与更多的人分享成果。

【章节回顾】

1. 资料管理的宗旨与目标是资料的合理使用。这里的合理既是指资料管理得井井有条、层次分明，也指可以为资料的分析工作提供方便与帮助，使得研究者对所收集到的所有资料做到心中有数，想要使用资料时信手拈来。只有做到这样，资料的管理才算得上是成功的，也只有这样，资料管理才实现了它的价值。如此，无论采用何种方式进行资料的编码与检索，无论借助何种资料存储媒介都是研究者的自我创新了。

2. 在田野之中开展资料分析与离开田野之后的资料分析，并不是彼此孤立、互不相干的两个过程。本章之所以将其分开来讲，是因为这两个阶段的资料分析各有特点。质性研究者在实践中，切忌将两者刻意分开，应根据实际情况，借鉴反思，融会贯通。

3. 无论是田野日志、观察者感悟还是备忘录，它们一致的特点在于，注重研究者对所观所闻所见的思考与感悟。虽然对于某些质性研究来讲，翔实细致地对现实情况进行描绘与记录是非常必要的，但是质性研究更强调研究者思想火花的迸发。此外，及时的记录也是质性田野调查的重要原则。及时记录下你的灵感对于后期完成论文成果将大有帮助。

4. 所谓视觉工具，是指图表、表格等直观简明的分析工具辅助资料分析过程。同时，这样的视觉工具，也可以应用到论文写作之中，从而帮助读者理解本项研究的逻辑框架。

5. 任何资料分析方法，都是仁者见仁、智者见智。实践出真知，只有研究者亲身经历过资料分析的每一个阶段，亲自处理过收集到的每一份资料，才能真正理解质性资料分析的真谛与价值。从而，在本章所介绍的所有知识的基础上，发展出最适合自我风格的质性资料分析方法。

6. 资料编码分析法是一套系统有效的质性资料分析方法。它建立在对所收集到的质性资料的整合管理之上，通过科学分析，对质性资料进行分类并罗列在不同的子主题之下。这些资料即包括访谈转录，也包括田野日志、文档资料以及在田野中收集到的其他与研究相关的质性资料。此外，同一信息条可以归入多个子主题之下，每个子主题既可独立成文，也可与其他子主题一起完成调查报告或论文。

7. 质性研究者通常会使用"可信度"和"真实性"这两个术语来评估质性研究的质量问题。强化研究可信度和真实性的策略，有延长时限、持续观察、同辈检验、三角检验法、深度素描等。

8. 一篇优质的质性研究论文，不是一蹴而就的，往往是反复修改、斟酌润色后的成果。刚刚开始进行论文写作的新手，要谨记好的论文不是写出来的，而是改出来的。而修改论文，也是一门技巧，既要参考若干文

献，也要参考多方意见，还要不忘本篇论文的初衷与特色，有所舍弃，有
所保留。

【学习提升】

选择一项你曾参与过，或自行完成的研究课题，完成以下工作。

1. 对课题资料重新进行管理与存储，并将资料编码，以供检索。

2. 运用资料编码分析法，对一项研究课题所收集到的质性资料进行
编码整理。

3. 结合资料编码页中不同的子课题内容资料，完成一篇论文。

【章节逻辑图】

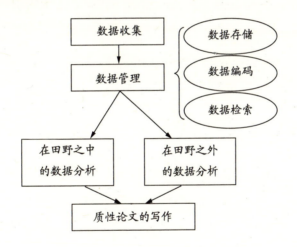

第三部分
田野调查实践与写作实例

此部分具体结合书中前面章节的内容，将民族教育质性研究方法的理论和策略与实际田野调查相结合，探讨质性研究的实际应用和写作实例。

第七章　民族志研究方法论：从理论到田野实践、范例演示

【章节导读】

本章的主要目标是向读者介绍教育领域中民族志研究的方法以及工作程序。首先，这一章会对诸多的民族志方法理论传统以及民族志的概念进行简要介绍，从而为讨论如何应用方法以及如何开展田野工作建立头绪；其次，介绍具体的田野实践和工作程序；最后，通过呈现与少数民族教育相关的民族志研究范例，为民族志研究者提供方式方法。

【学习目标】

1. 了解民族志方法理论传统。

2. 了解民族志理论传统面临的来自于自然科学、后现代主义的批判。

3. 理解民族志的概念。

4. 掌握具体的田野实践和工作程序。

5. 通过了解有关少数民族教育的民族志研究范例，逐渐熟悉民族志研究的方式方法。

【关键词】
民族志；理论传统；自然科学；后现代主义；田野实践；研究范例

本章通过两个不同的案例，详细介绍了民族志的理论和实践方法，系统阐述了如何准备、构建、写作和描述民族志知识。民族志研究方法基于这样一个视角，即日常生活中的小事件与大社会具有相同的特征，小规模事件在更广大的范围上为理解这个世界如何运转提供了批判性的调味剂和

对这个调味剂的反思。在这里，民族志知识提供了一种理解，并对学校、教学和学习过程等进行了思辨性的批判。

第一节　民族志方法理论传统及批判

随着时代发展，民族志研究方法在包括教育学在内的社会研究领域得到广泛的应用。简要地讲，民族志研究是指对某一特定文化或子文化进行扩展性分析或集中研究。关于现场实践的民族志是指民族志工作者通过参与当地人的日常生活、聆听其所言所感、参阅文献并提出问题的方法，其目的是解决民族志研究中的核心问题。民族志研究的基本逻辑结构在于，研究者在确定了所要研究的问题或现象后，不带任何假设进入到现场或研究对象的生活情境中，通过参与观察等研究方法收集各种定性资料，在对资料进行初步的分析和归纳后，又开始进一步的观察和归纳。通过多次循环，逐步达到对现象和过程的理论概括和解释。[①]

广义上讲，民族志可以被定义为"文化素描"，其具备以下几方面特征：

- 对人们的日常生活实践以及社会交往进行研究。
- 通过多种技术方法来收集或构建资料，例如观察、访谈等。
- 对文献进行整理和分析。
- 资料收集的灵活性和开放性，不拘泥于已有的分类。
- 研究目标指向单独的局域，范围较小。
- 对资料的分析过程也是对研究对象的社会关系及其生活意义复杂性的探究过程。
- 要求研究者具备对文化的敏感性，能够参与其中并有所反思。

民族志研究与其他的研究传统一样，也遭受了来自多方面的批判，主

[①] 风笑天. 社会学研究方法 [M]. 北京：中国人民大学出版社，2005：248.

要体现在以下几个方面。

一、来自自然科学的批判

来自自然科学的批判者认为，社会科学所研究和处理问题的方法应当同自然科学一致，以此才能判定社会科学也具有"科学性"。例如，他们主张应当对社会问题以及人类的行为进行因果解读，开展面向整个社会系统的研究，而不是在单独局域内开展小范围研究。因此，自然科学家们否认那些没有按照预先设定的条目和方法开展的研究，并坚持认为研究人员应当保持客观性，不与现场实践相联系。针对以上论断，民族志研究者提出了以下两点说明作为回应。

第一，一些民族志研究者提出，为了使民族志研究能够成为"科学的学科"，研究应当是系统的，从而可以对社会生活进行准确地描述。在这里，民族志资料可以在先期的试点研究阶段使用，也就是说研究者可以通过收集与当地人和研究背景相关的各类资料来开展研究，此类研究可以作为进行更大规模的社会学研究的开端。

第二，其他的民族志研究者认为，民族志研究方法同样可以达到客观精准的效果，因果解读的特性要求民族志研究重视对人类行为的"意义赋予"。这种"意义赋予"既不是由外界的社会因素所决定，也不是简单地拒绝主观性和开放性可以达成的。民族志研究强调以文化敏感性视角切入现场研究，这也是人文科学在进行人类日常生活与社会现状研究时的显著优势。

二、来自后现代主义的批判

这一批判基于所谓的"表述危机"理念。该理念认为，民族志研究者所声称的可以对现实社会进行精准的评论和表述是不可靠的，并对这一观点进行了批判。正如之前提到的，后现代主义者认为民族志研究只能捕捉到现实的一种版本，这一版本是研究者根据一系列理论指导、文化传统和个人选择建构起来的。后现代主义者们质疑所有"研究方法"反映现实的能力，无论是质性研究法还是量化研究法。首先，后现代主义者认为现实没有一成不变的，所以任何一种方法都无法准确、充分地捕捉或反映现实；其次，由于研究方法本身就是文化和个人经验的建构产品，因而任何研究都只可能为我们提供一种关于世界的建构式的面貌，而不是真实的面貌。

对于后现代主义的种种批判，不同的民族志研究者展开了不同方式的反驳。一些人采纳了实证主义或人文主义的研究立场，另外一些人则将后现代主义的批判作为民族志研究的一种借鉴或条件。与此同时，民族志研究者为加强民族志研究的说服力，还致力于寻找有效的方法来更真实地展现社会状态。民族志研究采用了"以我之视角叙写他人之事"的方式，认为所谓"现实"只可能是研究者基于其理论概念、文化传统和个人选择建构起来的唯一版本。民族志研究者的角色不同于量化研究者，通常我们将民族志研究者比喻成使用方法论工具的工匠——用这一比喻来阐释研究者的角色与任务——通过选择合理的理论和技术，尽量还原社会的本来面目。接下来，我们将介绍在计划和实施民族志研究中所采用的不同方法与步骤。

第二节　如何开展现场工作：研究过程与方法

一、进入现场：设计和准备

设计这一过程可以用多种不同的方法定义。在本章中，需要区分以下不同的阶段：调研、计划、工作权限、数据采集、分析、总结。

（一）调研

这是一个预备阶段，在这一过程中，研究意义及目的需要被明确。例如，这个研究计划的核心问题是什么，这个研究是关于什么的，怎么研究主题，应该使用什么样的相关理论，研究主题如何彼此相关，如何开展研究，有哪些相关理论和研究结果可以加以借鉴，等等。

"万事开头难"，确定一个好的研究问题非常关键。著名科学家爱因斯坦曾经说过："提出一个问题往往比解决一个问题更重要，因为解决一个问题也许仅是一个数学上或实验上的技能而已。而提出新的问题、新的可能性，从新的角度去看旧的问题，都需要有创造性的想象力，而且标志着科学的真正进步。"① 诚然，"选好了问题也就解决了问题的一半"②，选择恰当的研究问题是一个具体的社会研究的良好开端。

《教育研究方法概论》一书中提到，确定问题的重要性并不亚于解决一个问题，因为它制约着整个研究工作的进行，并关系到整个研究的价值。③ 风笑天在《社会学研究方法》一书中提到，所谓"研究问题"指的是一项社会研究所要回答的具体问题，是一个可以通过研究来进行回答的问题，并认为影响研究者选题的关键因素有生活阅历、理论素养、观察角度、研究兴趣、所处社会环境及具备的客观条件等。选题被分解成两方面的任务：一是选取研究主题，即从现实社会中存在的大量现象、问题和领域中，根据研究者的兴趣、需要与动机确定一个研究主题，比如家庭关系、越轨行为等；二是形成研究问题，即进一步明确研究的范围，将最初比较含糊、笼统、宽泛的研究领域或研究现象具体化、精确化，将其转化为既有价值又有新意，同时还切实可行的研究问题。一般来说，我们首先选取一个研究主题，然后在这一主题领域中选择和形成一个研究问题。这一过程既是一种包含着从一般到特殊的"过滤"过程，也是一种从模糊到清晰的"聚焦"过程。④

美国政治学者贝蒂·H. 齐斯克（Betty H. Zisk）曾说："依靠丰富的想象创立并发展一个可行的研究问题是研究工作中最为困难的一部分。"⑤

---

① 爱因斯坦. 物理学的进化［M］. 上海：上海科学技术出版社，1962：66.
② 风笑天. 社会学研究方法［M］. 北京：中国人民大学出版社，2005：45.
③ 钟海青. 教育研究方法概论［M］. 桂林：广西师范大学出版社，2011：41.
④ 风笑天. 社会学研究方法［M］. 北京：中国人民大学出版社，2005：14.
⑤ 贝蒂·H. 齐斯克. 政治学研究方法举隅［M］. 北京：中国社会科学出版社，1985：34.

诚然，要从纷繁复杂的社会问题中选择一个富有研究价值的问题，并不是一件容易的事情，研究者可以从现实社会生活、个人经历、各种文献中找到研究问题的灵感，并能够依据重要性、创造性、可行性和合适性等标准去判定一个研究问题的学术价值及现实意义。这其中还牵涉"研究问题的明确化"，即通过对研究问题进行某种界定，给予明确的陈述，以达到将头脑中最初比较含糊的想法变成清楚明确的研究问题；将最初比较笼统、比较宽泛的研究范围或领域变成特定领域中的特定现象或特定问题的目的。通过缩小问题的内容范围，然后清楚明确地陈述研究问题，就可以确定一个有价值、有新意、切实可行、自己也很感兴趣的研究问题。同时，这一研究问题又经过了明确的界定和清楚的表述，那么这项研究的质量和水平，以及整个社会研究过程的顺利进行，从一开始就有了基本的保证。[①]

（二）计划

在这一过程中，从学术安排到实践活动，需要精确地计划研究项目。项目开始前需要参阅什么样的文献、需要发展什么样的理论、需要规划什么样的活动、如何安排时间等，这些问题都需要在这一阶段得到合理详细的计划。

文献回顾，也称文献考察或文献评论，指的是对到目前为止的、与某一研究问题相关的各种文献进行系统查阅和分析，以了解该领域研究状况的过程。或者说，就是一个系统地识别、寻找、考察和总结那些与研究有关的文献的过程。[②] 文献可以包括图书、报刊、会议文献、学位论文、科技论文、科技报告、专利文献以及各种音像视频资料、微缩胶片等。[③] 查阅文献是进行科学研究的重要前提，也是重要手段。图 7 - 1 是查阅文献的流程图，可以为民族志研究者提供具有参考价值的思路。

---

① 风笑天. 社会学研究方法 ［M］. 北京：中国人民大学出版社，2005：56 - 59.
② 风笑天. 社会学研究方法 ［M］. 北京：中国人民大学出版社，2005：59 - 60.
③ 钟海青. 教育研究方法概论 ［M］. 桂林：广西师范大学出版社，2011：44.

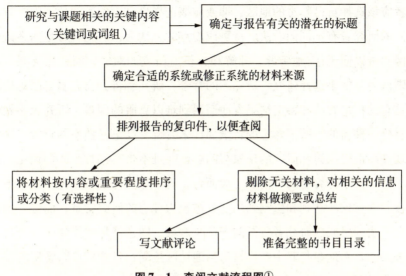

图7-1 查阅文献流程图①

在查阅文献时，还有一些实用的小技巧，如对某些重要内容画上记号，并随手做一些简要的评论，这样做将有助于文献回顾后期的整理和总结工作。如果有时间，还可适当做些摘录，摘录的原文要注明出处、页码；摘录的方法可以用专门的卡片或是专门的笔记本。② 当阅读完成百上千的文献时，如果没有对重要内容做好显著标记和注解，那势必会迷失在浩瀚的书海里，因此文献标记是十分必要的。

（三）工作权限

探讨现场采集数据的工作人员间的相互关系及社会背景是一个十分重要的话题。如果研究人员与当地权威人士或政府部门有很好的联系，那么这可能会影响被采访者谈及敏感话题。研究人员必须认真考虑如何建立与不同研究小组间的关系以及当这种关系发生利益冲突时的补救措施，这一点是非常重要的。

在研究背景的选择方面，有一个与研究者熟悉程度有关的问题，即研

---

① 施铁如. 学校教育研究 [M]. 广州：广东高等教育出版社，1998.
② 风笑天. 社会学研究方法. [M]. 北京：中国人民大学出版社，2005：62 - 63.

究者应该选择自己熟悉的地区，抑或应该选择自己不熟悉的地区呢？对此不同的研究者有不同的看法。持赞成观点的人认为，研究者若是熟悉研究地区，可以便于他/她接近、理解和分析所研究的对象；而持相反观点的人则认为，如果选择研究者所熟悉的背景，研究者将会在克服自己对现实所具有的特定看法和特定情感方面遭遇到难以克服的困难。研究者要做到像看待一种新的、所不熟悉的背景那样来看待自己早已熟悉的背景，从中发现许多值得探讨和研究的现象与问题，并且不带有某种个人的偏见，这并不是一件十分容易的事情。一般而言，对于非参与观察来说，那些不容易被调查对象注意到和感觉到的地方被视为理想的研究背景；而倡导质性研究方法的民族志研究者更倾向于参与观察，即选择那些能使研究者自然地进入、自然地参与其中，容易为当地社区接受，且能较快熟悉所观察社区的背景。①

（四） 数据采集

这一过程是指数据，尤其是观察和采访数据被采集的过程。虽然研究者会提前准备充足的研究计划及器械，但是仍然需要考虑到某些意外的突发状况。比如，准备不同的实验或采访计划，在实际数据采集过程中哪些环节可能需要修改，有哪些新的发现或条件需要被反复考虑。

（五） 分析

当数据采集工作完成后，便可以开展数据分析工作。分析过程就是利用实际数据去发现新的理论以及解决项目核心问题的过程。一些民族志学者认为分析过程和解释过程是具有本质性不同的。分析过程在于利用数据发现特定规律，这种规律既可以是已知的也可以是未知的，即"这些数据里包含什么"，分析过程专注于对未知规律的探索。而解释过程反映的是"什么样的现象及规律隐藏在这些数据中"，专注于对已知规律的验证。

---

① 风笑天. 社会学研究方法 ［M］. 北京：中国人民大学出版社，2005：253.

（六） 总结

按照文化模式、科学传统和个人喜好，民族志数据的撰写工作可以有许多不同的方法。有些人按照专题的顺序书写民族志的研究成果，而另一些人更喜欢按照叙事题材、"小故事"的模式书写。

接下来，将介绍在现场调查中使用的不同工作程序和方法，包括观察、访谈和分析。

二、观察

观察是民族志研究方法中比较经典的方法。观察对象为人们的日常生活、人们所创造的环境以及人们参与的社会关系。观察已经成为教育学研究广泛使用的数据收集方法。作为教学的主要场所，对学校及周边区域的观察活动可以提供孩子和老师在教学生活中的有效信息。这些信息对于理解社会和文化对教学影响的复杂性大有裨益。儿童在学业表现中面临哪些困难？儿童学习背后的条件有哪些？教师在特定的文化和社会环境中如何理解自身的角色和定位？这些问题都可以在对学校及周边的观察中找到合理的线索。同样，观察也能够提供学校教育、学生学习以及教学发生的情境知识。

在民族志研究中，观察经常被理解为参与观察。这意味着，参与研究者在一定程度上进入到了他/她观察的场域。然而有一点应当注意，要合理地把握参与程度，因为过度或全面参与可能会阻碍研究者建立和保持一个合理的分析距离。

下面我们将介绍课堂实践中所使用的不同的观测方法和策略。

（一） 观察方法

1. 座位安排

通常，教室里的座位安排提供了学生社会地位及教师评估学生方式的信息。谁坐在哪里？哪个位置具有特殊意义？这些问题都应当被观察记录。根据学业表现、性别、年级和民族成分设置的座次表对于窥探课堂里的生活、理解不同的学生在教学和学习过程中所处的"位置"非常有帮助。

2. 师生互动和时间

要了解学生以及教室里生活的信息，另一种方法便是对师生互动以及学生之间互动的研究。发生在教室里的互动模式如何？谁对谁说话？说什么内容？教师在教室中指导学生多长时间？互动如何展开？根据性别和民族吗？这些观察结果都可以记录在座次表上（座次表是作为观察座位安排的工具）。

（二）观察策略

1. 观察一切

这一策略通常在现场调查开始阶段使用，也就是当一个研究者对环境仍然陌生时使用。当然，逐字去记录一切事物是不可能的。虽然如此，这一策略仍要求尽可能多地记录，比如场景（建筑物、教室等）看上去如何？参与其中的人员——教师和学生的外貌？发生了什么事情——计划中和计划外的事情等。当研究者对"一切"都观察完之后，要仔细检查记录，重点着眼于不同的个体、活动和可能看上去重要的事件。专栏 7 - 1 是研究组做的一个学校观察表。

专栏 7 - 1

学校观察表

1. 您校距学生家庭最远的距离大约有_____里。

有无交通车？（1）有_____ （2）无_____

2. 您校大约有留守儿童_____人，占学生总数的_____%。

3. 学校有无寄宿学生？（1）有_____ （2）无_____

共有寄宿学生多少_____人；其中男生_____人，女生_____人。

学生宿舍总面积为_____平方米。

您校有无专职的生活教师？（1）有_____　（2）无_____。

4. 您校供水情况：

（1）学校内部有自来水；（2）学校外部有自来水；（3）水窖；
（4）其他。

5. 学生在学校有无午餐？（1）有_____　（2）无_____

学生自备还是学校提供：_____。

6. 您校是否有医务室？　（1）有_____　（2）无_____

7. 学校是否有实验室？　（1）有_____　（2）无_____

8. 学校是否有机房？　　（1）有_____　（2）无_____

9. 您校占地面积_____平方米，其中行政办公用房面积_____平方米。

10. 校舍建筑面积_____平方米，校舍窗户有无玻璃_____。

11. 教室面积_____平方米，有_____个教室。

12. 校舍面积中：危房面积_____平方米。

13. 您校有无操场_____，操场占地_____平方米，距离教室_____米。

2. 理所当然的态度

在观察之初，研究者需要用理所当然的态度来指导现场研究的开展——认识当地的人们，记录他们的行为和事情——无论是研究者认为理所当然的，还是微不足道的小事。推荐这个策略是为了能够使研究者自身在田野中所经历的事情内在化，成为自身的东西。理所当然的态度让研究者对现场中的人和事不带有审判性、不受情绪或道德说教的影响，而是承认和接受所观察到的事实，这一点非常关键。

3. 异常情况

在现场工作中处理异常情况是一个很重要的挑战。这不能被理解为人们在现场中做错事情，或者没有遵循规则。异常或中断意味着在调查过程中遇到来自现场的冲突和矛盾，从而导致观察受到严重影响甚至终止的情况。在教育学研究中，我们如何描述意外的冲突和矛盾，以及当人们表现出与实际意图相反的行为时，如何处理并记录，这些问题都需要研究者做仔细的考量。同样，有时也可以从异常情况中窥测到教育学研究中所存在的矛盾或悖论的答案。

三、访谈

访谈在所有的质性研究（包括民族志研究）中都是一种主要的调查手段，也是研究者从被研究者（受访者）那里获得已选话题和关键事件的信息来源。访谈在许多方面是具有挑战性和高要求的行动——既包括访谈者也涉及经常需要对关键的和敏感的话题做出评论和回答的被访谈者。访谈有正式和非正式之分，对于一个已经进入现场的民族志研究者来说，与当地人非正式地交谈内容可以转化为与研究相关的话题，进而用作数据资料，最终会引出更多的正式访谈。

尽管区分访谈的类型以及访谈和交谈的差异还十分困难，但笔者依然建议将访谈区分成结构式、半结构式和开放式访谈三种类型。

（一）结构式访谈

开展结构式访谈，需要研究者事先准备带有问题的访谈提纲。访谈的目的是获得与研究方向有关问题的确切答案。通常情况下，在大规模社会学研究中，结构式访谈以问卷的形式出现。

（二）半结构式访谈

半结构式访谈与结构式访谈在很多方面存在差异，访谈提纲包含更多的开放式问题而不是封闭式问题。在一些个案中，准备半结构式访谈仅仅需要一个研究者要了解的主题清单。使用这样一种开放形式的缘由是研究者要尽可能深入挖掘在访谈过程中可能出现的、未预料到的主题和事件。

因此，一个半结构式访谈的质量依赖于访谈者提好问题的能力，在友好的氛围下指导访谈的能力。在提问过程中需要注重以下几个关键点。

（1）告知被访谈者有关访谈的背景、内容和目的。

（2）对被访谈者表示友好和好奇。

（3）使用简短的问题，给被访谈者充足的回答时间。

（4）通过追问，深层挖掘被访谈者所给出的信息。

（5）"为什么""什么""如何"——根据研究的关键类别进行提问。

（6）寻找例子——被访谈者提到的事件。

（三）开放式访谈

开放式访谈不总是需要研究者事先准备，在议程中没有主题和事件。因此，开放式访谈完全依赖于访谈者和被访谈者之间的对话。

访谈（主要是结构式访谈和开放式访谈）经常和观察一起使用。例如，被访谈者经常被问及和观察相关的问题，这样可以从观察者和被访谈者两个角度来分析问题。因此，访谈和观察是民族志研究中相互交叉的两种方法。

数据收集法根据实证主义者、人类学家以及后现代学者对民族志位置的定义而有不同的形式。在实证主义传统中，数据被看作描述和展开社会事实的方式，因此研究者应根据事先确定的工具，准备好较为客观的观察技术和访谈方法。在人类学传统中，观察和访谈应是为了揭示处在研究场所中的人们如何感知他们的日常生活，其目的是为了更好地理解所研究的现实生活。而后现代学者认为数据是理解世界（在研究现场中揭露冲突、矛盾和困境）所需要的构图和多样的反馈方式。

四、组织数据

为了有效地收集数据，人们使用了不同的工具，例如，对课堂进行录音和录像。同时，这些技术在很多方面都能够简化数据收集过程。当然，也有一些学者认为录音和录像可能会使研究者疏远现场调查中的对象，使得当地人在研究过程中感到局促不安。暂且不论是否采用这样的方法，但研究日记或草稿无论如何对研究者来说都是最重要的方法。日记包括两种数据：一种数据是对未预料到的观察和谈话做记录；另一种数据是研究者对现场调查进度所做的来自个人视角和专业视角的反省——一些在现场调查中产生的令人惊讶的和已确定的观念。

除了研究日记，研究者需要在一张纸上或在现场日记中做出访谈时间表和观察时间表。

五、分析

分析是在研究问题和构成研究主题的理论基础上，在数据中确立一个具体的顺序。在分析过程中，不同的数据被分析使用，以达到阐释研究主题的目的。通过编码，收集和提取与具体的研究兴趣和目的相关的概念。很多不同的计算机程序也已经被开发出来，用来辅助编码过程。然而，这些程序只包括手工组织和数据管理。

我们需要区分归纳法和演绎法。归纳法建立在现场调查之上，也就是将不同的观念归纳总结成一个合理的定义或概念；而演绎法则相反，是一个先从上级（研究问题和理论分类）开始，再分析现场调查数据的逻辑过程。因此，归纳分析为了在数据中确立意义和整体意识，有时会偶尔偏离数据的原貌；而演绎方法总是基于已提出的研究问题和理论分类对数据进行分析，并依据不同的理论原则，分析才得以具体化，取得一定的效度。实证主义传统的分析将努力获得对社会现实的客观描述——强调因果解释；而在人类学的分析当中，民族志研究将对意义进行连贯的详细解释。这些意义将有助于研究者清晰地理解田野工作，而后现代主义的观点认为，一个民族志分析能够揭露中断、矛盾、冲突和多重意义。

六、注重伦理道德

民族志研究在很多方面不同于其他研究。考虑到在研究现场中与人们的亲密接触和直接交谈，任何民族志研究不得不将伦理观考虑在内——何时展开现场调查，何时将现场资料整理成文。在当地人私密的日常生活中开展访谈和观察极具敏感性。无论是从文化、社会、个人还是社会角度，民族志研究都应该小心开展，这不仅是尊重当地人的坦诚之心，也是为了保护他们的安全。因此，在民族志文本中，引用和摘录数据需要做匿名处理。

第三节　形成文本——民族志写作实例

下面是丹麦罗斯基勒大学乌拉·安布罗修斯·马德森教授的两篇关于青年、学校和身份建构方面的民族志个案，供读者参考。

一、丹麦化：学校教育和他者的建构

（一）丹麦人、部族文化和差异

这是 8 月阳光明媚的一天，学校内外飘扬的丹麦国旗、簇拥的鲜花、成片的海滩，还有民间高中课本上歌曲的吟唱声，都标志着这所学校把开学典礼作为一个特殊的教育场所。毫无疑问这些都代表了对于国家的认同与归属感——表示我们是在丹麦。400 名学生聚集在体育馆里，身穿精心设计的、喜庆的衣服，是为了给学生、教师、家长以及他们家庭的每个成员留下美好的第一印象。校长即将结束他的发言，他在发言中尽最大努力保持对国外文化和文化差异持开放态度与丹麦人的身份、特性和历史两者之间的平衡。他说道："我们生活在丹麦的部族文化中，我们不喜欢差异。然而，在这所学校，我们的目标是尽可能多地拥抱来自丹麦不同区域的学生、拥抱具有不同国别背景的学生。文化融合的本质是通过你们所不理解的事情成长……这所学校提供了良好的条件，为你们所有人提供一个拥有125 个新的兄弟姐妹的团体。"

第二天，学校告知学生学校所规定的"从第一天起应必备的好习惯"。

这些规定基本上是对学校日常生活准则、标准和制度的介绍。尽管学生在入学之前已知道这些规则，但是他们仍然对一些没有预见到的安排感到惊讶。校长解释道："我作为校长来到这里，你们作为学生来到这里，让我们一起探索这个世界，好吗？我们一起去建设一个美好的校园——意思是你不能在你的房间里看电影，你也不能在学校的公共场所接打电话，我们要用 1800 个小时一起看新闻。这些是一些常规，也是命令。在每个房间，你们每人可以在 19：30—22：00 和其他同学见面——就是这样。"一个学生惊奇地问："是不是意味着我们在 19：30—22：00 之外的时间不能互相见面？""是的，我们在这里建立一个不同的世界。在这里，你们有获得更多发展的可能性。然而，如果你们做出一些我们不希望的事情，结果就糟糕了。就是这么简单！"

然而，那一年事情并没有"这么简单"。一共有 20 个学生被开除，另外 10 个学生决定离开学校，因为他们发现规则是如此严苛，并且成了他们社会生活和同伴交流的障碍。要知道，社会生活和他人交流对大多数学生来说，是决定其是否要长期在小型中等学校学习的一个重要条件。对学生和教师的禁烟制度是一个具有争议的事件，但领导层和董事会认为这项政策是非常重要的。他们想努力引导在校教职工与有吸引力的、能承担义务的、目标直接的青年人在学业和社会上都能够得到发展与变化。为了推进这些目标，禁止吸烟被当成一项有效的政策。在每一学年的前几周，校长和教师要花费大量的精力追查吸烟者，通知家长并召开教师会议，讨论是否开除这些吸烟学生。但是反过来，学生们会报告看到一部分教师藏在校园的花园里、大树后、篱笆后和棚屋后面等隐蔽角落吸烟。学生认为，教师们同样违反了这一政策。所以，学校领导因禁止吸烟政策和维持这些规则而产生烦恼。开除学生的代价很大，学校会失去一部分重要的收入来源，同时学校的名誉也会受损。因此，教师开除学生时非常犹豫，他们宁可多监管那些所知道的吸烟的学生，并劝说他们戒烟，告知他们不要因为吸烟而破坏规则。

一群 12 岁的男孩花费大量精力发明了一些方法，这些方法不但能破坏禁止的吸烟规则、时常在禁止互相拜访的时间内在房间里打闹，甚至在夜间偷偷骑校长的自行车到隔壁乡镇逛夜间俱乐部，还能挑战这些规则——在课堂上轻微地扰乱课堂秩序，迫使教师在意识形态、教学和经济利益之间做出权衡。这与其他宿舍区域不同，这里不只是包括具有丹麦民族背景的丹麦学生，而且包括很多来自不同国家和不同民族背景的男孩。奇怪的是，这些学生相处得很好，能够建立一个包容每个人的团体。同样，学校对整个群体描述的目标是包容民族多样性文化的开放式教育，且不考虑其成就如何，而学校中这些男孩却变成学校老师和其他教职工接连不断的问题来源。这些男孩喜欢寻找规则中的漏洞——享受他们在理论和实践之间所创造的空间。他们把扫帚柜创造成为一个称作"天堂"的空间，尽管这个空间非常狭小，但在这里，这些规则对他们都不起作用。有几个晚上，在值勤老师检查宿舍和这个空间被封锁之前，他们都在"天堂"里度过。尽管学校没有在任何地方写过这条规则，但是学校并不允许在扫帚柜里有这样一个空间，因此这些男孩既沮丧又兴奋。这种做法甚至触发了他们的反抗和更多的冒犯行为，他们仍然在酝酿更多的策略，寻找教师们在决定什么该做和什么不该做中的空隙和矛盾。

学校用来表扬学生们进步和成就的礼物，是教师从二手市场买来的老式风琴。实际上，起初学生不知道该如何对待这一礼物，他们只是认为不喜欢老式风琴可能会对那些无法找到任何惩罚措施的老师们造成挑战或困惑。有一天，一个学生说道，"……一个教师炫耀说，他们在这里工作是为了我们，为了教育和启蒙我们，学校也因为这种教育的成功而非常有名"，一些往楼上走的男生听到了这些话，当即将风琴扔出了窗外。他们确实那么做了！当时我正在外面访谈一些学生，听见了一声巨响，风琴摔碎的声音打破了丹麦校园温暖夏日的沉默。我们所有人都跑过去看发生了什么——更急切的一些人设法试图用手机拍下这个场面，另一些男孩也早已计划拍照，目的是为了尽快把这件事传到网上并传播出去。

（二）另类被认为是迷失灵魂的人

事实如此，学校并没有注明不允许将风琴扔到窗外。教师在经济原因、教育原则、教学方向和男孩子们的表现之间陷入越来越多的困境。

作为控制男孩子们行为的方法，教师发明了一个特定的说法，将这些学生视为不能参与课堂并从中获益的群体。他们被贴上"教学范围之外""没有希望的男孩子"和"不能养育孩子的破碎家庭和单身母亲的无辜受害者"的标签。一方面，一些教师批评领导层的规则和教学观念太软弱、不可靠、没有结果；另一方面，领导层则指责教师在处理男孩子问题时能力不够。然而，另一些教师则认为领导层过于苛求孩子们的行为。

"这个权力形式指向救助（与政治权力相反）。它具有奉献精神（与专制相反）；它适应个别需要（与法律权力相反）；它扩展并延续到生活层面；它和真理的果实紧紧相连——个人自身的真理。"① 乡村的权力不是在拯救个体今后的生活方面起作用，而是在全世界确保拯救行动的实现并赋予不同的意义，按照福柯的意思就是，"……健康、幸福、安全、保护……"② 在丹麦社会，坚持将教育空间作为主导趋势的选择——考虑部落而忽视差异——教育项目的实施需要通过一个强调权力和对人控制的组织，这种组织在时间和空间上都很严谨。学校有很多规则：学生何时何地见面，他们应该如何分配时间，应该和谁待在一起，何时何地吃饭，何时入睡何时起床，不许吸烟，不许发生性行为。主体规则是有纪律的、标准的，也是标准化了的——隐藏了对于什么是健康、安全和受到保护的人类的愿景——而在修辞上就等同于生活启蒙和文化开放的教育，或者将人生观、生活启蒙和文化开放的教育相联系。因此，权力"……使个体服从"。福柯要求定义两种不同意义的服从——"……靠控制和依赖服从于他人的认同，通过自我学习的道德心紧缚于自己的认同"③。这些男孩子的表现是对某种教学事实中要求其主观服从的抗拒。他们反抗真理法则，拒绝通

---

① Foucault M. The subject and the power [M] //Dreyfus H L, Rabinow P. Michel Foucault: Beyond stucturalism and hermeneutics. Chicago: The University of Chicago Press, 1983: 214.

② Foucault M. The subject and the power [M] //Dreyfus H L, Rabinow P. Michel Foucault: Beyond stucturalism and hermeneutics. Chicago: The University of Chicago Press, 1983: 212.

③ Foucault M. The subject and the power [M] //Dreyfus H L, Rabinow P. Michel Foucault: Beyond stucturalism and hermeneutics. Chicago: The University of Chicago Press, 1983: 212.

过各种教学实践强加于他们的主观世界，尤其是规则、标准、好习惯、教学和学习——这揭示并反映了教师"在规则上的漏洞"。具有公开、明显违抗态度的学生将会被开除——一个对教师来说并不难的决定，但是这个男孩子群体的案例并不同，他们被看作离经叛道的，他们的离经叛道是自然的和本质的。来自破碎家庭和单身母亲家的男孩就是这样，不在教学范围之内。教师观点极其一致——他们归因于男孩子的行为和态度，而不认为与学校自身的责任和影响有关。他们也不将教育场所和启蒙联系起来，也不认为是学校组织和功能的过错，而这一点是问题的起源。这些男孩子作为"迷失灵魂的人"，是被包容的、被监视的、被关心的，其中任何一个男生都被看作令人关注并带有挑战性的教学案例。"我认为校长在那次扔风琴事件之后会杀了我们……但是他没有那么做……他几乎表扬和讨好我们……多么文雅的笑话啊……但是，他还能说什么呢。"一个男孩这样说。

（三）格陵兰人身上没有表

"这些实践包含一些东西，同时也排斥一些东西。这些民主的、对社会边缘化群体的关注的实践，再次表明了他们的差异。"[1] 在这一部分，研究者关注的焦点是包含格陵兰学生在内的学校实践，探索这些学校是如何加强了格陵兰学生被置于丹麦文化和社会边缘的经历和体验，而不是为他们创造一种归属感和在家的感觉的。

格陵兰新一轮的公民投票显示，很多人支持自治。因此，从1721年开始就被丹麦统治的这个国家，将要在她的历史上第一次依靠政治意愿和经济能力，对自身所有的社会事务承担责任。格陵兰社会已经经历了一个有50多年的"丹麦化"过程，"丹麦化"的程度尤其突显在使用丹麦的语言。格陵兰的公共机构依然以教育类机构和学校为主。丹麦和格陵兰的历史关系证明了对原住民的压制，为了增加格陵兰丹麦化程度，实现文

---

① Popkewitz T S. Cosmopolitanism and the age of school reform [M]. New York and London: Routledge Publications, 2008: xv.

明，对儿童使用了强制性搬离手段。今日的格陵兰年轻一代对这些故事仍非常熟悉，他们在两个世界中陷入困境，他们一方面被现代丹麦所吸引，对他们得到的机会和支持感到"感激"；另一方面是来自殖民者对格陵兰人的虐待所激起的气愤和侮辱，责怪殖民地的过去，同时又责怪丹麦人所造成的社会衰退和问题。

丹麦的这所寄宿制学校很多年来都接收来自格陵兰的学生，为格陵兰学生和他们的教育制定政策和教学方法。很多格陵兰学生都有脆弱的和困难的家庭背景。尽管学校在每学年都会教丹麦语，但是格陵兰学生对丹麦地方方言的发音和理解仍感困难。他们可能很难与格陵兰学生交流，尤其在学年开始的第一周，格陵兰学生不得不适应新环境以及新语言。格陵兰计划——除了作为学校文化开放教育和地方启蒙的一件事情外，也为学校吸引了额外的资金。这所学校还能根据接收的格陵兰学生的数量获得一定的金钱奖励。

学校安排来自城市周边高级中学的学生接受高级中学教育，而大多数来自小型中等学校的学生在 9 年级或 10 年级才能够获得这种教育。我发现，除了 5 个低着头朝便利商店走去的格陵兰女孩，其他所有的学生聚集在学校礼堂里。负责会议的教师透过窗户看见了她们，她悄悄地冲出去，汗流满面地在路上抓住了她们，冲她们喊道必须返回去，"这是一个非常重要的会议。对你们来说是非常重要的信息，我们总是为了帮助你们才计划这些事情。这是为了你们好，你们知道，这是为了你们的未来。这是命令，转身，自己回到礼堂！！！"这些女孩顶撞了她，说因为她们将回到格陵兰，所以对丹麦高等教育不感兴趣，"你们总是告诉我们，我们不擅长丹麦语言，我们在平时的课上表现太差劲，我们甚至作为高校候选人都很差劲。为什么我们必须参加这个？"她们紧紧依靠在一起。之后老师愤怒地抓起她们，将她们扭到一侧，从路上推走了。她们进入了礼堂。礼堂里满是学生和教师，没有一个空位。她们穿着短上装始终站在那里，却依然对自己将要去哪里感到不安全。一些学生冲她们喊到，"喂！那边，滚蛋，或者坐下，我们看不到任何东西，你们占地太大了"。

午饭结束后，研究者和那个老师关于那几个格陵兰学生有一个简短的交谈。处理格陵兰女孩的那个老师说："这些格陵兰学生总是有很多问题。我受够她们了。和我们面对的其他捣乱的学生相比，我们需要面对不同种类的问题……无疑，丹麦人不得不给那里支持……那里没有任何东西……那里没有商店……没有人知道如何读时间……他们连组装的表都没有……身上没有表……难怪这个社会要完蛋了……到处没有秩序，没有。我是从一个在那里工作的亲戚那儿听到的这些——那里就像一条没有目的地的路。"格陵兰学生所处的边缘位置，在学生参与的丹麦语作为第二母语的课堂中进一步被加重，这个课堂提供给来自不同国家背景的学生。这是对在以往教育中已经学过丹麦语的格陵兰学生的攻击，这些学生把这看作对他们背景和起点的无视，认为格陵兰人是二等居民，"丹麦人认为所有的格陵兰人都喝酒……但我们不是。我们不是二等居民……但是他们看不到我们的另一面。丹麦人没有诚心，他们不会表示微笑，不了解我们……你知道我们离家很远。我想念格陵兰岛，那些冰山、那些星星、那条银河……以及我的家人。她是如此美丽，许多还未开发。格陵兰岛有很多，世界却用不到她——她一定要国际化，她的一切……在离开之前，我亲吻了冰川，希望所有的东西不要都溶化"。

在学校学生当中，格陵兰学生被看成太低级、太贫穷而不能融合进丹麦的文化和社会生活的人。他们只说一种并不被人理解的丹麦语，丹麦学生抱怨他们（格陵兰学生）不和自己交谈，因为他们总是走在外围或许多格陵兰学生走在一起。不像其他的外国学生，格陵兰学生总是成群出行。学校中有来自 12 个国家的学生，只有丹麦人和格陵兰人会成群结队得出行。

（四）作为倒退的差异性

正如值勤教师所揭露的，这些教师将"格陵兰"理解为一个没有达到现代化领域的社会，一个外来的社会——那里没有任何东西，除了一条哪里都到不了的路。基于对第三世界的现代化过程的研究，弗格森（Ferguson）认为，对于现代化认知的首要问题是发展主义，认为现代化不仅仅是时间上的运动，也是在发展规模上的一种运动——从较少的现代社会到完全的现代社会。① 这个假设意味着，现代化可以在采用恰当的政策和实践之后产生，而社会没有达到现代化的原因是他们没有走得太远——达到发展规模。这与后结构主义的观点从根本上存在不同。后结构主义将现代性与发展的建构与权力和控制的精密策略相联系。② 格陵兰学生不仅被认为是独特的学生群体，而且是集合在一起的独特学生群体，他们被分类成外来的学生或者与现代性有很少关联的学生。没有时间——他们身上没有表；没有消费——他们来自没有商店的地方；没有个人认同——他们总是成群走路。"抛弃指的是被扔在一边，被驱逐或者被废弃的过程。但是抛弃的字面意思也暗含着不只是被否决（thrown out），而是被推翻（thrown down），因此被驱逐，同时也意味着贬低和屈辱。"③ 在弗格森（Ferguson）的著作《赞比亚铜带省》（*Zambian Copper Belt*）关于移民和现代化的问题讨论中，他将抛弃的概念和现代化与发展的概念相联系。这样做时，他将那些不能参与全球现代化的人和那些另一方面被驱逐的，待在全球现代化之外，并被认为地位低下，和欠发达的人区分开来。有一个具讽刺意味却同样能表达在社会排斥过程中反常性的核心例子：格陵兰学生和丹麦化了的人有很多年的共同经历，丹麦化了的人被置于社会等级的底层、特权等级之外或之下——既不是格陵兰人也不是丹麦人，而最早的起源，正如一个教师所认为的那样，他们因为一些原因仍需要受到资助。因此，通过"好的愿景"使这一排斥和抛弃过程本土化了。朴朴柯维茨（Popkewitz）将世界大同主义看作一个分类，其中包含某个特别的组织差异的模式，那些被启蒙和被教化的人以及发展迟缓和粗鲁的人就像"……19 世纪的野

---

① Ferguson J. Expectations of modernity：Myths and meanings of urban life on the Zambian copper belt [M]. Berkeley：University of California Press，1999：235.

② Escobar A. Encountering development：The making and unmaking [M]. Princeton：Princeton University Press，1995：45；James Ferguson. Global Shadows：Africa in the neo-liberal world order. Durhan：Duke University Press，2006：235.

③ Ferguson J. Expectations of modernity：Myths and meanings of urban life on the Zambian copper belt [M]. Berkeley：University of California Press，1999：236.

蛮人和目前处于危机中、有过失的儿童"①。

作为一个教育分类，世界大同主义揭露了教学目标的庄严理念，也就是通向"……自治和自我负责，通过推论和合理性原则设计生活的重要性，以及尊重多样性和差异"②。同样在这所学校中，世界大同主义在哲学和教学方向上是一个庄严的理念：寻求差异和多样性，宣扬学生自治的权利，同时支持那些确立权力—结构的态度和实践，以文化开放、民主和启蒙之名强调这些。格陵兰学生被认为是非现代的、土著的代名词，因此他们的差异并没有包含在学校寻求差异和多样性的哲学内。格陵兰问题已变得非常琐碎，和社会衰退紧密联系，而社会衰退导致了对格陵兰其他方面的忽视，以致那些女孩强调冰山、星星、银河以及热心的人们。格陵兰女孩所处的边缘地位被建构成自然存在的、不可避免的社会现象，成为他们起点的一部分，正如那些处在丹麦王国发展迟缓的边缘的人们一样，她们不能掌握适当的丹麦语言和恰当的习惯，并生活在时代和现代空间之外。差异性在这里被认为是后退，是丹麦人现代化向前发展的对立面。格陵兰女孩正是世界大同主义计划之外的一个分类。

二、现代尼泊尔：学校教育和身份的形成

这一实例基于批判和人类学民族志理论，探索了儿童在涉及他们所参与的现代学校教育中如何建构自己的身份。

（一）有生命的身份

桑托什（Santosh）一直试图隐藏他的社会身份，他的生活也一直伴随着这种隐秘。他的母亲来自马嘉（Magar）族群，一个来自尼泊尔中心区域的大山部落。母亲在 14 岁时和一个来自"不可接触"（这里指低阶

---

① Popkewitz T S. Cosmopolitanism and the age of school reform ［M］. New York and London：Routledge Publications, 2008：4.

② Popkewitz T S. Cosmopolitanism and the age of school reform ［M］. New York and London：Routledge Publications, 2008：5.

层的人）的种姓的男士私奔，这使她必然脱离了马嘉种姓，成为了尼泊尔社会秩序底层一个新的身份。他的母亲耳朵上戴着她母亲送给她的5个金耳环，证实了她早期所处的社会地位；这也为她提供了一份社会安全感，以免她与社会其他最底层的人相混淆。作为这样一个结合的结果，桑托什尽管力图尝试要隐藏自己的身份，但他必须带着这样的标签。桑托什和他的母亲在一个有高级种姓的伯明翰家庭（Brahmin family）租了一个小房间。传统的观念使得人们不与他们来往，只有从桑托什妈妈耳环中才可以依稀看出，桑托什妈妈试图隐藏她真正的身份，同时也给她的孩子们提供未来的希望。桑托什被大家公认为是好学生，他梦想着成为一名医生，为了帮助"所有有价值的生命能够存活下来"。每当他的母亲看见儿子努力学习并梦想变成一个"男子汉"的时候，她会从罪恶生命的痛苦里感到豁免。桑托什尽管有这些愿望，但是他连升入初中的机会都非常渺茫，进入大学读书的希望又如此遥远，以至于仅仅是幻想。学校给他提供了一个位置，他每天可以在里面学习几个小时。这也意味着学校为他提供了一个逃离社会评价的避风港，一个新的学生身份可能更好地隐藏了他卑微的身份。

我们的研究表明，桑托什的生活已经被基于社会种族隔离的刚性种姓制度所决定。他们被印度社会结构所边缘化，在文化上和社会上受到歧视。桑托什和他的母亲利用学校建构了一个新的身份——一个现代的、"受教育"的居民，这个身份帮助他们掩盖历史。桑托什希望将来能帮助所有有价值的生命存活，这是他自己在社会中所处位置的写实，他发现自己苦苦挣扎在寻找社会包容和归属感的社会中。对桑托什和他的母亲来说，隐藏变成了应对压制的方法，只要这一个做法提供住处和短暂的归属，他们就可以设法摆脱排斥。然而，这种摆脱仅仅是暂时的，因为尼泊尔在历史中建构的社会等级制度和他的母亲与她自身的阶层身份和归属的决裂已经把桑托什掷入一个生命历程中，在这种历程里，唯一存活的机会是"欺骗"。看上去桑托什的归属感可以总是由于隐藏而偶然获得，然而有了隐藏，他将不再可能实现他拥有归属感的梦想。因为他生活在恐惧之中，害怕他的等级身份将彻底被揭穿，这会造成他心灵和物质幸福的巨大损失。

普巴（Phurba）的生活被标记为失败和不公，这种经历源自于她对社会控制的抵制和为自己积极建构新型的可能性。普巴是夏尔巴人（Sherpa），她的家庭为了寻找安身立命之所来到了印度。但是在父亲和三个兄弟姐妹患上黄疸死后，她的母亲被迫迁移到加德满都（Kathmandu），嫁给了现在的丈夫。她的母亲在去尼泊尔的路上花光了所有的生活积蓄，屈服了权威的婆婆的想法（婆婆认为是她害死了自己的儿子），她感受到了深深的屈辱。沉闷和压制占据了普巴的早期生活。她自从离开家后获得了一定的自由，这在很大程度上是保尔·比卡什（Bal Bikash）学校带来的结果。在这里，普巴母亲是学校管理委员会的会长，她试图在女儿的教育方面起到积极的作用。异乎寻常的是，普巴作为一个女学生被选为班长，这对她形成一个新的身份认同起到了非凡的作用。如果不是学校为了追求特殊的正义感并坚持让学生彼此之间相互尊重和遵守礼节，保持节制，加之教师对那些刻苦学习的学生也会提供更多的帮助，也许普巴当不了班长。当然意料之中的是，普巴渴求一项她能激励儿童改善他们生活机遇的事业。她的母亲认为教育是一个必需品，因为教育提倡机会平等。尽管普巴得到了除学费之外所需的额外的资金，但她承担了家里更多的事务和琐事。尽管普巴有自己的理想，但是她认为自己的前途非常渺茫。她不停地为母亲的身体、精神健康担忧，也为她岌岌可危的收入担忧。学校解决了她的后顾之忧，并在一定程度上给予了她一个可以掌控自己命运的机会。我们对普巴的理解扎根于她在班级里扮演的角色，她坚持认为社会关系的公平和正义才是在学校之外获得人生改变的起始点。这个立场和普巴在家里所处的位置产生了共鸣。这里，在加强她的母亲对小商店的管理方面，在面对拒绝付账、有暴力倾向和喝醉了的顾客时，她发挥了很重要的作用。可想而知，一个12岁的女孩牵涉到这些事务带来的风险是非常大的。然而，从她母亲失去所爱的人，家庭的经济损失、性别歧视，以及普巴每天所服务的那些人对她的蔑视，普巴的生活轨道对这个幼小的女生来说提供了为公平和尊重进行奋斗的动力。这种奋斗扎根于印度社会历史性的性别歧视以及她自己的生活历程之中。对普巴来说，学校似乎是一个非常合适的平台，她可以在这个平台上进行反抗从而理解和回应她的特殊经历，也可以创造一个充满理解和希望的新世界。

亚述·巴哈德（Phul Bahadur）被有改善的可能性的信念所塑造。与我们研究的其他儿童一样，亚述也来自一个移民家庭。他的父亲认可学校教育的价值，主要是因为他的儿子的识字能力和算术技能对他们家族开的小餐馆很重要。尽管亚述·巴哈德看上去从学校获益很多，但他的成功受到种姓等级和性别保守的家庭环境的影响。亚述的父亲有必要为下等阶层的顾客服务，但是他明确一点，即他不会主动和这个群体有社交往来。同样，他把亚述的姐姐和妹妹从学校中赶出来，因为他认为这种需要是一种"浪费"。亚述受到父亲酗酒和赌博的严重影响，他把学校教育看作教育年轻人"远离酒精和嗑药""给社会带来发展"的一个途径。然而亚述·巴哈德对学校教育的自信不能够保证他自己一直参与其中，因为他父亲不确定他们是否有足够的方法让他继续留在学校。亚述梦想着唱歌和跳舞，但是他说，这样的未来"对我来说是不可能的"，一个"更现实"的未来潜伏在"白领工作"之中。

尽管在社会上被剥夺了一些资源，但亚述·巴哈德的生活境况比桑托什和普巴的稍微好一些。他父亲的饭店目前是盈利的，这不仅仅归因于亚述从学校里学习的技能。我们的数据显示，亚述被发展的愿望所推动，他通过在学校努力学习，在家里帮助生活不规律的父亲来实现他的愿望。效用是在这两个空间内产生的一个主题。对于亚述来说，家庭生活被完成任务、设法达成、从服务中赚钱所支配。低阶层的人们在社会上被拒绝，但是在家族餐馆领域被认可。女儿们和姐妹们只要他们不浪费家庭资源、能够付出有效劳动也能够被认可。亚述赋予学校的意义与这个观点有解不开的关系，学校教育被建构成实际的资源，可以产生即时的和有潜力的实质性未来。亚述的悲剧在于他唱歌跳舞的愿望必定被现实所压制，因为生活是一个严肃的生存项目，而不是一个人追求的表达。不幸的是，亚述在他所处的环境中陷入了困境，因为他担心饭店的任何已改善的收益率很有可能导致沾染酒精的父亲更严重的酗酒和破坏性行为，以至于毁灭掉他们仅有的安全感。

这三个儿童的生活在这里被如此简单地描述和处理，但又非常独特，因为文化、社会和经济力量已经共同将他们看作某个特定的历史模型。然而，他们的故事远远超出某些人将绝望的整体形象与他们物质上的劣势相联系的事实。社会排斥和不稳定事件与希望和反抗的愿望有内在联系，但是从某种程度上来说，要获得或预测这种联系在方法上极其困难。这些故事不是颠覆了之前对尼泊尔年轻人的分析，而是带来了对学校教育和个体身份之间关系的更加细致入微的理解。很明显，这些年轻人生活在早先建立的结构和他们自身的反省和代理人之中。在很多方面，他们演绎并再生产了历史传递给他们家庭的命运。然而在其他方面，他们抗争并超越了这些历史，建构了新的意义，据此形成了独一无二的生活计划。

（二）理论化的身份

在提及教育和认同时，许多教育社会学领域都关注了社会和文化再生产的观念。社会再生产理论传统的一个经典方法是将学校视为一个理想的教育场所，承担着塑造现代资本主义居民的功能。[①] 这一理论传统的另一个方法是将再生产看作一个动态的过程，尽管是在等级位置和可接受的社会规范的限定范围内，主体自身仍可积极参与到创造意义的过程中。[②] 将特权和权力的相互作用分离出一个点，文化再生产的理论显示，学校被看作占主导地位的资本形式通过运用先进的包含和排斥机制形成符号暴力和社会隔离的机构。[③] 这些方法在很多方面起到了一定作用，研究者批判教育和学校作为公共/州教育机构参与了加强强权权力结构和运作，这些权力结构和运作方式规训和生产了有助于培养和保持一定的文化、社会、政治和经济秩序的公民。虽然这些观点有一些重要贡献，但是再生产理论已经遭到了批评，反对方认为他们将学校视为"……必然再生产（已经再生

① Althusser L. Lenin and philosophy and other essays [M]. New York and London: Monthly Review Press, 1971: 4.

② Willis P. Learning to Labour: How working class kids get working class jobs [M]. Westmead: Saxon House, 1977: 45.

③ Bourdieu P, Passeron J C. Reproduction: In education, society and culture [M]. Beverly Hills: Sage Publications, 1977: 47.

产了）资本主义经济和结构化需求的黑盒子"①。目前教育人类学的著作已经试图在西方和发展中国家场景中探索这个"盒子"，目的在于可以更好地理解学校是如何被儿童、教师、家长和政府人员主观感知并实践的方式。② 朝向对受教育者文化生产的转变为教育和社会的动力性以及学校和团体内动力衰竭的方式展开了调查研究。③ 研究孩子们上学对他们意味着什么，探究作为"受教育者"的新身份被积极创建的方式，这要求"文化"应当被视为对日常生活和意义的建构。这代表社会学传统对教育目前在权力结构再生产中所扮演角色的研究的一个重大突破。教育被看作不仅仅是知识和主观构造再生产的过程，而且是当事人主动建构意义和形成身份的过程。更深一层，儿童对学校教育的认知被视为受教育者本土化建构形象协调而成的结果。这一观点在目前日益增多的研究当中被详尽阐述了。这些研究主要是分析教学实践、学习、教育和国家政策，这些和试图传播现代民众教育的策略之间缺乏共鸣。④ 这些研究为在多重意义下对学校教育的基本分析提供了灵感，也为在特殊条件下的特定地区的个人建构

---

① Levinson B A, Foley D E, Holland D C. The cultural production of the educated person: Critical ethnographies of schooling and local practice [M]. New York: State University of New York Press, 1996: 7.

② Anderson-Levitt K M. A world culture of schooling? [M] //Anderson-Levitt K M. Local meanings, global schooling: Anthropology and world culture theory. New York: Palgrave Macmillian, 2003: 2 –10; Levinson B A, Foley D E, Holland D C. The cultural production of the educated person: Critical ethnographies of schooling and local practice [M]. New York: State University of New York Press, 1996: 10 - 20; Levinson B A. Schooling the symbolic animal: Social and cultural dimensions of education [M]. Maryland: Rowman and Littlefield, 2000: 1 - 8; Stambach A. Lessons from Mount Kilimanjaro: Schooling, community and gender in east Africa [M]. New York: Routledge Publications, 2000: 2 - 7.

③ Levinson B A, Foley D E, Holland D C. The cultural production of the educated person: Critical ethnographies of schooling and local practice [M]. New York: State University of New York Press, 1996: 1 - 8.

④ Anderson-Levitt K M. Local meanings, global schooling: Anthropology and world culture theory [M]. New York: Palgrave Macmillian, 2003: 1 - 5; Bledsoe C. The cultural transformation of western education in Sierra Leone [M] //Levinson B A. Schooling the symbolic animal: social and cultural dimensions of education. Lanham: Rowman and Littlefield, 2000: 137 - 158; Fuller B. Growing up modern: the western state builds third-world schools [M]. New York: Routledge, 1991: 3 - 10; Rival L. Formal schooling and the production of modern citizens in the Ecuadorian Amazon [M] //Levinson B A. Schooling the symbolic animal: social and cultural dimensions of education. Lanham: Rowman and Littlefield, 2000: 108 - 122; Levinson B A, Sutton M. Policy as practice: Toward a comparative sociocultural analysis of educational policy. Westport: Greenwood Press, 2001: 1 - 22.

学校教育提供了解释。作为社会和文化再生产理论的批判性矫正，来自建构主义对社会理解的理论定位试图发展有关个人积极参与塑造他们自身生活的分析性类别。

　　然而，在社会分析中以研究对象为中心不是没有问题。新马克思主义批评提出，对社会和文化过程理论进行组合（重组）的尝试必然导致模糊不清，最终导致基本权力结构的合法化，近年来权力结构在现代性论述中日益宣称他们是个人的自由主义概念。来自批判教育学传统的学者将教育的主要功能看作确保"……生产适应目前社会结构的人"①，这一阐释，有助于我们深化理解压制的过程和形态。这一观点表明，主观性总是已经刻在历史当中。所以，宣称代理人独立于社会结构之外意味着对自治权和真实性的信仰；一个实质上与历史无关的先验位置使教育和主观性从时间和空间上脱离出来。就这一点而言，我们发现霍兰德（D. Holland）和莱芙（J. Lave）有关"历史在人类之中／人类在历史之中"的观点②对于我们转向研究儿童和家长如何看待学校教育，以及儿童和家长在学校教育中赋予的意义这一点非常有帮助。因此，探索儿童每天的学校生活和教育，在民族志上通过儿童和家长的叙事研究反映了两个基本立场。第一，教育是作为政府介入认同形成的过程中被制度化了的权力活动；第二，教育是一个协调认同和建构意义的空间，所建构的意义反映和创造了他们对个人生活的愿景。

　　我们已经尝试通过研究中的民族志数据探索这些概念。隐藏于个人的种姓起源、抵抗男权的统治和改善一个人的生活境遇是这三个儿童在理解看上去被苦难和压制统治的日常生活中所努力使用的策略。像古希腊科林斯王西西弗斯（Sisyphus）③的神话一样，不管他们献身行动的程度如何，

---

　　①　Miedema S, Wardekker W L. Emergent identity versus consistent identity：Possibilities for a post-modern repoliticisation of critical pedagogy［M］//Popkewitz T, Fendler L. Critical theories in education：Changing terrains of knowledge and politics. New York and London：Routledge Publications，1999：71.

　　②　Holland D, Lave J. History in person：An introduction［M］//Holland D, Lave J. History in person：Enduring struggles, contentious practice, intimate identities. Oxford：James Currey，2001：3－33.

　　③　科林斯（希腊一个海港城市）的国王。科林斯王因为在冥府中被惩罚不得不将一块巨石滚到山顶。然而，每当他要接近山顶时，这块巨石将再次滚落到山底，因而科林斯王再一次开始永恒的、徒劳无功的工作。

这三个儿童必然要面对和接近有苦难、压制和处在边缘性的未来。桑托什只要隐藏，将永远不会拥有归属感。在一个崇尚种姓制度的社会，"隐藏"将在他的一生中仍然非常必要。学校教育是自由表达、提供归属感的场所，但是传统的尼泊尔社会依然对纯粹和玷污的评价非常严厉。学校作为传统价值观的场所也没有例外。普巴设法通过在学校带领她的同学、在家帮助她的母亲来建立她对生活有限的控制。然而，在这两个竞技场里，一个人可以看到她所掌握的有限能力。学校教育为普巴提供了发言权，基于此来表达生活的艰难。但是在尼泊尔教育中的新自由主义转向，尤其是非法税费的引进和来自公共学校系统的称职工作者的迁移，使得她在义务教育学校之外的发展变得非常不确定。这样的不公平与她的家庭环境密切相关，在家庭中，除了她母亲的抱怨，继续学习的资源和额外的学费都只为她的弟弟提供，而她甚至似乎对改善并不感兴趣。最后，亚述看上去注定要为改善家庭境遇而努力工作，这不仅仅因为他取得了成功。当家庭的物质状况改善后，亚述的父亲有可能酗酒更严重，危机家庭在自给自足方面只有微弱的控制感，这一威胁会使亚述将来更有可能最终需要接管餐馆的责任，远离他变成一个有教养的人的希望。教育提高了个体价值和有用的言论在尼泊尔仅仅进一步扩大了距离感。

对我们研究对象的理解表明，每一个行动者都被看作是拥有被宣判没有价值和具有艰难险阻的未来，而如果从社会和文化再生产理论的视角来看待他们的生活，那么他们的境遇恰恰是一个人所期待的结果。将儿童的生活认为是统治权力机构再生产的产物，这一设想当然是一个分析策略。传统批判理论的经典代表人物阿多诺（Theodor W. Adnorno）和霍克海默（M. Horkheimer）将异化作为现代生活框架的分析已经受到挑战，因为消极的辩证逻辑的概念限制了变化空间。① 然而，这个观点很多都不存在了，反而伴随着另外一个观点产生了设想、过程、情感和意义模糊的"黑盒子"。儿童一方面奋力阻止受压制，陷入被责难的隐藏，为之奋斗和改善

---

① Adnorno T W, Horkheimer M. Dialectic of enlightenment [M]. New York: Herder & Herder Incompany, 1972: 3 - 5.

境遇；另一方面儿童也常卷入（被他人或者为他人）同情心、暴力、支持、爱和疏远等法案中。这一立场不是将压制合法化，或将为虐待儿童提供辩护，而是承认儿童积极参与到他们所居住的世界，承认儿童在这里发生的、有意义的现实。同时，我们作为高级知识分子的处境使我们对不公与困苦很敏感，这对承认学校教育的多方面影响是非常重要的。这是很明显的一个案例，这些儿童生活困难，生活也许不能持久。但是他们也在创造生活，他们在这样做时，同时也创造了个人主义、集体主义、国家主义和公民身份的观念。学校教育对创造的行动来说是一个起点，如果我们遮掩或者拒绝这样的事实，将会大大减少对它的功能和效果的关注。

【章节回顾】

1. 民族志研究的基本逻辑结构是：研究者在确定了所要研究的问题或现象后，不带任何假设进入到现象或对象所生活的情境中，通过参与观察等研究方法收集各种定性资料，在对资料进行初步的分析和归纳后，又开始进一步的观察和归纳。通过多次循环反复，逐步达到对现象和过程的理论概括和解释。

2. 民族志研究与其他研究传统一样，遭受了来自多方面的批判，书中列举了民族志研究受到了来自自然科学及后现代主义的批判。

3. 通常人们认为，民族志研究具有相对的完整性和独立性，主要经历以下几个阶段：酝酿阶段、计划阶段、进入田野阶段、资料收集阶段、分析阶段、写作阶段。

4. 在田野调查中可以使用不同的工作程序和方法，如观察、访谈和分析，并需注重伦理道德。

5. 在民族志写作实例中，作者介绍了两个基于对青年、现代性学校和学习研究的民族志写作实例。第一个例子来自丹麦的一项研究，研究旨在探究在来自不同少数民族背景的寄宿制学校的教学和学生的学习情况。这项研究运用了民族志调查的工具，如观察法和访谈法；研究主要基于后现代的概念化分析，揭示出在教育场景中目标和实践之间的冲突和困境。第二个实例是基于批判和人类学民族志理论，这篇文章探索了儿童在涉及他们所参与的现代学校教育时，如何建构自己的认同。

【学习提升】

根据民族志研究的基本逻辑结构，自行设计一个研究课题，完成以下工作。

1. 明确研究问题，进行文献回顾；

2. 完成研究计划书，研究计划书需要包含八个基本要素，包括议题或目的、文献回顾、研究对象、资料收集方法、分析方法、研究假设、时间表、经费；

3. 根据研究计划书，运用观察法、访谈法等方法进行一次实际的田野调查；

4. 根据田野调查所收集的资料，完成民族志写作。

【章节逻辑图】

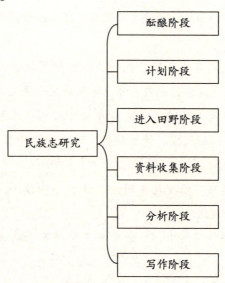

第八章　中国民族教育质性研究
典型个案分析

【章节导读】

这一章主要运用质性研究的原理和方法对中国民族教育中敏感问题展开研究。本章共三节内容，分别是民族高校毕业生就业问题研究、民族地区学校布局调整研究、民族地区民族民间文化进校园政策研究。每一节都是一个完整的质性研究过程，都较为详细地阐释了研究课题的选择、研究目的、研究工具开发、田野调查、研究发现、研究的反思体验，为学生运用质性研究方法来研究民族教育的现象和问题提供了有益的参照。

【学习目标】

1. 学会结合自身兴趣专长与外部环境支持选择合适的研究专题。
2. 能结合研究主题选择正确的质性研究方法和进行研究工具的开发。
3. 掌握顺利进入田野进行质性研究的方法与技巧。
4. 学会对访谈和观察得到的资料进行管理与分析。

【关键词】 选题；调研工具；田野调查；反思

第一节　民族高校本科毕业生就业问题的质性研究[①]

一、研究专题的选择

教育研究大致有两种类型：一是教育理论研究，二是教育实践研究。一般而言，初涉研究的青年学者选择教育实践研究更为可行。

教育实践研究有两种情形：一是研究社会各界已经感知并引起社会热议的教育热点和难点问题，二是研究处于萌芽发展期，尚未被社会公众广为感知，但对未来发展具有重大影响的教育实践活动。这两类教育实践都值得教育研究工作者去探究。但到底选择什么样的教育实践开展研究，还需要研究者结合自己的兴趣专长来确定。一般来说，只要自己的知识能力能够驾驭的教育实践问题，都可以作为自己的研究专题。

初步确定研究专题主要依据待研究教育实践的价值和自己的能力兴趣，如何聚焦研究内容和选择恰当的研究方法，需要对拟研究的专题进行系统的文献分析之后才能确定。事实上，每一个专题都被研究者从不同视角在不同程度上研究过，但这并不妨碍将其作为研究专题。一般来说，研究专题的创新是较为困难的，也没有必要。一个大家熟知的专题，尽管有所研究，但总还有尚未研究透彻的地方。要么在研究方法上尚有继续探究的空间，要么在研究范围上有待于拓展，要么在研究结论上有待商榷。总之，初步确定自己的研究专题之后，要围绕该主题进行全面的文献收集与阅读，以找到自己研究的切入点。若找不到自己研究的切入点，选定专题也不能有效地开展。

就笔者选定的"民族高校提升毕业生就业竞争力的制度创新研究"专

① 本案例来自中央民族大学夏仕武老师主持的国家哲学社会科学基金青年项目"民族高校提升毕业生就业竞争力的制度创新研究"的研究成果。

题而言，是个人兴趣与客观事实共同促成的。笔者一直从事高等教育的学习和研究，又身为中央民族大学的一名教师，对民族高校本科毕业生就业问题的关注比较合情合理。由于民族高校专业结构、管理模式以及生源构成都具有显著的特色，在市场经济条件下，民族高校本科毕业生的就业相对处于劣势，某些专业的毕业生就业困难已成为一个不争的事实。如何提高民族高校本科毕业生就业竞争力，促进民族高校本科毕业生顺利就业，这是身为民族高校并且从事民族高等教育研究的教师不能回避的现实问题。为此，笔者选择了这个研究专题。幸运的是，该选题得到全国教育科学规划办的立项，被审批为"国家哲学社会科学基金青年项目"。细想本选题被国家社科基金立项的原因，重要的一条便是民族高校本科毕业生就业问题是当下民族高等教育领域的热点和难点问题，亟待查找根源和找出破解之策。可以说，这个专题的选择在一定程度上对社会的重大需要做出了回应。

二、研究目的的厘定

研究专题选定之后，需要确定研究目的。其实，一个专题可以有很多研究目的，研究者可以根据实际情形而定。研究目的的厘定对课题研究的开展有重要影响，直接决定了研究对象的选择、研究方法的使用、研究内容的确定。

就本专题研究的目的而言，主要想了解民族地区高校和民族院校[①]本科毕业生就业竞争力的现状、影响因素以及如何创新制度以提高民族高校本科毕业生就业竞争力。本专题研究之所以确立这三个目的，是因为当前各高校出于自身办学利益的考虑，不能如实公布本校毕业生的就业情况，更不愿谈及影响本科毕业生就业竞争力提升的各种制度性因素，这种隐瞒事实真相的做法无助于学校办学水平的提高，无助于毕业生就业状况的改变。从小处讲损害了广大青年学生的切身利益，从大处说不利于高等教育

---

① 以下简称民族高校。

的可持续发展。因此，在全面把握民族高校本科毕业生就业现状、准确了解制约本科毕业生就业的各种因素的基础上，通过制度创新以破解民族高校本科毕业生就业难题，是一项利国利民的好事。

三、研究方案的确立

确定研究专题和研究目的之后便可以确定研究内容、研究对象、研究方法及进行相应调研工具的开发。

（一）研究内容的确定

就"民族高校提升毕业生就业竞争力的制度创新研究"而言，本课题研究的主要内容有如下三个方面。

1. 调查民族高校本科毕业生的就业现状

调查民族高校本科毕业生就业现状的具体内容包括民族高校本科毕业生就业率、就业地域、就业单位类型、就业对口程度、岗位薪酬等。

2. 研究高校本科毕业生的就业政策

高校本科毕业生的就业政策包括国家层面的就业政策和地方政府出台的就业政策。这两个层面的政策文本都需要全面收集和深入研究，同时还需要调查省级教育行政部门、就业与人力资源保障部门对高校毕业生就业政策的落实情况。

3. 调查造成民族高校本科毕业生就业现状的原因

从民族高校本科毕业生、班主任、教务处、就业工作处、招生办、用人单位等方面了解民族高校本科毕业生就业困难的原因。

在上述研究获得详细材料和数据的基础上，有针对性地提出创新制度提高民族高校本科毕业生就业竞争力的对策建议。

限于篇幅，本节主要阐述和再现对民族高校本科毕业生访谈的研究过程，对其他群体的访谈以及其他研究方法的运用不做详细的说明和呈现。

（二）研究对象的选取

确定了研究内容之后，随之而来的便是选取恰当的研究对象。质性研究的访谈不可能覆盖所有学生，只能选择各类学生群体的若干代表进行分类抽样访谈。对于民族高校的毕业生，细分起来有专业、性别、民族、学业成就、家庭背景等方面的差异。经验表明，这些差异都会影响毕业生的就业。

鉴于要访谈的 N 校少数民族学生占学校总人数的 40% 左右，女生比例高于男生的情况，研究者在选择访谈学生时，综合考虑这些因素，设定汉族和少数民族学生抽样比例为 3∶2，男女学生比例为 2∶3，城乡学生比例为 3∶2，学生学业成绩好中差比例为 1∶3∶1，各专业抽取 1—2 名学生，覆盖到所有专业的学生。

（三）研究方法选择和工具的开发

明确研究目的和内容之后，需要选择恰当的研究方法和开发适宜的研究工具。

1. 文献分析法

对于就业政策的研究，主要研究方法是文献分析法，通过查找和收集已经公开的信息便可以完成。

2. 访谈法

对于民族高校本科毕业生就业存在的问题，需要采取访谈法来获得各个层面的数据资料，需要访谈毕业生、班主任以及学校教务处、就业工作处、招生办、用人单位等单位的领导和工作人员，从而全方位收集可能影响本科毕业生就业的信息。

访谈学生的目的主要是为了获得学生就业现状，求职过程，在校四年的学习生活，对自己就业现状的评价，对学校、政府以及社会用人单位的意见和建议等方面信息，以便找到影响民族高校本科毕业生就业的诸种因素并了解毕业生对学校和政府的期望，为提高民族高校学生就业竞争力而展开的制度创新提供现实依据。下面结合对本科毕业生访谈的要求，谈谈访谈提纲的开发。

对本科毕业生的访谈主要是为了调查其就业现状、造成就业现状的原因以及对学校和政府的期望。为此，拟定的访谈提纲如下（见专栏8－1）。

专栏8－1

（1）你开始找工作了吗？说说你的求职过程和结果。

（2）你是通过哪些渠道找工作的？

（3）在找工作过程中，哪些因素更重要？

（4）你认为少数民族学生在就业中面临的主要问题是什么？

（5）大学四年中，你为自己的就业做了哪些准备？

（6）大学生就业充满竞争，你觉得自己的就业竞争能力怎么样？为什么？

（7）你认为造成自己目前这种就业状况的主要原因是什么？

（8）就你们专业来讲，你希望学校在哪些方面进行改进提高？

（9）你希望用人单位如何对待你们？

（10）你希望政府为你们的就业做哪些工作？或出台哪些政策？

---

3. 问卷法

质性研究主要运用文献分析、访谈、观察和实物收集法，问卷法也是对质性研究的一种补充。实际上，很多教育实践问题研究都是兼用访谈法、观察法以及问卷调查法。因为访谈法不能解决面的问题，会影响研究结果的代表性和推广度，将访谈的内容编制成合适的问卷，对较大范围的研究对象进行调查是对访谈、观察结果的一种参照和补充。

四、田野调查过程

（一）进入田野前的准备

进入田野调查前的准备主要是联络调研单位和进行知识与物质上的准备。

1. 联络调研单位

我们拟要调研的单位是内蒙古呼和浩特市的高校，但课题组成员与内蒙古自治区高校的领导都不熟悉，这不利于调研工作的开展。为此，我们求助与内蒙古自治区教育厅和高校领导有广泛联系的苏德教授，请他出面与内蒙古自治区教育厅和相关高校领导联络，介绍课题组前去调研。在苏教授的引荐下，我们与几所内蒙古高校的领导取得了联系，确定了进校调研的时间和联络人。

2. 相应的知识储备

确定调研的高校之后，课题组的每一位成员都开始上网搜索拟调研高校的办学历史、教学特色、专业设置、教育教学动态以及毕业生就业等方面的信息，以便在田野调研时能够有针对性地提出一些问题，能够与受访者进行较高程度的互动。此外，我们还上网查阅内蒙古自治区高校毕业生就业概况以及政府出台的就业政策和措施。这些信息作为背景知识，有助于我们在田野调研时有的放矢，深度访谈。

3. 田野调查物质装备的准备

我们即将调研的地方是内蒙古自治区的首府，经济发展水平高，交通发达，购物方便。为此，我们只携带了调研所用的笔记本电脑、U 盘、照相机、录音笔、电池、纸张与笔。其他小物件等非急需品在呼和浩特市都能买到，可以不做准备。

（二）进入研究现场

在进入 N 校调研前，我们与苏教授引荐的 N 校领导进行了电话联系，确定了首先接待我们的是该校就业工作处处长。

到了 N 校之后，我们与就业工作处处长取得了联系，处长热情地接待了我们。课题负责人向他说明研究的意图及调研的安排。访谈主要针对该校应届本科毕业生、辅导员、就业工作处领导和工作人员，问卷调查主要针对应届本科毕业生。根据研究的需要，我们要求各专业应届本科毕业生按照 30% 的比例抽样进行问卷调查。

完成问卷调查之后，我们请求就业工作处处长帮助我们抽样访谈应届本科毕业生。处长立即电话通知各院系学生管理部门的负责人按照我们的抽样要求确定学生名单，通知学生第二天按照时间节点（如第一位 8：00 到，第二位 8：20 到，按照 20 分钟的间隔以此类推，避免学生长时间等候）前往 X 楼三楼 311 会议室接受访谈。在 N 校就业工作处处长的精心安排下，一切工作进展得很顺利。

第二天，课题组成员提前 10 分钟到达预定会议室。此时，一些热情积极的学生已经在会议室门前等候了，我们对他们的积极配合表示了诚挚的感谢，并简要说明我们访谈的目的。

进入会议室，我们看到的是偌大的圆形会议桌摆放在会议室的正中间。如何落座呢？按照访谈要求，访谈者与受访者不宜面对面地对视就座，也不宜并排落座。面对面地落座会给受访者相当大的心理压力，不利于访谈的顺利进行，更难以让受访者心理放松而畅所欲言。并排就座尽管没有对视就座产生的心理压力，但不利于访谈者与受访者的目光表情交流。为此，我们选择在圆形会议桌的拐角处分别落座。课题组两位访谈者并列坐在一边，受访的学生坐在另一边，与访谈者构成一个近似的直角。这样落座既便于近距离对话，又便于目光交流或回避，符合访谈的落座要求。课题组两个访谈者做了分工，一个负责提问，称为主问者；另一个负责记录和录音，有时也补充提问一些重要问题，称为辅问者。

访谈过程中，课题组成员将访谈提纲放在一边，微笑地向受访者说明此次访谈的用意和对他的期望："非常感谢你接受我们的访谈，我们此次访谈的目的是想了解你们就业的基本情况、就业中存在的问题以及你们对就业的期望。我们不会公开你的姓名和个人信息，请你放弃顾虑，说出真实想法，好吗？另外，为了不遗漏重要的信息，我们要进行录音，可以吗？"受访者点头同意并在访谈记录簿上签字后，访谈正式开始。

主问者首先提问了一些较为轻松的话题，如学生是什么民族、什么专业、什么学历等一些基本信息，让受访者打开话匣子之后，便开始围绕此次访谈的主要内容进行提问，如专栏8-2所示。

专栏8-2

主问：你是什么民族？

答：蒙古族。

主问：本科还是研究生毕业？

答：本科毕业。

主问：你学的是什么专业？

答：化学教育。

主问：你开始找工作了吗？结果怎么样？

答：开始找工作了，有意向但还没签。

主问：你是通过哪些渠道找工作的？

答：就是上网，上学校网，学校的就业信息网上有那些招工，还有就是上外网，如智联网之类的。

在倾听的过程中，针对一些重要信息，主问者及时追问，以挖掘更多、更重要的信息。辅问者及时记录受访者的谈话要点，也适时给予补充提问，如专栏8-3所示。

专栏 8-3

主问：你现在有意向的工作是怎么找到的呢？

答：就是我们学校的就业信息网。

追问：你在智联网上投简历了吗？

答：我们投的简历一般都不会有人看，因为我们是蒙古族吧，第一计算机没有等级，就会普通的办公软件，然后英语什么的，都是挺大的障碍，因为有的招聘单位是必须得有四级、六级或者是口语的那种证明，我们没有。

辅问：你是蒙语授课的学生吗？

（学生回答说是蒙古族，英语和计算机水平差，这隐含着一个信息，他是否是蒙语授课班的学生，为了确认这个信息，辅问者追问了这个问题。）

答：对。

主问：你觉得让你去考大学英语四级、六级的话，难吗？

答：特别难。

追问：你是什么时候开始学英语的？

答：我是初二开始学的。我们的英语在高中的时候一般都是"打折"进来的，高考时汉语是70%，英语是30%，总共150分，所以我们都是一般忽略英语，不怎么重视。然后到大学以后，看着同级的汉族学生，他们每天都看英语，而我们一般都不重视英语。

辅问：那你们大学本科的时候英语授课是什么方式？

（此时主问者未及时发问，辅问者补充这个问题，以进一步了解英语授课的情况。）

答：所有蒙语授课的学生一起授课，是大班授课。

辅问者进行及时地补充提问，还要即时记录受访者表达的要点，同时记录一些非语言的肢体动作和语速表情，这些非言语的肢体动作都是反映受访者内心状况的重要线索。及时记录受访者在回答过程中无意识流露的情绪态度更能真实反映其思想与情感，如专栏 8 - 4 所示。

专栏 8 - 4

　　主问：你觉得影响你就业的最主要因素是什么？

　　答：我们在这儿面试的时候一般都是用汉语，那面试的时候肯定会跑调什么的，所以就有点儿困难。

　　主问：我觉得你汉语说得挺好的啊！

　　答：在这儿说，还可以，但是，在面试的时候就有点儿紧张，一紧张，就想用蒙语说。想用蒙语说吧，就开始跑调了，语无伦次地回答。在这儿，我就不紧张嘛，所以就好点。面试的时候面对很多人，面对那些招聘单位的人就特别紧张，生怕自己说错话什么的。

　　主问：嗯，那除了这个，还有哪些因素会影响你就业呢？

　　答：我就觉得面试的时候应该打个草稿什么的。如果给我一点时间的话，我就会在纸上把我想说的东西都写上，然后再看上一两遍的话，心里就有个底儿，面试时就会好得多。

　　主问：还有其他的因素吗？

　　答：应该会有的。还有不少呢，我上次面试的时候就碰见过这种事情，就是对自己没有信心。我了解到，别人有的去过英国，有的去过美国，他们说自己在那怎么怎么样的时候，我就特没有自信。我从小到大没有出过内蒙古，没有见过什么大世面，就总觉得自己好像比他们低一等似的，所以面试的时候就有心理压力……

　　（此时，受访者低下头并将目光转向不停揉搓的双手。）

　　值得注意的是，访谈过程中，受访者突然改变一贯的姿势和语速语调，这表明，此时受访者的内心有了波澜，需要及时记录下这种表现。如专栏 8 - 4 辅问者记下"此时，受访者低下头并将目光转向不停揉搓的双手"，便从肢体语言中证实了这位学生的不自信。

　　按照这样的访谈方式，课题组分两组在两天的时间里共访谈了该校 35

名学生，了解到该校毕业生就业现状、存在的问题以及学生的期望。

在按计划访谈完 N 校应届本科毕业生后，我们又请就业工作处处长通知各院系负责本科生就业的辅导员接受访谈。访谈辅导员，是为了了解该校各院系为本科毕业生就业做了哪些工作和存在哪些困难，也从侧面探究本科毕业生就业现状形成的原因以及如何改进院系和学校的各项工作，帮助提升本科毕业生的就业竞争力。

此外，在 N 校领导的帮助下，我们还访谈了该校教务处长，收集了可能影响本科毕业生就业的人才培养模式和课程设置方面的信息。

除了在 N 校进行访谈和问卷调查外，我们还收集了 N 校人才培养方面的文件材料、促进就业的文件和措施制度，为我们深入探究 N 校本科毕业生就业竞争力形成的原因提供了可靠的数据支撑。

（三）数据的管理

1. 研究感受的交流和记录

访谈时，尽管辅问者已记下一些要点，但这远远不够，需要将当天的访谈感受及时记录下来。另外，半天的访谈结束后，我们利用返回途中的空暇时间交流各自的访谈感受，分享调研中的体会，以提高访谈实效，更全面真实地收集资料。

2. 访谈录音命名管理

晚饭后的空余时间，课题组成员尽可能及时地转录访谈录音，记下受访者当时的肢体表现，将白天鲜活的话语情态与抽象的文字结合起来，为后续的数据分析提供更丰富的信息。

在每晚转录当天的访谈录音时，我们需要翻开访谈时的记录，逐一将每个录音文件命名。命名的规则是"院校＋男生／女生"，依次将录音文件从 1 往后编码。如在内蒙古大学先后访谈了 2 位男生、3 位女生，那么所对应的录音文件命名分别为"内蒙古大学男生 1""内蒙古大学男生 2""内蒙古大学女生 1""内蒙古大学女生 2""内蒙古大学女生 3"，以此类推。将某一大学所有的学生访谈录音文件命名完毕后，我们为这些录音文件建立一个文件夹，命名为"内蒙古大学学生20111224"。这个文件夹命名的含义是：2011年12月24日对内蒙古大学学生的访谈。这里需要再次强调，每天访谈结束后，访谈者必须要对当天的访谈录音进行简单的编码命名。因为研究者不可能及时转录完这些录音文件，时间间隔久了，就不知道该访谈录音是哪个学校的，也不知道访谈的是男生还是女生（当然，很多时候，我们听录音能够辨别出是男生还是女生，但还是应该及时命名）。否则，访谈资料的利用价值便大打折扣。切记，每天访谈完毕，访谈者进行这样的初步数据整理工作必不可少。

另外，课题组在田野调研的过程中收集了大量有关本科毕业生就业的文件资料，也需要及时对这些图表、图片、文件文档数据进行初步分析和命名，分门别类地建立保存这些数据的文件夹，注明核心主题和页码，为这些纸质类资料建立电子目录文档，为后续的资料查找和处理提供方便。

3. 录音文字的编码

质性研究获得最大量的资料是访谈录音，需要从这些访谈录音中获得丰富而可靠的信息，找出不同访谈对象观念中的共性和个性的内容，从而为建构解决问题的框架提供较为广泛的现实依据。为此，研究者结合访谈提纲，先泛泛浏览若干份录音文本，找出大致几个方面的内容，初步进行录音编码表的制作，如专栏8-5所示。

专栏8-5

访谈资料的符号编码说明

关于基本信息方面的编码：以X开头。

XSM——少数民族；XMS——蒙语授课；XHS——汉语授课；

XNN——男；XNV——女；XNC——农村；XCS——城市；

XWK——文科；XLK——理科；XGK——工科。

关于就业困难方面的信息编码：以 K 开头。

KYC——英语差；KHC——汉语差；KJC——计算机技术差；

KZC——专业差；KXQ——性别歧视；KMQ——相貌歧视；

KMQ——民族歧视；KQL——缺乏经历经验；KQX——缺乏自信；

KZH——综合能力差；KJQ——缺乏就业技巧；KBD——表达能力差；KXX——社会需求小；KLD——学历低；KGN——就业观念不合理。

关于就业结果方面信息编码：以 J 开头。

JJG——机关就业；JSY——事业单位就业；JQY——企业；

JCY——自主创业；JLY——灵活就业；JZY——自由职业；

JKY——考研；JDY——待业；JQN——区内就业；JQW——区外就业。

关于就业期望方面的信息编码：以 Q 开头。

QFC——就业扶持；QYD——就业指导；QTZ——调整专业；

QGG——教育管理改革；QJG——教学改革；QKG——课程优化；

QXH——学校与外部联盟。

该编码表仅是一个示例，没有完全列举所有的编码类目，特此说明。

在建立信息编码表之后，我们按照编码表的相应符号对访谈录音进行初步编码。如下专栏 8-6 是对"内蒙古师大男生 1"和"内蒙古师大女生 2"的录音文本进行的初步编码。

专栏 8-6

对"内蒙古师大男生 1"录音文本的片段编码如下。

主问：你是什么民族？

答：蒙古族。XSM

主问：本科还是研究生毕业？

答：本科毕业。

主问：你学的是什么专业？

答：化学教育。XLK

主问：你开始找工作了吗？结果怎么样？

答：开始找工作了，有意向但还没签。

主问：你是通过哪些渠道找工作的？

答：就是上网，上学校网，学校的就业信息网上有那些招工，还有就是上外网，如智联网之类的。

主问：你现在有意向的工作是怎么找到的呢？

答：就是我们学校的就业信息网。

追问：你在智联网上投简历了吗？

答：我们投的简历一般都不会有人看，因为我们是蒙古族，第一计算机没有等级，就会普通的办公软件，然后英语什么的，都是挺大的障碍，因为有的招聘单位是必须得有四级、六级或者是口语的那种证明，我们没有。KYC、KHC、KJC

辅问：你是蒙语授课的学生吗？

答：对。XMS

主问：你觉得让你去考大学英语四级、六级的话，难吗？

答：特别难。KYC

追问：你是什么时候开始学英语的？

答：我是初二开始学的。我们的英语在高中的时候一般都是打折进来的，高考时汉语是 70%，英语是 30%，总共 150 分，所以我们一般都忽略英语，不怎么重视。到大学以后，看着同期的汉族学生，他们每天都看英语，而我们一般都不重视英语的。KYC

辅问：那你们大学本科的时候英语授课是什么方式？

答：所有蒙语的学生一起授课。

主问：一般一星期有几个课时？

答：4个课时。

主问：就是每次两节课，每周上两次，是吗？

答：嗯。

主问：你觉得影响你就业的最主要因素是什么呢？

答：我们在这面试的时候一般都是用汉语，那面试的时候肯定会跑调什么的，所以就有点儿困难。KHC

主问：我觉得你汉语说得挺好的啊？

答：在这儿说，还可以，但是，在面试的时候就有点紧张，一紧张，就想用蒙语说。想用蒙语说吧，就开始跑调了，语无伦次地回答。在这儿，我就不紧张嘛，所以就好点。面试的时候面对很多人，面对那些招聘单位的人就特别紧张，生怕自己说错话什么的。KQX

主问：嗯，那除了这个，还有哪些因素会影响你的就业？

答：我就觉得面试的时候应该打个草稿。如果给我一点时间的话，我就会在纸上把我想说的东西写上，然后看上一两遍，心里就有个底儿，面试时就会好得多。KJQ、KQX

主问：还有其他的因素吗？

答：应该会有的。你想啊，我上次面试的时候就碰见这种事情，就是对自己没有信心了。为什么呢？就是了解别人有的去过英国，有的去过美国，他们说自己在那怎么怎么样的时候，我就特没有自信。我呢？我这个人没有出过内蒙古，没有见过什么大世面，就总觉得自己好像比他们低一等似的，所以面试的时候就有心理压力，就是这样的。KJL、KQX

主问：还有其他因素吗？

答：还有就是，专业不符合吧。KZC

……

对"内蒙古师大女生2"录音文本的片段编码如下。

问：你学的是什么专业？

答：我学的是生物科学专业。XGK

问：你现在已经找到工作了吗？

答：我已经签了农村教育硕士。JSY

问：在哪个地方？

答：在兴安盟前旗。JQN

问：你是蒙古族吗？

答：对，蒙古族。XSM

问：是蒙语授课吗？

答：对，蒙语授课。XMS

问：你英语过级了吗？

答：没有。KYC

问：你觉得计算机、英语等对毕业生就业竞争力的影响大吗？

答：对竞争力的影响是非常大的，因为有这几个硬件的话，就业面肯定比别的同学宽。KYC、KJC

问：你觉得心理素质对毕业生的竞争力有多大影响？

答：我认为影响非常大。我们毕业生和用人单位之间毕竟是两个陌生方，两个陌生方交流的时候，如果你心理素质不太好，自我推荐、自我表述不太完整的话，人们就无法了解你。如果用人单位不了解你就没有办法接受你，所以心理素质强、自我调节能力比较好，并且能够对自己有一个全面的表述，让对方了解你，这就非常重要。KQX、KBD

问：那你觉得少数民族大学生在提高就业能力上应该做哪些方面的努力？

答：我想不是关上门自己考虑怎样，因为自己想的和现实一定有不同，所以我们还是多多参加社交活动，提升社交能力，更多地参加面试才行。KZH、KJQ

问：还有吗？

答：可以的话，在社会实践方面多多兼职啊！KQL

问：你认为现在少数民族大学生在就业方面面临的主要问题是什么？

答：从普遍的情况来说，少数民族学生外语方面有点差，然后这个汉语，和汉生（接受汉语授课的学生）比起来肯定不够硬，所以语言方面的障碍对就业的影响是头号的。KYC、KHC

问：好，那你觉得还有其他方面的问题吗？

答：还有就是现在少数民族地区社会经济发展比较差，大型企业比较少，大伙儿要进的主要是事业单位。所以，进事业单位的竞争压力就上来了。KXX、KGN

问：除了事业单位，其他的一些工作压力不是很大，福利待遇也不错，为什么大家不愿意去呢？

答：因为，首先，事业单位以外的企业对少数民族好像没有具体的照顾。另外，少数民族毕业生如果往这些方面发展的话，他的语言还是有一定的障碍。KGN、KHC

问：你对学校在提升学生就业竞争力方面有什么建议？

答：在大学教育的管理上做一些调整，因为我觉得从高中到大学都有一个放松的状态，不光是我们学校，我也观察了一些临近学校或是从电视上也看到一些别的学校的学生，在大学里放松得比较厉害，只有少数部分同学有全面规划，一直在努力拼搏。然后，希望学校和一些用人单位合作，让学生可以到那儿去实习，有效地实习。另外，希望学校针对用人单位的需要培养学生，希望我们这个专业多开设一些应用性强的课程，或者对应用性比较差的专业在选修课中增加一些应用性的知识。QCG、QXH、QKG

问：还有什么建议吗？

答：学校和学院方面要不定期地进行就业指导。比如说，大三的时候各院系都会组织一个考研交流会，在考研交流会上也可以分析一下就业方面的问题。QYD

对访谈文本统一编码，主要为了方便以后对大量访谈资料进行归纳分析。在所有访谈文本统一按照编码表①编码之后，便可以将这些单一的录音文本合并到一个总文档里。在合并时，我们将每个录音文件的名称转换成总文档的一级标题。这样做的目的是，检索到某一编码类目后便知道是哪所学校的男生还是女生提出的。例如，"内蒙古师大男生1"这个录音文本合并到总文档里，便可以将总文档增设一个一级标题为"内蒙古师大男生1"。这样，查找到相应编码类目便知道这是内蒙古师大的一位男生说的。

当所有的录音文本转变成为一个总文档的时候，便可以借助文档查找功能，找出某一类目出现的频次，根据每种编码类目出现的频次，能够从中找出最为普遍的内容，这有助于我们把握现状及根源，为学校创新制度、改善本科毕业生的就业现状提供最直接的现实依据。

五、研究发现

课题组分析整理了该校毕业生的访谈录音后，初步掌握了该校毕业生的就业现状以及存在的问题。

从就业率来讲，该校毕业生的初次就业率与其他院校情况类似，不是很高。根据以往各届毕业生就业的经验，毕业一两年后，通过考研、考公务员、出国、创业以及灵活就业等途径，大多数毕业生都有去处。

从就业能力来讲，学生干部和汉语授课的毕业生就业能力较强，较容易找到工作。就业能力强的毕业生一般都有英语和计算机等级证书，学习成绩中等以上，表达能力较强，善于与人沟通。

从就业制约因素来看，毕业生普遍认为英语、计算机等级证书和综合能力很关键。首先看英语计算机等级证书，其次是综合素质。综合素质

---

① 编码表是课题组根据访谈提纲和访谈录音中出现的频次制作的，可以根据实际情况不断增加类目，但一旦编码表制作完毕，课题组成员处理录音文本时必须要统一使用这个课题组制作的编码表，否则就会出现混乱，访谈资料便不能进行归纳分析。

中，最重要的是表达沟通能力，面试中的方法技巧也很重要。毕业生并没有把专业放在制约就业的最关键位置，这主要是因为很多本科毕业生所找的工作并非对口，招聘单位也没有严格限制是何种专业，跨专业就业的现象较为普遍。因而，专业不是制约他们就业的最重要因素，没有被学生放在最重要的位置。

从就业去向来看，去事业单位的毕业生所占比例不是很高，去国家基层项目和地方基层项目岗位就业的人数也不多，但在企业就业和灵活就业的比例较高。毕业生多数在内蒙自治区区内就业，主要集中在所读高校周边的城市。

从就业心态来看，毕业生能够较为理性地看待目前的就业形势，他们一方面努力地去找工作，一方面积极为自己的去处做规划。有的一边考研一边找工作；有的愿意从事临时性的工作，积累工作经历和实践经验以期转换到更好的单位；有的积极为公务员考试做准备。当然，更多的同学积极地奔赴各大招聘场所，寻找就业机会。他们很少抱怨，也不颓废，以自己的力量去寻找出路，积极为国家和社会贡献才智和力量。

从改善就业现状的期望来看，毕业生希望学校加强教学管理，提高要求标准，尤其对于蒙语授课的学生，要更加严格要求英语和计算机所应达到的程度，避免学生毕业时因英语和计算机拿不到等级证书而难以就业；希望学校加强实践和实习教学，增加学生实践经验以满足用人单位的要求；希望学校加强就业实用技能的培训，提高学生笔试和面试能力；希望用人单位放低门槛，降低对工作经历和实践经验的要求，因为目前学校在这方面的条件还不完善，无法让学生具备用人单位所看重的实践经验和能力，只能期望用人单位给他们一个锻炼的机会，他们愿意尽快磨炼成长，给单位创造价值；希望政府能够给予一定的政策扶持，尤其是对蒙语授课的毕业生应出台政策，鼓励用人单位按照一定比例接受蒙语授课的毕业生。因为他们是蒙汉兼通的毕业生，汉语水平尽管达不到汉语授课毕业生的程度，但完全能够胜任非语言类的工作。

六、研究体验与反思

本次田野调研，让我们面对面地感受到了少数民族学生和民族高校学生的那份质朴与坚韧。他们积极乐观，以不懈的努力去开拓自己的未来。他们是有思想、有见解的热血青年。尽管意识到现行教育制度和就业制度存在的一些问题，但他们抱着平和的心态、期待的心情渴望各方面的情况有所改善，也积极地表达自己的心声和期待。这是我们除了课题研究目的之外的收获，也增添了我们教育工作者在服务民族教育事业的道路上奋勇前行的勇气与力量。

本次调研虽然达到了我们预期的效果，但也存在不少问题。

第一，访谈对象不是我们自己选择的。这可能会涉及访谈对象是否具有群体代表性的问题。尽管我们自己选择访谈对象会因信息上的盲点，无法找到最具代表性的访谈对象，但让全面掌握学生信息的被调研学校去选择访谈对象，他们出于某种顾虑和担忧，不可避免地存在受访谈者不具代表性的问题。

第二，访谈时只有录音，没有录像。我们的调研工具不是很全面，仅有录音笔而无摄像机，这不利于全面收集真实的信息。因为录音笔只能记录受访谈者所表达的意思，不能反映出受访者真实的心理状况。很多时候，"无声"的表情和肢体语言比口头表达更能反映人的内心世界。如果访谈时进行录像，在整理资料的时候分析受访谈者的语言表情，就能更真实、全面地收集受访谈者的信息。

第三，没有给配合我们调研的教师和学生们赠送礼物。为了配合我们的调研工作，领导、教师和学生们付出了不少时间和心血，我们理应奉上一些小礼品表达歉意和谢意。但由于时间仓促，前期准备不充分，没有事前采购小礼品，到了陌生的城市，又不知道去何处采购。这给我们的田野调研工作留下了遗憾。

概而言之，实地的调研工作，事前要有周密的筹划，不仅要准备好访谈提纲，还要准备一些小礼品赠送给配合调研的老师和学生；调研时需要得到被调研单位的支持配合，取得被调研对象的信任，使受访者愿意敞开心扉谈出自己的想法和感受；访谈时需要两位访谈者分工合作，一个主问，一个辅问，并及时做重点记录，尤其注意记录受访者现场非言语的反应，如沉默、蹙眉、心神不宁等情状；调研结束的当天晚上需要及时总结当天的得失，以进一步改进提高调研的方法技巧，高质量地完成调研任务。

七、研究成果的呈现

完成一系列研究过程，获得真实全面的研究发现，便可以将本专题的研究成果加以呈现。一般来说，呈现研究成果既可以是对某方面突出问题深入探究后形成的公开发表的学术论文，也可以将整个研究过程、研究发现和对策建议写成研究报告提交给有关部门，或者是两者同时展开。

下面主要围绕如何撰写研究报告做一些说明。本专题的研究报告有两类：一是某所院校的本科毕业生就业竞争力的研究报告；二是民族高校本科毕业生就业竞争力的研究报告（因为本研究的对象是民族地区高校和13所民族院校）。不管是哪种类别的报告，其主体内容都应该包括四个部分：

（1）研究背景。

（2）研究设计与实施过程。

（3）研究发现。

（4）提升民族高校本科毕业生就业竞争力的制度创新建议。

在这四个部分中，后两个部分最为重要。研究发现是本课题研究的重要价值和目的所在，撰写时要逻辑清晰、系统全面地加以呈现，让接受报告的部门掌握民族院校本科毕业生最新、最全的信息，为其正确决策提供重要的信息支撑。第四部分的对策建议，应尽可能大胆、充满想象地提出具有冲击力的建议，不疼不痒的建议不能引起决策者和管理者的重视。当然，每提出一个对策都要由研究得到的数据和事实作为支撑，否则也会因报告的无中生有而不能引起领导们的关注。

第二节 少数民族地区学校布局调整
政策执行的质性研究①

2001 年，国务院做出《国务院关于基础教育改革与发展的决定》，其中一项内容是"因地制宜调整农村义务教育学校布局"，按照小学就近入学、初中相对集中、优化教育资源配置的原则，合理规划和调整学校布局。农村小学和教学点要在方便学生就近入学的前提下适当合并，在交通不便的地区仍需保留必要的教学点，防止因布局调整造成学生辍学。布局调整政策实质是根据现实情况对教育资源的重新配置，那么该政策实施的效果如何呢？由于不同地区自然、经济等环境各不相同，该政策能否"因地制宜"是其执行落实的关键。然而，布局调整政策为何进入研究者的视域，被确定为研究对象？研究目的、内容又是如何确立，选择什么样的研究方式，怎样展开调查研究，调查过程中遇到什么样的问题，如何处理这些问题，等等，都是在研究布局调整政策中不可避免遇到的问题。

一、如何选题

（一）选题背景

中国是统一的多民族国家。中国现已识别和公布的民族有 56 个。据2001 年第五次全国人口普查，汉族占全国总人口的90%以上，其他55 个民族统占全国总人口的8.41%。其中，71%的人口居住在约占全国国土总面积64%的 155 个民族自治地区，其余的人口则散居在全国各地。由于民族地区和少数民族现代教育发展水平相对滞后，因此，为了保障少数民族

---

① 第二节和第三节案例均来自苏德教授主持的联合国教科文组织西班牙千年发展目标促进基金"中国文化与发展伙伴研究"项目"中国少数民族基础教育政策研究"课题和国家社会科学基金教育学重点招标课题"民族教育质量保障和特色发展研究"的研究成果。

的受教育权，促进民族教育的发展。新中国成立后，中国政府一直重视并出台了一系列民族教育政策。同时，相对于少数民族，建立专门的教育管理机构；赋予和尊重民族自治地区自主发展教育的权利；重视民族语文教学、双语教学，加强少数民族文字教材建设；加强少数民族师资队伍建设；在经费上对少数民族和民族地区给予特别照顾；举办多种类型的民族学校，对少数民族采取定向招生的办法；在招生和生活上对少数民族学生给予适当照顾；组织发达地区对民族地区开展对口支援等。

目前，民族教育得到显著发展。在民族地区，已有各级各类学校83726所，在校学生2943万人，各类专任教师154.1万人。其中，有1万多所学校使用21个民族的文字，开展民、汉双语教学，在校学生达600多万人。但民族教育的整体发展水平不高，尤其是在少数民族人口比较集中的八个省区，不少民族自治地方"普九"率只有50%左右。全国有12个民族达到小学文化程度的人口比例，不到全国平均水平的一半。

在近十年里，民族教育政策的完善和实施力度呈现出前所未有的态势。进入21世纪后，中央政府专门出台了《国务院关于深化改革加快发展民族教育的决定》（2003）。其他许多政策法规也特别重视民族教育问题，例如，《国务院关于实施西部大开发若干政策措施的通知》（2000）、《中华人民共和国民族区域自治法》（2001）、《国务院关于印发中国农村扶贫开发纲要（2001—2010年）的通知》《国务院关于进一步加强农村教育工作的决定》（2003）、《扶持人口较少民族发展规划（2005—2010年）》等。尤其是民族问题近年受到高度重视，少数民族发展被确定为国家"十一五"规划（2007）的重要组成部分。但是，少数民族基础教育依然面临严峻的挑战。长期以来，民族基础教育政策不断出台，但具体的实施过程和实际效果却存在不同情况。虽然这些政策立意明确，目的在于提高民族教育水平，但由于对少数民族基础政策执行过程缺乏严谨的评价，影响其实施效果。特别是政策执行中缺乏对少数民族文化、儿童文化养成和高质量教育的关注，使得政策实施效果不彰显或容易出现偏差，甚至是负面效应。

（二）　研究目的

由此，本研究开始思考政策措施在实践中是否得到贯彻落实，是否实现了其政策目标？实现的程度如何？促使政策目标得以实现或导致政策执行出现偏差的影响因素是什么？这些政策对目标群体的生活带来了哪些影响？这些政策是否满足了少数民族儿童接受教育的需要？这些政策是否考虑到了少数民族文化？等等。因而，本研究力图通过对少数民族基础教育政策实施过程状况进行研究，了解、把握少数民族基础教育政策实施过程中不同利益相关主体的行为、决策及其根源，从而找到影响政策执行及其实施效果的因素。但由于少数民族基础教育政策规定庞杂，研究者需要选取具有代表性的具体教育政策规定作为个案进行研究。

20世纪80年代初期，农村中小学布局开展了局部调整。1986年，《中华人民共和国义务教育法》中第十五条规定："县级以上地方人民政府根据本行政区域内居住的适龄儿童、少年的数量和分布状况等因素，按照国家有关规定，制定、调整学校设置规划。新建居民区需要设置学校的，应当与居民区的建设同步进行。"此后，我国进行了第一次较大规模的农村中小学布局调整，各级地方政府以农村初、高中为重点，撤并了一批规模过小的"麻雀校"，初步完成了农村教育资源的整合。

近年来，随着"两基"攻坚和"普九"工作的深入推进，农村义务教育的改革与发展日益成为我国各项工作的重中之重，农村中小学布局调整问题再次受到高度关注。

2001年颁布的《国务院关于基础教育改革与发展的决定》中，将调整农村义务教育学校布局列为一项重要工作，并指出应"因地制宜调整农村义务教育学校布局。按照小学就近入学、初中相对集中、优化教育资源配置的原则，合理规划和调整学校布局。农村小学和教学点要在方便学生就近入学的前提下适当合并，在交通不便的地区仍需保留必要的教学点，防止因布局调整造成学生辍学。学校布局调整要与危房改造、学制规范、城镇化发展、移民搬迁等进行统筹规划。调整后的校舍等资产要保证用于发展教育事业。在有需要又有条件的地方，可举办寄宿制学校"。同年，国务院召开的全国基础教育工作会议也将农村中小学布局调整，列入当前发展农村义务教育要重点抓好的六项工作之一。自 2001 年起，各地政府纷纷制定本地区的农村中小学布局调整规划，第二次农村中小学布局调整工作在全国范围内广泛开展。

2002 年和 2003 年，国务院和财政部分别下达了《国务院办公厅关于完善农村义务教育管理体制的通知》和《财政部关于印发〈中小学布局调整专项资金管理办法〉的通知》，从管理体制、经费保证方面进一步推动农村中小学布局调整工作，各地政府也都加快了布局调整的步伐。

自 2001 年全国大规模的农村中小学布局结构调整开展以来，部分地区，尤其是一些经济较为发达的农村地区因地制宜、实事求是地合理调整中小学布局，集中力量改善了一批乡镇中心学校的办学条件，使合并后的中心学校实现了一定的规模效益，当地的教师队伍质量与教育教学水平得以提高。但是，当前部分地区在调整农村中小学布局的过程中出现许多新问题。一些地方政府不能科学、合理、因地制宜地执行调整政策，盲目地撤并和减缩当地农村中小学校，严重地影响了一些农村地区义务教育的健康、持续发展，使不少原本能就近入学的农村儿童及其家庭陷入求学困境，产生了许多农村教育的新问题。

针对此类问题，教育部办公厅颁发了《教育部办公厅关于切实解决农村边远地区交通不便地区中小学学生上学远问题有关事项的通知》，对某些地区中小学布局调整过程中出现的学生失学、辍学和上学难问题，要求各地布局调整，"实事求是，因地制宜"，并要求各地教育行政部门要"慎重对待撤点学校"。继而，教育部又发布了《教育部关于实事求是地做好农村中小学布局调整工作的通知》，总结了有些学校布局调整后出现的学生辍学、大班额授课、寄宿条件差及教育资源流失等种种问题，再次重申布局调整一定要"以人为本""充分论证、统筹安排、稳妥实施"，要本着"先建设、后撤并"的原则实施布局调整。教育主管部门连续出台两个文件，针对同一个问题提出了指导性意见，可见农村中小学布局调整过程中出现的问题已经不再是个别现象，而是违背了布局调整政策的初衷，必须引起高度重视。

现实的情况让我们必须认真思考，从布局调整和寄宿制的政策文本来看，"小学就近入学，中学相对集中，优化教育资源配置"似乎并没有给各级教育行政部门制定任务。但各地关于布局调整和寄宿制的报告文件中又几乎都在强调"撤并率"，甚至有的地方撤并的重点是"规模小、效益差"的学校，同时将布局调整工作作为各级政府的政绩考核内容。那么，他们是如何理解政策的？在政策执行过程中又是如何决策和作为的？对于实施结果，人们评价毁誉参半。人们对于通过这种方式让更多的人享受到优质教育资源给予了认可，但布局调整、大规模整合之后出现的小学生上学路途远，人身安全、交通安全得不到保证，隐性辍学严重等问题，特别是近期频繁出现的校车事故现象使得其负面效应凸显，使人们对此政策的实施效果出现不同的评价。

因而，本研究确定以布局调整政策为个案，通过调查各地执行过程中重新决定的具体实施策略和落实情况及政策受众——学生、家长及学校教师、管理者等角度，来探究民族基础教育政策制定、执行过程及各地实施情况，并就此提出相应建议。

为此，研究者的研究任务具体为：首先，对布局调整相关政策文件进行收集、深入评估和分析，并基于此确定本研究实际调查的目标省，如贵州省、云南省、青海省以及各省份的具体个案学校和社区。其次，基于个案研究和社区研究来检验针对少数民族儿童教育政策的落实情况，确定其存在的挑战、差距和优势。了解政策相关群体对该项政策态度和认知以及该项政策给这些群体带来哪些变化，是否达到了预期的目标。第三，分析国家和省级政策的实际资料，提出政策建议，确定有效实施少数民族教育政策的行动。其中，深入个案学校和社区田野调查，特别是要了解政策相关利益群体对政策的理解、看法和态度以及政策带来的影响，这也是研究政策过程的关键环节。

二、调查研究方案的确定

首先，主要了解布局调整政策的内容，分析政策出台的背景与原始目标，并分析其所涵盖的内容。主要是从保障少数民族教育权利、提高教育质量、学生发展和文化养成等方面展开研究，从而为下一步实地调查确定依据。

其次，基于对项目点学校和社区的现场研究，深刻描述民族教育政策的实施过程、结果与差距，进一步分析收集翔实的数据。现场研究的个案选点策略是，根据教育发展水平、民族文化等维度，在目标县选择典型学校及社区。若有可能，必须包括一个民族语言授课学校或专门为少数民族儿童开办的学校，由此确定调查的个案地点和数量。本部分力求全貌揭示政策实施过程，故主要运用人类学的深度访谈，以体现当地民众的声音。因此，调查对象包括：（1）教育系统人士——学生、教师、教育官员和当地学者；（2）社区人士——学生家长、宗教人士、村寨老人和民间艺人等。

最后，对调查所获得的资料进行分析并提出相应的对策。主要包括三方面：（1）对比政策文本与实施结果，发现成效与差距、经验和教训。（2）对不同个案数据进行比较，尤其是对访谈的二次分析，探明制约少数民族教育政策有效实施的因素和必要举措。（3）从成功个案中归纳出可推广的经验，同时收集国外解决相关问题的有效政策，提出革新对策。

因此，本研究采用的具体方法和技术路线（见图8－1）在于坚持定量与定性分析相结合，加强定性研究，尤其是重视借鉴强调文化多样性和当地人观点的人类学田野工作技术，运用三角互证、主位（emic）与客位（etic）兼顾等策略，对调查结果进行深度的全貌分析。同时，重视运用草根性方法，与各调查个案点相关群体合作进行个案研究，发掘本土智慧和愿景，并通过旨在实践革新的行动研究，反思现状，促进民族教育政策能力建设。

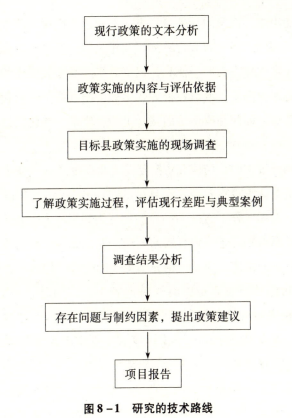

图 8 - 1 研究的技术路线

三、田野过程

（一） 进入现场和遇到的困难

对于每一个田野调查研究者来说，进入田野都是一个难题。这次进入现场的途径主要是通过行政的方式，通过上级发放文件来获得当地行政官员的支持和帮助。在当地行政官员的介绍和帮助下进入调查社区和个案学校，并尽量让调查小组居住在被调查对象当中，以加快对该社区及个案学校的熟悉，并建立相互之间的信任关系。

以官方介入的方式进入田野调查，虽然在某些方面容易获得当地所给予的方便，但也会遇到一些问题。特别明显的是，由于是官方途径，当地行政部门不能拒绝，但又因为来自官方，不知道我们深入调查之后带来什么样的结果。因此，当地教育行政部门和相关部门领导和工作人员虽然热情款待，在住宿饮食方面给予便利，但是对于涉及相关工作的具体情况的信息却明显持保留态度；或以各种方式、理由搪塞或拒绝给我们提供详细的、具体的信息。即使是碍于情面接受了访谈要求，在访谈过程中也不那么顺利。

在整个调研过程中，访谈和观察是非常重要的资料收集方式，借鉴了人类学的视角，认为观察者是"在自己的时间和空间"，并以自己的"自然作息方式"开展工作，试图明确他们的行为和想法之间的关系。访谈是探究行为背后原因和观念特别有效的方法，但是如何让被访谈者接受自己并表达自己真实的情感，却是一个充满挑战的问题。例如，我们在 H 省个案点访谈 M 市当地行政官员的时候就遇到类似的问题。按照预定目标，要访谈 M 市民宗局行政官员和当地教育局行政官员，经过多方斡旋，原来态度坚决的教育局终于缓和下来，答应接受笔者和另外同行教师的访谈，但民宗局行政官员却借口普法工作繁忙拒绝访谈。经过多次沟通，虽然该行政官员同意在特定一天的上午 9：00 到 10：00 接受访谈，但在与我们见面时却用当地方言跟我打招呼并介绍基本情况。笔者对某些日常用语还可以断章取义，但是无法完全领略其含义。笔者当时觉得访谈肯定是不能进行了，只好陪着 M 局长聊天。

在进入个案学校时也面临同样的境况。学校管理者和教师看到调查组由上级领导送过来并进行介绍，由于不知道调查组的背景和目的，学校管理者和教师们对调查组感到陌生和有所戒备，甚至有些学校管理者会用各种方式来打探。学校管理者接受调查组的访谈时都是给予官方说辞，教师们不愿意接受访谈，甚至对调查组的态度非常冷漠。有的教师本来答应接受访谈，但基于种种顾虑，又改变了态度。在进入 Y 省一所个案学校时就遇到这种境况。

由于到达调研地点的时间，正好赶上当地的农忙时节，学生家长都忙于农活。又由于有些学校布局调整之后，特别是山区，要步行到学生家里，需要一定的路程。加上语言不通和对当地情况不熟悉，想找家长进行访谈并不容易。例如，在进入 Y 省一社区调查时，当地农民忙于收割稻谷和烟叶，家长根本没有空闲时间接受调查组的访谈。由于所调研社区位于边境地区，存在吸毒等社会问题；学校管理者和教师们大多来自外地，与当地人尤其是家长接触、交往较少，无法成为引领我们进入社区的向导；基于安全考量，晚上出去访谈并不是最佳选择。同时，由于当地人主要使用少数民族语言，很少使用汉语，即使有些人粗通汉语，但都是使用当地方言，因而在交流中存在很大的困难。

（二） 调查组采取的策略

首要的是，让当地教育行政官员等相关群体尽快了解研究者调查研究的目标和内容，说明我们调查的意图，让他们减少顾虑的同时，加强大家的联系和交往，相互熟悉，相互信任，以尽快形成合作关系。例如前面 H 省个案点访谈事例中，为了打消 M 市相关行政官员的疑虑，除了讲清调查意图之外，还通过介绍自己的情况，互相了解，开展深入的话语交谈。以 M 市民族宗教事务局行政官员为例，调查组在访谈中采取的策略是：尽量将对方熟悉的内容纳入到访谈中来，以获得对方的认可和配合。"我当时觉得访谈肯定是不能进行了，只好陪着该行政官员聊天。期间突然聊到各自的老家，该行政官员说自己是 X 中心寨的人，我说已经在 X 小学中学待了 2 个星期了，那里的老师都知道您，说您是景颇族的精英（之前对 M 局长做过一些了解，也曾问过一些老师 M 局长的基本情况）。我还到过中心寨，一个姓罗的老人家里，老人对您也赞不绝口。该行政官员立刻非常激动，连问了三遍'他们真的都知道我啊，年轻的老师也知道啊！'不知道为什么，自那之后，M 局长开始用普通话，告诉笔者他原来在 X 乡做书记，乡政府的那棵大树就是他栽的，幸好笔者也去过乡政府。那位姓罗的老汉是他姑父，曾经对他帮助很大。总算是能对话了，访谈才真正开始，这个时候距笔者到民族宗教局已经 47 分钟了。之后访谈进行了 3 个小时，其中有 25 分钟是 M 局长在讲述自己的成长故事。中午得到 M 局长的盛情款待，吃到了景颇族独特的美味。"

其次，加快融入到当地群体中。积极熟悉当地的风土人情，参与当地人的各项活动，加强与教师和当地人的接触。例如，进入 S 省时，为了表达诚意，我们毫不犹豫地接受以前没有接触的菜肴和酒水，如毫无惧意地接受牛粪汤和米酒之后，他们才把我们当作"自己人"。时间长了，当老师和学生对我们"熟视无睹"之后，我们才真正建立了一种信任的、合作的关系。

第三，借助教师和学生的力量进入社区。调查成员住在个案学校的教师宿舍，便于与学校教师、学生乃至当地村民们沟通相处，并在空余时间尽量开展个案学校和当地人所需要的活动，如在 T 个案点为学校教师进行心理培训活动、学生活动组织等。在不熟悉社区的情况下，借用学生对社区的熟悉情况，借助与学生形成的朋友关系，由他们引导进入社区，对家长进行访谈。遇到语言障碍的时候，邀请熟悉民族语言和普通话的学生做我们的小翻译，使访谈得以顺利进行。特别是通用双语、当地出生的学校教师对我们的帮助非常大，不仅能够找到人担任翻译，还通过他们的介绍和凭借教师在当地的信誉，确保了访谈顺利进行。

第四，参与到家长的农忙中。调查成员为了能够接近和完成对家长的访谈任务，进入当地人家庭中帮助他们做农活，以获取信任，在做农活过程中完成访谈等调查任务。同时，对家长进行访谈时还准备了礼物。

四、调查发现和反思

（一）调查发现

调研组通过实地调研，收集家长、教师、校长、行政官员和学生的看法和意见，从是否与政策实施目标有偏差、是否保障少数民族学生受教育机会、是否提升教育质量、是否有助于当地社会经济发展特别是民族文化保护与传承，以及是否出现未预期结果等维度来分析和概括。

布局调整政策对于优质教育不多、分布不均的地区而言，有利于让更多适龄儿童享受优质教育资源。同时，能够在布局调整中集中建设寄宿制学校，有利于保障儿童接受教育的权利。但是，由于各地在布局调整中或

264

多或少存在着未基于当地实际采取的布局调整，带来了不良的、消极后果，特别是安全隐患和隐性辍学等问题。

1. 不同群体的观点

布局调整执行过程涉及的相关主体有当地教育行政部门、当地乡政府、村委会、校长及教师和学生家长，这是涉及群体较多的一项政策。由于这些群体在政策执行过程中所处的位置不同，政策执行过程中结成的关系和利益不同，因而对政策目标的理解和执行的影响也有所不同。

（1）教育行政官员——"集中办学"和"方便管理"

教育行政部门官员一开始对布局调整的理解存在一定盲点，是根据自己对当地实际的认识和工作经验来理解布局调整，并对该项政策进行阐释，在此基础上确定该地区实施方案，形成实施布局调整的具体目标、任务和方式。各地的实施原则和方式也有所不同，如不同地方对"就近办学"原则的理解和阐释有差异。

（2）校长——"必须执行"

校长是落实撤点并校的关键执行者，但处于不同层级的校长，在执行过程中的权力并不对等：被撤并学校的校长在政策执行过程中完全处于被动和无话语权，但他们认为这是一项上面的政策，"必须要执行"。即使学校校长对自己所在学校被撤并一事有怨言，也是无条件执行。而对于操刀执行的中心校校长们，这是上级下达的政策，必须要执行，因为地方撤点并校是考核行政官员和校长政绩的一个指标项。

（3）当地政府——"丢包袱"和"解决问题"

虽然 2001 年颁布的《国务院关于基础教育改革与发展的决定》规定，农村义务教育实行以县为主，但在 Y 省、G 省等调查目标省份，学校除了承担教学等任务之外，还承担禁毒防艾、最低生活保障发放、养老保险收取、人口普查等社会工作，并和乡政府共同负责控辍保学工作。同时，在撤点并校过程中说服村寨委员会同意撤并学校，还需要乡政府的出面、协调。因而，在撤点并校政策执行过程中，当地乡政府成为一个重要主体。由于当地政府不能承担对学校校舍维修费用等问题，极其希望通过这种方式解决现实问题。

(4) 学校教师——"被动"和"无所谓"

在执行撤点并校过程中，教师处于被动接受地位，有些地方的教师还要完成政府要求他们做好劝服家长的任务。他们对于撤点并校的态度主要分为两种：一种是从学生角度来考虑撤点并校所带来的不利和有利之处，但并不会公开反对撤点并校；另一种是持"无所谓"的态度，特别是撤点并校之后，他们能够从山里出来，因此对撤点并校的反对呼声并不高。

(5) 学生家长——"不满"与"无奈"

学生家长、村民并不知道撤点并校政策，也不知道所在地学校要被撤并，一般是临到撤并时才知道。他们的信息主要来源于学生或老师、村里人的议论。即使家长不同意撤并学校，但一般是"无奈"地接受既成事实。因为如果不接受，就要承担相应的惩罚，而这种惩罚直接触及家庭的经济利益。

2. 政策实施现状

首先，调查目标地区都把布局调整作为教育工作的重心之一。调查目标地区已经开始实施布局调整，并继续将此作为下一阶段工作的重点；个别项目地区因为当地实际和教育经费不足等原因，并没有开展大规模的布局调整，但将此作为当地未来教育工作规划的重心。

其次，所调查的目标地区中小学阶段进行布局调整力度有所不同。调查目标地区山区居多，原来小学布局相对分散，举办寄宿制的学校较少；中学分布则相对集中并且大多实行寄宿制。因此，小学阶段布局调整的力度较大、涉及范围较广，中学阶段相对而言布局调整力度不大，涉及范围较小。由于中小学教育阶段学生年龄不同，中小学阶段实施布局调整遇到的问题也有所不同。

第三，"小学就近入学、初中相对集中、优化教育资源配置"的布局调整原则与当地实践标准不一致。2001 年颁布的《国务院关于基础教育改革与发展的决定》规定了布局调整的实施原则为："小学就近入学、初中相对集中、优化教育资源配置……在有需要又有条件的地方，可举办寄宿制学校。"但由于当地行政部门对近的理解不同，导致撤点并校中出现不同的标准规定。特别是在没有增加教育资源投入或增加投入很少的情况下，短时间内将几所学校陆续合并到一所学校，学生人数的增加导致管理负担的加重并加剧了原有教育资源的紧张，如教室和宿舍紧张、班额扩大、师资紧张等；没有实现预期目标，即教学设备资源集中高效使用、学校硬件得到建设、农村教师的工作生活环境有效改善。

第四，接受优质教育资源的机会增加与隐性、间断性辍学增加之间的矛盾。教师、校长认为，布局调整目的是要让孩子能上学，还要上"好"学。能够使处于偏远山区、教师结构性缺乏、教学资源薄弱的原教学点的学生有机会享受到优质资源，能够完成因没有老师而不能开设的音体美、英语等课程，能够完成因原校没有教学设备而上不了的计算机课、实验课等。然而，布局调整后的交通问题、负担加重等原因，导致学龄儿童超龄上学和隐性、间断性辍学现象的出现。

第五，无法判断教学质量是否提高的问题。布局调整政策目标是为了让学生能够享受到优质资源和提高成绩，当地教师和大部分学生家长也认为调整布局能够使学生接受更好的教育，条件要比原来的好，因此，学生的学习成绩能够得到提高。然而，对于学生学业成绩、学校教学质量是否提高，却没有任何评价和比较，也就无从断定布局调整实施结果是否具有正向作用。

（二）　调查的反思

政策执行过程研究是动态的、微观的，需要调查者进入一定的场域，深入到政策相关者特别是政策受众当中去了解他们的认识、理解以及给他们带来的影响。为此，就要处理好调查者主观认识和被调查者自身认识及话语表达的关系。因此，在访谈了解当地人们的思想时，也可从亲自观察被调查对象的实际活动来了解文化行为。思想活动与行为之间有差别，它们的关系极为复杂，辨明两者的差别并不能全面说明整个文化的问题。研究可从两个不同角度，即事件参与者本人和旁观者的角度去了解人们的思想行为，从而做出较为客观的评判。虽然在调查中应该坚持此原则，但由于不熟悉当地社区文化和人们言行特征，对于他们所表达的话语以及行为表现不能很好地认识和描述，会在一定程度上影响研究的客观性。特别是由于该研究涉及政策议题，一般而言，在地方尤其行政部门工作人员极少轻易把政策及其执行状况和结果透露给外来者。因而，其所描述的情况和传达给我们的信息，作为调查者在接受、概括和分析过程中不一定能够完全做到"客观"和"价值无涉"。因此，对于有些信息和现象的关注、把握甚至分析会存在一定的偏差。同时，调查研究技巧及其运用状况，也会影响调查的质量和对信息的把握与辨别。

（三）调查的体验

生活不便是遇到的第一个问题。到调查地点的时候，正好是当地天气比较炎热的季节，所借住的房子中根本没有任何避暑设备，洗澡吃饭都成问题。因为调研个案点大多地处偏远地区，商品经济发展程度不高，极少有小饭馆。路边虽然有些小卖部，但门面特别小，就是一个玻璃柜，所售物品也非常有限。平时学校上课时可以和老师们搭伙，但到周末就需要自己准备。好在学校老师给我们拿了一些米和电饭锅。因为电饭锅不太好用，经常"跳闸"，只能煮粥，煮出来的粥经常是"夹生的"。洗澡要跑到隔壁的村部去洗，但由于去洗的人多，不能保证热水充足供应，经常是洗到一半的时候没有热水或下水道不通畅出现满地都是脏水的情况。而且，这个季节虫子很多，蚊子经常叮得人没处躲，灯下看到很多不知名的昆虫，往往一觉醒来，身下有一片被压死的虫子。从所居住的地点到第二个个案学校进行调研的路途比较遥远，无法步行，只好雇当地"蓬蓬车"，四个人挤坐在里面。每天晚上要整理一天观察和访谈所收集到的资料，并对可能遗漏的问题、信息进行讨论，确定第二天要访谈的内容，直到凌晨才能睡觉。第二天早晨大家匆匆忙忙起来，简单梳洗，路边买几个包子就上车，在轰隆隆的响声和一路颠簸中一边吃一边讨论今天要访谈的内容。在高强度的工作中，有的调查成员染上了感冒，有的成员被蚊虫叮咬后出现过敏等问题。但我们都克服了这些困难，比较好地完成了预期调查任务。调研过程中有苦也有乐。我们感受到当地人民的淳朴、热情、好客，也品尝到了当地"美味"，体验到当地的风土人情。以至于结束调研任务要离开时，我们每个人都恋恋不舍。调研中的点滴发现、分享心得是我们一天疲惫工作后最喜悦的事情，也是我们第二天继续工作的动力。

调查组成员在每天的调查、整理资料、撰写田野日记等一系列工作中不断获得进步。有的调查成员是第一次进行田野调查，实地调查技能并不熟练。起初进行调查的时候会遇到一些问题，但他们通过不断地反思、交流，在后期的工作中避免出现同样的错误，提高解决实际问题的能力，调查技能也不断提高。更为重要的是，他们能够由刚开始的新奇的旅游者心态转变为学术思考、旁观者客观的立场，观察、分析种种现象。在思考问题的时候能够置换立场，形成多元的思考视角，对于当地文化、风俗习惯等能够客观看待。这些有助于调查者们从日常生活场景观察入手，切实发现政策实施所带来的影响。下面的一则田野调查日记（见专栏8-7）是调查组成员在调查开始第一天所写的，从这里我们能够感受到调查组成员调查的体验和心得。

专栏8-7

5月17日　田野日志①

早晨起来，9点在江和敖的房间开了个短时会，主要明确了今天的分工问题。调研全体人员去教育局先做个全体座谈会，然后让我们学生找教研中心的人员进行访谈……主要是按照手册里的教师访谈提纲来进行访谈。9点30吃完早点之后，直接去市教育局。访谈的主要程序：局长、教研中心主任、教研中心师训办公室工作人员、基教科科员等。

……分组访谈。我和聂、唐、郝跟着教研中心主任到了教研中心进行座谈会或者群对群式的访谈。时间为上午11点。到会人员为教研W主任、双语双文教学T老师、课题组Y和教研中心C副主任。主要

---

① 作者为陶格斯，调查组成员之一。

内容关注布局调整等。访谈执行到 12 点 10 分时 W 主任说吃午饭，以后找机会再交流。对于上午的访谈我们都不是很满意，因为比较乱，他们那边也比较乱、我们问得比较乱。还好听到 W 主任的"我们以后还可以继续交流"这句话，让我心里稍有了点安慰！

12 点 40 分至 13 点 40 是午饭时间。吃饭时，我、朴和聂也跟 L 乡的老师交流了些问题，如师资、教师流动、双语教学等方面。为了以防忘掉，中午一回到宾馆就把他们几个老师说的话记在了本子上……吃完饭后，敖告诉我们下午 3 点到教研中心继续访谈。下午 3 点 15 分教研中心的 Y 老师来宾馆接我们六位同学了……Y 老师听了我们的要求之后给我们安排了师训、双语双文教学、中小学教研组的老师。

我和郝负责访谈师训方面的内容。地点在教研中心二楼一个小会议室。受访者为师训办公室资深老师 T 老师。何老师说她先听我们师训的访谈，上午在市教育局江和何老师已经访谈过 T 老师了。可何老师说上午由于时间仓促，有些东西没问道，而且她还觉得 T 老师了解得特别多。同时何老师也跟我简单说了上午他们访谈的主要内容及应继续访谈的内容……因为何老师在旁边，还是有点紧张，不是很自在，但也没办法硬着头皮问了几个问题。有些比较有高度的、宏观的问题是由何老师来问的。听了何老师的问题，我发现自己的不足，没有高度，问得比较零乱……访谈进行到 3/4 时何老师去听其他组的访谈了。到 5 点 10 分左右我们基本访谈完了。对我来说，今天下午的整个访谈状态不是很好。也许是疲劳，也许是紧张。不过还好，因为两人一组能互相补充。

……21 点，到宾馆江和敖两个老师组织了总结汇报会，让各组分别汇报一天的主要工作情况及访谈的重点，让大家互相学习并交流信息。从各组的汇报情况来看，今天一天的工作虽然有点忙乱，可还是获得了一些比较有价值的信息。也有些不足，如有些信息漏掉了或者该追问的地方没进行追问。所以最后敖老师建议我们把访谈的全过程详细地整理出来，以便下次补充访谈。

第三节 少数民族地区民族民间文化进校园 政策执行的质性研究

一、如何选题

文化被认为是一个国家、一个民族的灵魂，是一个民族存在的根基，更是一个民族得以发展的不竭动力。凝聚着文明精华，传承着生活智慧，反映着民族独特的审美情趣、价值取向以及精神风貌的民族传统文化，在该民族的形成过程中发挥了至关重要的作用。联合国前秘书长科菲·安南（Kofi Annan）曾经说过，在这个人与人之间变得日渐紧密的世界，容忍、跨文化对话和对文化多样性尊重的重要性也变得越来越突出。的确，在当今这个多元文化世界，培养感知和接受其他文化的能力，即培养具有文化敏感性的文化态度是十分必要的。然而，让我们一起回顾当今的"时代潮流"。在经济全球化的大背景下，工业社会的发展、社会生活的物质泛滥，让滋养传统民族文化的甘泉逐渐枯竭，让孕育民族气魄的沃土逐渐变质。许多年轻人对本民族的传统文化了解甚少，致使民族智慧和民族精神难以代代相传。这种趋势不仅仅是中华民族文化的一种丢失，更是整个世界文化遗产不可估量的损失。即使在非物质文化遗产名录中记载再多的民族文化珍宝，如果无法保护和传承下去，那些文化精髓也将成为"文化的标本"或"文化的空壳"。因而，抢救、保护和弘扬民族文化这一历史任务已显得刻不容缓。在这样的背景下，"民族民间文化进校园"作为一项基础教育政策便孕育而生。

贵州省是个多民族的南方省份，于 2002 年起开始实施"民族民间文化进校园"政策，具有一定的代表性。为了抢救、保护和弘扬民族民间文化，该省从娃娃抓起，从学校教育层面开展民族民间文化教育，这对于继承和发展少数民族优秀传统文化、增强民族团结、提高民族文化素质、丰富各族人民精神生活、促进社会主义精神文明和物质文明建设，都具有重要意义。而位于贵州省黔东南苗族侗族自治州东南部的从江县，素来就是民间艺术的天堂，其中小黄村被誉为"中国民间艺术之乡"（见图8-2），小黄小学也享誉中外。小黄小学坐落在民族风情浓郁、神奇而富有诗意的侗寨，在这个素有"歌的故乡、歌的海洋"之称的"侗歌窝"，小黄小学于2007年11月被贵州省评定为"首批贵州省民族民间文化教育项目学校"之一。在走访中，从江县民族宗教事务局Q老师曾说："目前，小黄村是民族民间文化进校园政策的实验点，我们希望以小黄小学为示范学校，带动整个高增乡来实施这一政策。"可见，小黄小学是实施民族民间文化进校园政策的典型学校，具有一定的代表性。笔者以小黄小学为个案，通过田野调查如实地展现小黄小学贯彻执行"民族民间文化进校园政策"的实施现状，希望能够为中国少数民族基础教育政策研究提供一个丰富多彩、内容翔实的个案调查报告。

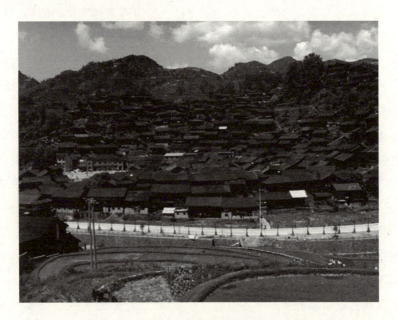

图8-2　贵州省从江县高增乡小黄村鸟瞰图

二、研究目的

笔者以从江县小黄小学为研究个案，运用观察法、访谈法等研究方法，分析政策制定者、政策执行者以及政策受益者的不同观点，根据政策目标、政策影响因素、政策执行结果以及政策实施中遇到的问题和困难，探明该政策的运作方式，并对民族民间文化进校园政策的未来走向提出初步展望和对策建议，这些建议措施希望能够对民族民间文化进校园政策的改进和完善有一定的借鉴意义，同时也能为抢救、保护和弘扬民族传统文化做出贡献。

三、田野过程

（一）进入田野的各项准备

1. 身体调试

在正式进入田野调查前，调研人员应尽量保持好的身体状态以开展调研工作。合理饮食，适当备药，根据天气情况携带合适的衣物与鞋帽。

2. 心理准备

在田野调查中，保持良好的心态十分重要。既要平和冷静地对待调研中的突发情况；又要积极探索，主动发现问题；同时谦虚谨慎地沟通交流，尊重当地特有的民族文化与风土人情，用民族文化的广博视野来探索具体问题。

3. 知识储备

在调研之前，调研人员应做好各种知识储备。充分了解中国少数民族基础教育政策的背景材料，尤其是"民族民间文化进校园政策"的相关文件；熟悉小黄村的地理位置、民族构成、语言情况及行为习惯等；提高对访谈提纲、观察表、问卷等调研工具的掌握程度；仔细检查相机、录音笔、笔记本电脑等设备是否正常运作。这些琐碎的准备工作是十分必要的，为田野调查的顺利开展提供了重要保障。

4. 财务安排

根据财务预算，将食宿行差补和机动资金等调研经费准备好，由于小黄村较为偏远，财务人员可随身携带一些现金，当然，大额钞票可以在县城银行支取。一定要注意人身及财务安全，从而使得调研活动有"备"无患。

5. 地方协调和信息沟通

此次调查涉及贵州省少数民族基础教育政策的实施情况，因而与从江县教育局、从江县民族宗教事务局、小黄小学等部门取得联系和信息沟通是必要的，这为调研活动的顺利开展铺平道路。

6. 人员分工

在具体的田野调查过程中，调研人员虽同在一地，但需要进行任务分工。此次调查共计完成 14 次调研小组例会，在一天调研结束后，召开小组会议讨论白天调研的收获与感悟，既有"分"又有"合"。通过头脑风暴法，一些思想火花在激烈的讨论中迸发出来，有助于对调研资料更加深入、细致的分析。

（二）调查持续时间和进度

贵州省从江县的总体调研时间为：2010 年 5 月 14 日至 2010 年 6 月 3 日，其中小黄小学的调研时间为 2010 年 5 月 23 日至 2010 年 5 月 28 日，调查进度如表 8-1 所示。

表 8 - 1 从江县小黄小学调研进度表

时间 \ 进度	调研内容
2010 年 5 月 14 日至 2010 年 5 月 15 日	乘坐北京西—昆明的 T61 次火车，从北京前往贵州省凯里火车站，在凯里与贵州省教科所及黔东南州教科所领导会面，并商讨调研工作细则。
2010 年 5 月 16 日至 2010 年 5 月 17 日	翻过黔东南州非常著名的雷公山，经过 7 个多小时的长途跋涉，终于从凯里抵达从江县。两日内，采访了从江县教育局、民族宗教事务局的相关领导，并收集了相关资料。
2010 年 5 月 18 日至 2010 年 5 月 20 日	乘坐从江—洛香的客车抵达洛香中学，完成问卷调查，校园观察，课堂观察，校长、老师、学生、家长访谈等多项工作。
2010 年 5 月 21 日至 2010 年 5 月 22 日	坐车经过坑坑洼洼的山路，从洛香前往伦洞乡、独洞乡进行社区调查。采访了伦洞乡的寨老及一些家长，走访了伦洞乡教学点及独洞小学。
2010 年 5 月 23 日至 2010 年 5 月 28 日	从从江县赶往小黄村。在小黄小学完成资料收集，问卷调查，校园观察，课堂观察，社区观察，校长、老师、学生、家长、寨老访谈等各项工作。 • 2010 年 5 月 23 日：离开洛香中学，收拾行李前往小黄小学，访谈高增乡中心校校长，观察社区，访谈了部分学生与学生家长。 • 2010 年 5 月 24 日：校园观察，发放与回收问卷，进行老师集体访谈。 • 2010 年 5 月 25 日：校园观察，复印与拷贝文件，同老师在食堂吃饭。 • 2010 年 5 月 26 日：回收老师问卷，参观老师宿舍，听课，进行校长和学生访谈，观察社区，与小黄村寨老和部分村民进行访谈。 • 2010 年 5 月 27 日：前往从江县教育局收集资料，访谈教育局局长。 • 2010 年 5 月 28 日：完成小黄小学的调研收尾工作。
2010 年 5 月 29 日至 2010 年 6 月 3 日	在从江县继续走访从江县教育局、民族宗教事务局收集相关资料，并完成调查日志撰写、问卷录入、照片整理、观察表整理、录音整理等各项工作。
2010 年 6 月 3 日	乘坐凯里—北京的 T88 次火车，返回中央民族大学，完成资料的分析和撰写田野报告等工作。

（三）调研工具

1. 访谈法

围绕"民族民间文化进校园政策"这一主题，编制了针对教育行政官员、校长、老师、学生及家长的访谈提纲，灵活采用个别访谈或集体访谈，以深入了解不同利益群体对该政策的态度和想法。此次调查中，花费大量时间和精力完成了对 14 位行政官员、3 位校长、18 位老师、11 位学生、10 个社区的访谈，所有访谈录音均转化为电子文档。

2. 文献分析

对从江县教育局、从江县民族宗教事务局和小黄小学等部门提供的教育政策文本、院校简介以及其他影音与文件资料进行文献分析。

3. 观察法

精心设计了《校园观察表》《课堂观察表》《社区观察表》等，针对学生及老师宿舍、食堂、校园布置、操场、教学楼、多媒体教室等设定具体的观察指标，以便顺利地进行调研观察。

4. 问卷法

利用精心设计的问卷，完成了 2 份校长问卷、10 份教师问卷及 92 份学生问卷。

5. 其他方法

田野日记为调研人员的思想和情感提供了抒发的平台，每日调研人员都会将所见、所闻、所想认真地记录在田野日记中，并及时录入为电子文稿。此外，还拍摄并整理了 1077 张照片（包括视频），并收集电子版及纸质版的相关材料。

四、研究发现

（一）政策素描

贵州省颁布的有关"民族民间文化进校园"的政策文本不胜枚举，如

2002 年 7 月 30 日颁布的《贵州省民族民间文化保护条例》、2002 年 10 月颁布的《关于在全省各级各类学校开展民族民间文化教育的实施意见》、2005 年颁布的《贵州省教育厅、贵州省民族宗教事务委员会关于在全省中小学进一步开展民族团结教育工作的通知》、2006 年颁发的《省教育厅办公室关于报送开展"双语教学"、民族民间文化教育及民族团结情况的通知》、2007 年颁发的《省教育厅、省民族宗教委员会关于在全省各级各类学校开展民族民间文化教育项目学校评选活动的通知》、2008 年颁布的《省教育厅、省民委关于大力推进各级各类学校民族民间文化教育的意见》等，都可以看出贵州省各级部门为保护民族民间文化所做的努力，以及落实"民族民间文化进校园"的决心和信心。文件指出，各级各类学校要因地制宜、因校制宜，积极参与民族民间文化的保护，民族地区中小学要适时开展民族民间文化进校园活动。

贵州省从江县教育局于 2008 年颁发《从江县教育局民族民间文化教育进校园实施方案》，文件指出：从江县各校要充分认识民族民间文化教育的独特价值和功能，开拓创新，认真开展此项工作。各校要选择当地各民族喜闻乐见的民族民间节日、"民族地方公约""民族传统体育""民族传统工艺美术""民族音乐舞蹈""民族文学艺术""民族建筑文化""民族饮食文化""民族历史知识""民族节日文化""民族婚姻习俗""民族语言文字""民族丧葬习俗""民族文物古迹""民族医药""民族图腾与禁忌""民族歌舞"等形式和载体来开展民族民间文化进校园工作。[1] 近年来，在中共从江县委、县政府的高度重视下，在县民族、教育、文化等部门的大力支持下，专门成立了"侗歌进校园工作领导小组"，积极引导从江县部分有条件的中小学校增设民间音乐教学课程。[2]

（二）政策的实施过程

小黄村处处有歌，事事有歌。在小黄村，喜庆节日，以歌相贺；男女

---

① 《从江县教育局民族民间文化教育进校园实施方案》由从江县教育局提供。
② 参见小黄小学提供的文件材料《从江县高增乡小黄小学民族文化进课堂简介》。

相恋，以歌为媒；生产生活，以歌传言。每逢节日庆典，人们身着节日盛装，相聚在鼓楼对歌，用歌传情，用歌讴颂盛世丰年；当夜色降临，侗家姑娘、小伙三三两两相邀到村口、溪边，一边弹琵琶，一边唱着优美的情歌，歌声穿过夜空，划破宁静的山乡。在走访中，W村民曾说："如果一个侗族人不会唱侗歌，那小伙子找不到媳妇，小姑娘找不到婆家喽！"可见，侗歌在小黄村人们的日常生活中扮演着十分重要的角色，可以说会唱侗歌是获得侗族身份认同的一个重要指标。

20世纪80年代末，小黄小学为吸引学生入学，实现控辍保学的功效，将当地民众喜闻乐见的民族民间音乐——"侗歌"引进校园。通过这一举措，小黄小学的教育教学工作真正"火"了起来，学生入学人数逐年增多，家长送子女"入学热"直线升温，学生的辍学率降低了，入学率得到了巩固和提高。[①] 专栏8-8即笔者在小黄小学第一天调研时记录的田野日记。

专栏8-8

走进"小黄小学"

经过30多层的阶梯，在三条绿化带的环绕中，终于来到了调查目标学校——小黄小学。小黄小学的校门极富有侗族特色，上面写着"从江县高增乡小黄小学"，有侗族小孩在校门处嬉戏打闹。教学楼里张贴了很多标语，如"安全警示""八荣八耻"等。一座四层的教学楼是2002年香港佛教学会捐资建造的，体育设施有篮球场和乒乓球台。侗族孩子们活泼可爱，下课的时候有的散步、有的掷石子、有的聊天、有的打篮球。老师和学生们在课堂上多讲普通话，但是课下喜欢讲侗语。小黄小学没有统一的校服，但是大多数侗族学生会穿侗族传统服饰来学校上课，这是小黄小学的一个特色和亮点。

---

① 参见小黄小学提供的文件材料《2009—2010学年第二学期小黄小学学校工作计划》。

为了将侗族大歌引进校园，小黄小学采取各种举措以促进民族民间文化走进校园。

1. 校园环境：充分利用地方自然风光、民风民俗、民间工艺、师生作品等开展校园文化建设，改善校园环境。小黄小学的校门前环境，不仅干净、整洁、美观、有序，而且一草、一木、一墙、一石都富于教育性；小黄小学楼道上精心布置的由侗族老师创作的手工艺品，突出了侗族文化特色。

2. 聘请小黄村的歌师来学校进行侗族大歌的教学工作，一周一节课，配备乡土教材——《长大要当好歌手》，但此书的使用率不高。

3. 为了将民族民间文化引进校园，除了邀请侗歌老师来学校讲课之外，小黄小学还添置了民族民间乐器，如琵琶琴、芦笙、牛腿琴等。

4. 为开创小黄小学的特色教育，学校成立了"侗歌团队"，利用课余时间加强指导训练。通过师生的共同努力，"侗歌团队"的进步很快，这激发了学生的潜能，开阔了学生的视野，促进了学生的全面发展，提高了学生感受美、鉴赏美、表现美、创造美的能力，为学生提供了一个发掘自我、展示自我的平台。小黄小学的小歌手们把侗歌唱出校门，唱出大山，唱红了大江南北，唱响了海内外，得到全国乃至世界人民的赞赏（见图8-3）。

图8-3 小黄小学代表队参加从江县庆祝新中国成立60周年合唱大赛

（三） 取得的成效

1. 成效一：提高了入学率，实现了控辍保学

"一个也不能少"，这是素质教育的重要理念之一，更是义务教育阶段所有教育工作者必须坚持的教育理念。据调查，"民族民间文化进校园政策"在一定时期对入学巩固率的提高有一定的积极作用。在 20 世纪 80 年代，小黄小学的入学率得不到有力保证，因为小黄村的侗族小孩喜欢唱侗歌、玩游戏，对上学并不感兴趣，造成了失学率较高。为了让小黄村的侗族孩子既学到科学知识，又不让侗族传统文化失传，小黄小学大胆地向当地政府提出教学改革，根据当地民族特色，因地制宜地想出了一个两全其美的办法。将民族教育与现代教育相结合，把侗族文化引进校园，尤其是将侗族师生喜闻乐见的侗歌带进校园。这一举措使得小黄小学的入学率由 1988 年前的 65％ 提高到现在的 100％，基本实现了保学控辍的目标。

2. 成效二：传承了民族传统文化

千百年来小黄村人民创造了灿烂辉煌的民族文化，但随着时代的进步，传统的民族文化开始渐渐从老百姓的生活中淡去。县城里的侗族学生，虽然父母都是土生土长的侗族，却只能听懂几句简单的侗话，更不用提唱侗歌了，甚至连生活在农村的许多学生也不会唱侗歌。如果按这个趋势发展下去，几千年的文化积淀将日渐枯竭，侗族文化可能在不久的将来仅仅剩下一个符号。

实践证明，民族民间文化进校园政策具有传承民族文化的重要功能。通过将侗歌引进课堂，弥补了音乐统编教材的不足，丰富了师生们的课余文化生活，加强了学校、学生、家长之间的密切联系。[①] 原生态音乐让每一个学生在音乐中得到文化的熏陶，得到心灵的碰撞。这种具有特色、富有活力的教学手段使得侗族传统文化得到了有效地传承和延续，最重要的是，有利于侗族学生树立民族认同感、民族自豪感和民族自信心。

[①] 参见小黄小学提供的文件材料《从江县高增乡小黄小学民族文化进课堂简介》。

在走访过程中，Y领导说道："小黄小学的孩子不像是腼腆的农村娃娃，他（她）们每天都唱侗歌，表情丰富，笑容灿烂，唱功专业，一点都不怯场。这就证明'侗歌进校园'这一举措大大增强了侗族学生的自信心和自豪感。2007年，小黄小学9个侗族学生与温家宝总理一起出去演出，这不仅是她们的骄傲，也是我们从江县人民的骄傲。"

在社区调查时，笔者拜访了小黄村两位德高望重的寨老，谈到小黄小学实施"民族民间文化进校园"政策的必要性和重要性时，他们认为："侗族没有文字，只能靠侗族大歌来代替文字。如果没有侗族大歌，侗族的很多历史就无从知道了。侗族大歌记录的内容很广泛，不仅包括侗族的来源、分布、历史事件、英雄人物等，还包括爱情、亲情、友情以及生活中的敬酒歌等。为了挽救民族文化，十年前我们将老人口传的侗歌历史、词义等重要材料集中整理后，做了详细记录，还编写成了书籍（见图8-4），但由于种种原因现在还没有出版。我们认为民族民间文化进校园是一个好政策，现在很多年轻人已经不会唱侗歌了，也不懂得侗族大歌所表达的含

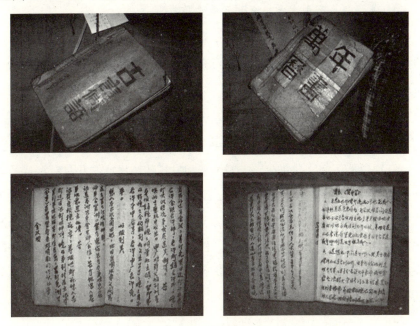

图8-4　小黄村75岁高龄的寨老编写的侗族历史书籍
《古言侗语》和《万年历书》的手抄本

义了。很多人出去打工，能继承和传承侗族大歌的主力减少了。因此很有必要在学校里引入民族传统文化知识，引入侗族歌曲，这样才有利于侗族文化的传承和发展。"

3. 成效三：参加各种大型演出，屡获佳绩

小黄小学定期聘请专职侗歌教师，为师生们讲述侗族大歌的起源、演唱技巧等，进一步增强学生们对侗族大歌知识的了解，激发大家学习的积极性。例如，在从江县侗族大歌节举行的几届千人侗族大歌大合唱表演中，400 多名小黄小学的孩子们是其中的主力军；2007 年 4 月中旬，小黄少儿侗族大歌队吴秋月、吴凤香等 9 位小姑娘随同国务院总理温家宝出访日本，并于 4 月 12 日在日本东京参加 "中日文化体育交流年——《兽王家园》" 非物质文化遗产保护开幕式演出，获得巨大成功。① 这些荣誉和奖项反映出小黄小学学生的艺术素养得到了提高，也使得学校氛围更具特色、更有活力、更有朝气。②

4. 成效四：有利于学校全面开展素质教育

民族民间文化进校园后，有利于素质教育的开展：一方面使很多学生看到了自己的闪光点，对今后的学习充满信心；另一方面培养了学生的欣赏能力和创作能力。今后，学校还计划组织刺绣、剪纸、根雕等兴趣小组，目的在于提高学生的综合素质，得到民族文化的熏陶。

5. 成效五：为从江县民族旅游业的发展提供有力帮助

开展民族民间文化进校园，对继承和发扬传统民族文化具有深远的意义。如果今后的青年都不会唱侗歌，那么游客来从江旅游，就很难欣赏到被誉为 "天籁之音" 的侗歌，到了小黄村之后便会索然无味，从江县民族旅游的发展势必会受到影响。因此，民族民间文化进校园政策为从江县民族旅游业的发展提供了有力支持，传统民族文化可以作为优势资源推动从江县旅游业的发展。

---

① 参见小黄小学提供文件材料《从江县高增乡小黄小学侗歌进课堂情况简介》。
② 参见小黄小学提供文件材料《从江县小黄小学基本情况》。

6. 成效六：有利于顺利开展安全教育

据调查，小黄小学进行安全教育时采取了以下措施。

在贯彻实施民族民间文化进校园政策过程中，积极运用侗族寓言故事、侗族歌曲、侗族民谣等地方性知识对学生进行安全教育。如把有关安全问题编成侗族歌曲和游戏，例如"打火机是你的兄弟"、不要玩火机、不要攀车、不要下河游泳、不要攀爬高树等，在潜移默化中对学生进行安全教育，如专栏8-9展示的访谈记录。

专栏 8-9

小黄小学 W 老师告诉我们："小黄小学的很多老师利用侗歌、侗语来进行安全教育，把一些相关安全问题编成歌曲和游戏，例如'打火机是你的兄弟'、不要玩火机、不要攀车、不要下河游泳、不要攀爬高树等。这些安全知识都会被编在侗歌里，这都是老师自己编的，没有写在教材里，只是编写在老师的活动本上，这种因地制宜的安全教育方式，很适应教学，并具有教育意义。"

该校 L 老师在走访中说道："每周都有一节安全课，教育学生要注意交通安全，防火防电，不要去河边洗澡。对于一年级的小朋友我就用侗语和他们讲。小黄小学也制定了安全责任状，这个责任状需要老师和领导一起签署，如果学生发生了安全问题，老师要负责任。"

---

7. 成效七：有利于顺利开展民族团结教育

从江县以苗族、侗族、壮族、瑶族和水族为主体民族，在历史长河中共同创造了优秀的民族文化，各民族的共同愿望是平等相处、团结和谐、建设家园。根据州教育局、民族事务委员会转发的《国家民委办公厅关于在中小学切实做好民族团结教育工作的通知》，从江县要加强对中小学开展民族团结教育工作，促进从江县各民族的团结和谐。2007 年，县教育局已免费向小学、初中、高中发放了民族团结教育教材，同时免费发放了初中地方教材《黔东南州历史》和《黔东南州地理》。在访谈小黄小学 C

老师时，他说："现在国家大力提倡民族团结教育，为了搞好民族团结教育，我们学校的老师会在班会课上强调民族团结的重要性，教育学生们要对外面村子来的学生表示友好，不能欺负来自外村的孩子，也不能欺负其他民族的学生，如苗族、水族的学生等。"据笔者调查，小黄小学的老师积极地通过学校隐性课程，从学生的实际生活出发，用学生容易接受、容易理解的方式，利用班会课和活动课来进行民族团结教育。

（四）政策影响因素分析

通过田野调查，笔者从不同利益群体的角度分析影响了"民族民间文化进校园政策"的各种因素，从管理层面、学校层面、老师层面、学生层面、家长层面及社区层面进行多角度分析。

1. 管理层面的分析

"民族民间文化进校园政策"是从江县民族宗教事务局和教育局共同推行的重要政策。民族宗教事务局通过制定和执行一些民族政策，致力于推进民族文化的传承与保护。教育局通过颁发诸如《从江县教育局民族民间文化教育进校园实施方案》等政策文件，积极推进民族民间文化进课堂、进学校、进社区、进厂矿。从管理层面分析，民族宗教事务局与教育局之间有着一致的目标，即共同为从江县的发展做贡献，两个部门互相沟通协作，共同推进民族民间文化进校园，双语教育、乡土教材的审定及师资培训等活动的顺利开展。

2. 学校层面的分析

（1）评估机制中没有关于"民族民间文化进校园政策"实施的各项标准，导致学校领导及老师开展民族文化教育活动的积极性不高。

在"民族民间文化进校园政策"实施之初，学校开设了很多民族文化课程，让侗族学生学习侗戏、侗歌、侗族民间乐器等，没有太大的升学压力。但自从国家开始强调要提高学校的教学质量以来，学校的办学水平与学生的成绩挂钩，领导的工作业绩与学生的成绩挂钩，老师的绩效工资与学生的成绩挂钩，使得学校不能像以前那样只抓民族文化教育，而是把学生成绩水平的提高放在优先发展的地位。如在从江县教育局文件在《关于开展 2008 年普通小学实施素质教育评价工作的通知》中，评价评分表分为四个分值区域：办学方向（100 分）、学校管理（240 分）、教育教学过程（330 分）、教育教学质量（330 分），总分 1000 分。但其中没有看到有关"民族民间文化进校园"的评估细则。由于评价机制中缺乏"少数民族特色教育"的具体内容，这使得民族学校在评估中处于劣势，评估的重点放在了教育教学过程和质量上，使得小黄小学的部分领导和老师不想继续搞民族民间文化进校园工作，更希望提高学校的办学质量和学生的成绩。

（2）控辍保学的初衷与学生流失之间的矛盾，如图 8-5 所示。

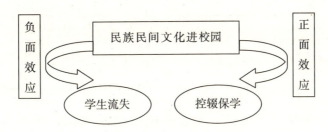

图 8-5　民族民间文化进校园正面及负面效应

民族民间文化进校园政策实施的初衷是为了吸引更多的侗族学生来正规学校接受义务教育，即达到"控辍保学"的功效。事实证明，该政策对于学校入学率和巩固率的提高、辍学率的降低，的确起到了一定的作用。引用校长的话来说，即是"把学生'牵'进学校里，让他们对上学读书感兴趣"。但与此同时，目前小黄小学也面临着学生流失问题，根据对 92 份学生问卷进行的统计分析，如表 8-2 所示，20.7% 的学生反映"有少数几个"学生不来上学，4.3% 的学生表示"有一些"学生不来上学。

针对学生流失问题，据当地有村民反映，一个重大原因是艺术学校与小黄小学"抢生源"的现象时有发生。U 村民说道："我们村有些年纪小的孩子去艺术学校读书。"据调查，小黄小学面临一个大问题，即不知道如何定位自己的角色，在艺术性学校和普通村级完小两者之间举棋不定。Y 老师说道："一些家长只看到眼前利益，孩子小小年纪就带出去打工，或是去读艺校，让孩子通过唱侗歌来赚钱，导致学校出现学生流失的现象。"学校领导及老师也反映："一个普通的完小要与艺术学校抢生源，是一件非常难的事情。艺校提供了各种优惠条件，例如给学生发工资、支付演出费用等，吸引了一些青少年去读艺校。这势必会影响我们学校的正常教学秩序，对还在校学习文化知识的学生及家长会产生一定影响。如何保证生源，这是一个值得深思的问题。"

表 8 - 2　您的同学有不来上学的吗？

	频数（次）	百分比（%）
没有	63	68.5
有少数几个	19	20.7
有一些	4	4.3
有许多	6	6.5
合计	92	100.0

关于"学校定位"问题，笔者认为，小黄小学不是一间艺术性学校，而是一所普通的乡村完小。如果学校一味地强调民族民间文化进校园，强调民族文艺方面的学习，在学生升入初中后，就会遇到更多困难。根据对高增乡各小学期末考试成绩统计表的分析，小黄小学学生的成绩并不理想。如果学校一味地强调基础文化知识的教学，那又失去了民族传统特色。因而，当地老师认为可以通过兴建一所小黄附属小学来解决这个问题，附属小学侧重民族艺术的培养和学习，而小黄主校区则以学习文化知识为主，这样就能发挥不同学校的功能，满足侗族学生不同的学习需求。

3. 教师层面的分析

实际调研过程中发现，一些老师对"民族民间文化进校园政策"并没有给予足够的重视，这与老师的工作评定方式有关。由于老师的工作业绩是与学生的学业成绩挂钩的，绩效工资考虑的不是一个学生的文艺水平，而是考虑该学生的文化知识成绩。因此，老师们对"民族民间文化进校园政策"多抱有一种应付的态度，没有投入极大的热情去开展这项工作。例如，在《小黄小学老师考评办法（2009—2010年）》中没有看到与"民族民间文化进校园"的相关内容。在走访中一些老师反映："小黄村实行老师轮岗制度，我们这些老师的家都离小黄村很远，周末才能回家看望自己的家人和照顾小孩，而且在没有补课费的情况下，我们老师不希望牺牲周六、周日的时间给经常出去演出的学生补课。因此，出去演出的学生经常因为缺课1周甚至1个月导致成绩不理想。我觉得学生还是应该以学习为主，少参加点活动，多付出点时间学习文化知识才行。"

可见，频繁的艺术演出的确影响了一些学生的成绩，影响了对老师教学工作的评定。因此，应该在不影响学校正常教学秩序的前提下实施"民族民间文化进校园政策"。当地老师认为可以考虑在从江县中小学生毕业考试中将民族文化知识纳入考试范围，这样有利于提高学生和家长的学习热情，使得民族文化教育得到更多师生的认可和重视。还可在"民族民间文化进校园"评比竞赛中，对在民族文化教育方面表现突出的老师进行表彰和评先进，这种评价机制有利于提高老师的教学热情。

4. 学生层面的分析

根据对92份学生问卷的分析，如表8-3所示，关于"学生喜欢课程的类别"，大多数学生喜欢小学主科课程——语文及数学。根据走访调查获悉，目前小黄小学2/3的学生很喜欢侗族大歌，1/3的学生不喜欢侗族大歌，而偏重于学习文化知识。例如2010年小黄小学选送了一个侗族学生去北京参加中国少年先锋队的活动。该生学习成绩很好，她还主动请求老师不要派她出去参加活动，因为她觉得参加这些活动会耽误课程，影响自己的学习成绩。这类学生的学习动机强，学习积极性高，学习成绩也很好。当然，也有一些不喜欢读书、乐于出去表演的学生。C老师举了个例子，有些学生出去演出后非常兴奋、非常得意，到学校里反问老师："老师，你去过国外吗？你坐过飞机吗？"长年工作在一线的乡村老师，把自己的汗水、宝贵的青春献给了山村教育，他们确实没有出过远门，没有坐过飞机，但他们培养了一批优秀的学生。有些学生为自己能出去表演而感到自豪，但他们学习动机弱，学习积极性不高，对侗歌演唱更感兴趣。

表 8 – 3　学生喜欢的科目及比例

科目	语文	数学	英语	音乐	体育	美术	缺失值
人数	49	21	3	5	8	5	1
所占比例	53.3%	22.8%	3.3%	5.4%	8.7%	5.4%	1.1%

笔者分析，唱侗歌对学生的影响有积极和消极两种效应：积极效应体现在学生到国内外参加各种演出，与外界接触后开阔了眼界，形象思维能力、汉语表达能力等方面都得到了提高，这有利于学生学习成绩的全面提升；消极效应体现在经常出去参加侗歌演出的孩子，由于缺课太多，在一定程度上影响了成绩。

5. 家长层面的分析

根据对小黄小学 92 份学生问卷的统计分析，如图 8 – 6 所示，当谈到父母亲对自己学习的关注程度时，25% 的家长"很满意"孩子的学习状况，15% 的家长"比较满意"孩子的学习状况，45% 的家长对孩子的学习持"一般"的态度，只有 2% 和 12% 的家长对孩子成绩"比较不满意"或是"很不满意"。可见，家长对孩子的学习还是比较关注和满意的。

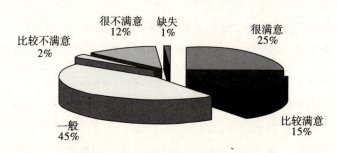

图 8 – 6　父母对孩子成绩的满意程度

小黄村家长对孩子学习的态度分为三类：一类态度是积极支持孩子读书；一类态度是积极支持孩子唱侗歌；一类态度是读书、唱侗歌两不误。

6. 社区居民层面的分析

走访中，小黄村的寨老特别希望在侗族学校实施"民族民间文化进校园政策"。但是，他们认为学校里教授的侗族技艺只是博大精深的侗族文化中的一点"皮毛"。他们认为应该聘请经验丰富、文化内涵较高的侗族歌师进行侗歌教学，促进侗族文化在校园里得到更好地传播。

（五）问题及对策建议

"民族民间文化进校园政策"在取得成效的同时，也面临一些困难和棘手的问题，对此研究者相应地提出了一些对策建议。

1. 侗族文化的深刻内涵需要进一步发掘

小黄村侗歌在侗族地区被称为"嘎小黄"，按曲调分为几个派系，包括男女对唱的情歌、大歌、琵琶歌、蝉歌、拦路歌等，其中最为著名的是侗族大歌。侗族大歌是一种无乐器伴奏、无人指挥的多声部合唱，高、中、低音浑然一体，以其和声的完美协调、格调的柔和委婉、旋律的典雅优美著称于世。歌队由一人领唱，然后合唱，时而高亢宽广，时而低沉悠扬，不时还能听到鸟叫蝉鸣、江河奔流、山谷回响的声音，把听众带到如诗如画的大自然中，实在让人不得不为完美的天籁之音拍案叫绝。侗族大歌是重要的非物质文化遗产，很多侗族的历史是通过侗族大歌的传唱才流传下来的。因此，侗族大歌对于民族文化的传承发挥着不可替代的作用。然而，据实地考察，"民族民间文化进校园政策"的确有利于在学校里引进侗族传统歌曲，但是根据侗族传统歌曲的"金字塔"形状，小黄小学教授的歌曲大多是侗族儿歌（见图8-7），属于较低层级，只有很少的学生

图8-7　侗族老师在教授侗歌

会唱位于金字塔高层即富含侗族文化内涵的侗族大歌，即使能哼出曲调也不明白歌曲的含义。

因此，从一定意义上来说，侗族大歌在形式上得到了较好的保留，但侗族深刻文化内涵的传承和发展却面临窘境。例如，小黄村寨老对侗歌传承的看法是："我们侗族就是喜欢唱歌，以前是100个人中90个人都会唱侗歌，现在年轻孩子那一代，只有1/3的孩子会唱侗歌。过去不会唱侗歌就进不了鼓楼，男孩子唱歌唱不好，就没有尊严和地位，娶不到好媳妇；女孩子如果唱歌唱不好，也找不到好人家。侗歌分为侗族大歌和侗族小歌。一般大歌歌唱时间较长，一首歌可以唱3个小时，还有些技艺高超的歌师，能够三天三夜不带重复地对歌，非常厉害。自从民族民间文化进校园以后，侗族歌曲走进了学校的课堂，这是个好政策。但是，教授侗歌的功夫下得不够。孩子们在学校里大多学的是启蒙性儿歌形式的侗族小歌，例如，《娃娃歌》《玩泥巴歌》《映山红》等，但他们对侗族大歌却只能唱，不懂得其中含义，这让我们这些老人觉得非常忧心啊。"针对这一问题，笔者认为要使得侗族文化得到不断地传承和发展，学校不仅要教授学生演唱侗歌的技巧和方法，更应该加强侗族文化的熏陶。通过讲述侗族的历史沿袭、侗族的风俗习惯、侗族的传统工艺等，帮助侗族学生构建全方位的侗族文化知识体系，使他们成为传承侗族文化的主力军。

2. 增加经费投入

小黄小学在开展民族民间文化进校园的过程中，遇到了经费困难，如没有足够的经费搭建民族民间文化进校园的大型喷绘宣传板、无法添置民族民间乐器和侗族传统服装，也没有资金聘请民间艺人到校授课以及派遣老师外出学习等。与此同时，小黄小学要频频参加各种文艺演出活动及接受外来宾客的参观，在得到各级各类奖励和荣誉的同时，接待工作也耗费了一些办公经费，给小黄小学带来了一定的经费困难。①

针对这一问题，根据《从江县教育局民族民间文化教育进校园实施方

---

① 参见小黄小学提供文件材料《从江县小黄小学基本情况》。

案》的要求，建议将生均公用经费的 10% 投入到民族民间文化进校园工作中，为民族民间文化教育教学活动提供基本设施等条件，同时积极争取上级的支持与帮助。[①] 笔者认为强有力的经费支持是民族民间文化进校园政策顺利实施的重要保障。

3. 加强民族民间文化进校园的师资建设

民族民间文化进校园的师资紧缺，走访中一些教师反映道："在教授语文、数学等课程内容的同时，还要教授民族民间文化内容，无形中加重了我们的工作负担。"除此之外，老师们也表示："希望争取到更多的师资培训机会，通过观看和学习名师公开课，了解最新的课程教学信息和教学技巧，这样有助于切实提高教学能力和教学水平。"

据了解，侗族大歌的音乐形式非常丰富，包括 30 多种侗歌、80 多种音调。这对教授侗歌的老师提出了很高的要求。笔者认为可以考虑在少数民族高等教育培养体系中，在民族师范院校的教学大纲中，加入民族民间文化的各种传统知识及技艺，如教授民族历史、民族歌舞、民族体育等，这样能培养出既懂得科学文化知识，又懂得民族传统文化的老师，有利于民族学校对少数民族学生开展民族民间文化的教育工作。与此同时，可以考虑在少数民族地区招录老师时，对具有少数民族身份、会讲少数民族语言、认识少数民族文字的报考者予以加分。这些举措在一定程度上不仅能够缓解少数民族学生就业难的问题，也鼓励少数民族学生将其具备的民族文化知识和技能视为"优势资本"，增强他们对少数民族文化的自信心和自豪感。

4. 拓展民族民间文化进校园的内容

由于人、财、物的欠缺，小黄小学集中精力组建了侗歌文艺队，主要开展侗歌进校园活动，但是形式比较单一。民族民间文化进校园可以采取更加多样化的教学方式，可以将民间乐器、民族刺绣、剪纸、根雕等传统文化知识引进学校课堂。这有助于增添学校校园活力，营造浓郁的民族文化氛围。

---

① 参见从江县教育局提供文件材料《从江县教育局民族民间文化教育进校园实施方案》。

5. 加强民族民间文化进校园的乡土教材建设

根据对 10 位老师的问卷进行分析，大多数老师都支持开发乡土教材。但是，如专栏 8 - 10 所示的访谈实录，当地老师普遍认为乡土教材的开发有难度，且使用率不高。

专栏 8 - 10

　　在走访过程中，小黄小学 F 老师说道："侗歌教材以榕江口音为标准口音，但是我们从江县侗话的音调、词汇与他们都有所区别。因此，用他们的侗语作为标准教材，在我们这边应用起来很麻烦。并且，现在的苗文、侗文课本是与 50 年代的小学课本同步的，和现在的新教材不同步，所以没法用那些教材来作为乡土教材进行教学。"可见，目前民族民间文化乡土教材的开发难度较高。

　　小黄小学有侗歌教材《长大要当好歌手》，但在具体走访中了解到，该教材的使用率不高。该校 I 老师说道："我们学校有乡土教材，但不常用这本教材，教授侗歌的老师是一位聘任老师，她有时候会在黑板上写一些侗语，一句一句地教学生唱歌，比较灵活地开展教学工作。"

为了有效推进民族民间文化进校园，合理设置民族民间文化进校园课程，编撰生动形象的民间文化教育教材是非常必要的。民族文化的内涵十分丰富，而民族民间文化进校园课程也应当切合这一丰富的内涵，为配合课程，应该组织专家学者编排各种生动形象、饶有趣味的民间文化教育教材，将博大精深的地方性知识、丰富多彩的民族文化系统地编排在教材中，为民族民间文化进校园工作的顺利开展提供有力支持。

6. 警惕旅游业的发展对小黄小学造成的影响

"酒香不怕巷子深"，随着国家对非物质文化遗产的保护和开发工作越来越重视，小黄村侗族大歌这一世界级物质文化遗产正以自己特有的魅力吸引着世人。如今，以"小黄村侗族大歌风情游"为代表的从江县原生态旅游业正勃勃兴起，并且获得了良好的社会效益和经济效益。每年涌入小黄村观光旅游的中外人士多达 23600 人次，创造经济收入 276 万元。同时上千名小黄村人走出山门，到全国各地从事侗族大歌表演活动，在获取丰厚的经济报酬的同时，也为提高侗族大歌的影响力，提高从江县知名度做出了贡献。然而，在《2008—2009 学年第一学期小黄小学学校工作总结》中，学校分析学生成绩较差的原因有两个：第一，侗族学生的文化基础较薄弱，加上文艺演出等活动会耽误上课进程，使得小黄小学学生的学业成绩受到影响；第二，小黄村村民对教育缺乏足够的重视，地方思想较难转变。

针对这一问题，笔者在走访中看到小黄小学校方在尽力维持学校的正常教学秩序，在校长办公室门口张贴了"当您在此进行调研时，是否考虑到学校正常的教学活动"的标语，校方对来访的调查人员、游客、领导等人员进行登记，并且在学生上课期间谢绝外来人员的参观和采访，从而保证了教学工作能够并然有序地开展。

7. 谨防读书无用论思想的滋生蔓延

小黄村的学生经常有机会去各地参加演出，在看到外面的世界后，不同学生对自身生活的反思有所不同，这可能导致他们未来的生活轨迹也不同。有一些学生看到外面的世界后很受触动，表示要更加努力学习，通过考学走出大山；有一些学生则是想好好学习侗歌的演唱方式和演唱技巧，将来成为侗歌明星，不太重视文化知识的学习，而且做"明星梦"的学生多是女孩子。

小黄村目前还存在"读书无用论"及"外出打工"的风气。J 老师在走访中说道："小黄村有 3000 至 4000 人，在正牌大学读书的只有 4 人。家长不让自己孩子读书，是因为他们有一种读书无用论的观念，而这种观念背后是两方面的原因：一是大学生找工作难，这对农村地区人们的思想认识造成了一定影响；二是大多数村民认为种地不赚钱，出去打工有更高的收入。因此，一些小黄村的家长认为唱侗歌比学文化知识更重要。"从江县 L 领导在介绍当地生计方式的转变时说道："目前从江县乃至整个黔东南州的生计方式都面临着一个大转变——外出打工的人数在不断增多。现在一部分初中毕业生或 40 多岁的人会去浙江、广东等地区打工，在家的大部分都是老人和娃娃（留守老人和留守儿童），年轻的劳动力人口大多出去打工，人口外流带来的一个重大问题就是大量粮田成为荒田。"

为了让人们走出"读书无用论"的思想误区，从江县政府致力于解决大学生就业难问题。走访中 L 领导说道："我们从江县某村有一个大学生，毕业后没能顺利找到工作，当地村民对此忧心忡忡，一些人认为农村居民的收入少，好不容易费钱费力地供出一个大学生，到头来还找不到工作，于是他们对'读书'的兴趣逐渐淡化了。为了避免这样不良的社会影响，我们县在招录初高中老师时对当地大学生是比较重视的，只要他们上录取分数线我们就能录取，这样做是为了让家长更加重视孩子读书，而不是早早地萌生去外地打工的想法。"可见，只有政府、社会、学校、家长、学生的共同努力，才能形成和谐稳定、积极进取的社会风气。

五、田野体验

贵州省从江县虽然在地理条件上是山高坡陡，峰峦重叠，山河纵横交错，交通运输较不便利，但这在客观上又有利于民族文化的积淀和传承。特色鲜明的民族建筑、精华荟萃的历史文物、精美繁多的民族民间工艺、绚丽多姿的民族歌舞等使得这片神奇的土地孕育了深厚的民族文化内涵。①在田野调查过程中，笔者有很多深刻的田野体验，专栏 8 - 11 展现了两个田野调查的场景。

研究者应当关注访谈对象的举动与反应，因为被访对象会在特定情境下产生"一反常态"的语言和行为。当地人可能会这样想："这个陌生人到底想从我这里套出什么信息，他是什么身份，我所讲的话会不会对我造成负面影响。以前，我产生某种行为都是出于一种本能，而现在我不得不再三考虑这种行为会对我会造成的影响。"为了让被调查者解除"戒备心理"，研究者需要亮明自己的身份，告知群众此行调查的目的，注意研究

---

① 罗剑. 论贵州民族传统古朴的和谐社会［G］//贵州省民族研究学会. 贵州民族文化保护与发展论文集. 贵阳：贵州大学出版社，2008：43.

伦理，抱着对研究对象负责任的态度去开展田野调查工作。

田野调查需要长时间与被调查对象接触，学会他们的语言、身穿与他们一样的衣服、参与他们的日常生活，通常少则几个月，多则好几年。有的人类学者认为："田野工作最大的收获来自 6 个月之后，因此要进行有效的研究至少要一年时间。"① 这种长时间的要求，不仅对研究者来说是一个困难，对于所研究的对象也是一种困难。此次对小黄小学的实地调查时间较短，为期半个多月，因此需要进一步展开追踪研究，才能更加客观真实地描画小黄小学实施"民族民间文化进校园政策"的现状，才能对他们的生活常态、社区文化等真实场景进行"深描"，这是此次研究的不足之处。

专栏 8 – 11

场景一：3 个侗族小男生的对话

潘 LC："我的父母做些农工，平时都在家，对我的学习管得挺严格的。"

潘 LN："我读完小学，以后想去从江三中读书，至于长大了干什么我不知道，还没有想过了。我的数学成绩不错，老师平常上课经常提问我。"

潘 XD："我们班很多女孩子都向往着当侗族歌星，喜欢唱侗歌，不爱学习，而我觉得这样不好，还是认真读书才有出路。"

场景二：鼓楼下的 5 个侗族女孩

在小黄村的一个鼓楼下，我们被孩子们欢快的嬉笑所深深吸引。有 5 个小女孩围在一圈，在地上掷石子（侗语称为"Duo Bin"）。孩子们非常大方，当吕老师跟几位小朋友们打招呼后，她们非常乐意为我们这些外来人唱侗歌。5 个小朋友整齐地站成一排，总共演唱了三首歌曲，前两首是侗族大歌，后一首是侗歌中的儿歌——《小青蛙》。

访谈对象详情：潘 LM（10 岁，2 年级）；潘 KY（10 岁，3 年级）；

---

① 墨菲. 文化与社会人类学导引 [M]. 王卓君，译. 北京：商务印书馆，2009：274.

潘 JL（10 岁，3 年级）；潘 XH（12 岁，5 年级）；潘 XL（9 岁，2 年级）。

潘 LM："我今年 10 岁了，我们家有两个孩子，我还有一个哥哥，我妈妈已经过世了。"（由于孩子提到母亲辞世时，眼泪在眼眶中打转，我心中也产生了难过之情，我马上摸摸她的头以表安慰，一会儿孩子的情绪慢慢平复了，在整个访谈过程中，我都比较关注这个孩子。）

潘 KY："我今年 10 岁了，我读 3 年级，我喜欢语文老师，因为她对我们好；我有时候害怕数学老师，因为如果我上课讲话时，老师就会骂我们。我们侗族女孩在很小的时候就打耳洞了，我没有零花钱，如果有零花钱我们就去买糖，我喜欢喝雪碧、营养快线。我们的本子、笔都是老师发的，回家作业也不多，回家写完作业妈妈爸爸才准我出来玩。做作业大概要花 10 分钟。"

潘 XL："我 9 岁，我读 2 年级。我喜欢唱侗歌，我喜欢数学老师。我们一年级的时候，老师讲课会用侗语，我们不懂的地方，老师会用侗语给我们解释，等我们二年级了就开始学汉语。我们都不太会唱汉语歌曲，我们只会唱侗族歌曲。"

当笔者问 5 个女孩"将来的愿望是什么"时，孩子们异口同声地说："想当侗族歌手，想当侗歌明星。"

访谈结束没多久，潘 KY 同学跑过来跟笔者说："来这里旅游的人经常会给我们钱，我的头绳和发卡都是一个阿姨给我寄过来的，有时候游客也会给我们 5 元钱。你能给我们一点钱吗？"我立即跑回宿舍，将从北京特意给孩子们带去的礼物——铅笔和本子送给 5 个侗族小孩，但从表情上可以看到，孩子们对铅笔之类的学习用具并不是很喜欢。

笔者反思：小黄村经常接待来自国内外的游客，一些游客会给学生钱或发卡，对侗族学生产生了一定的影响，被访的这 5 个侗族女孩渐渐习惯了向陌生游客索要物品的习惯，而且她们对学习用品并不是很感兴趣。在走访中，5 个女孩异口同声地表示不想读书，将来的梦想是当侗歌明星，这一田野调查发现给笔者带来了不小的"文化震撼"，可见社区文化对青少年的影响是潜移默化的。

【章节回顾】

1. 研究课题的选择要实现自身兴趣能力和现实需要的平衡。确立一项研究专题首先要考虑是否具有现实意义，研究成果对现实的改进是否有帮助；其次是个人的兴趣能力是否适合做该专题研究。每一个人的知识技能和可利用的资源不同，对专题的选择也是不同的。如果不具备从事某项专题研究所需要的知识技能和社会资源支持，该专题的选择并不明智。对于青年学生来说，选择一个自己知识技能和研究条件都具备的专题开展研究才是正确的。

2. 兼顾社会需要和研究者的能力范围确立研究目的。研究目的指引着整个研究过程，决定着研究内容、研究对象、研究方法。合适的研究目的同样要兼顾社会需要和研究者的能力范围。

3. 进入田野之前要做好充分准备。进入田野前的准备包括人际关系协调、知识储备、物质装备。为了在较短的时间内完成对调研地区的田野调查，一般可以通过熟人或行政途径与调研地区部分领导建立联系，获得准入调研的"通行证"。在知识储备上，进入田野之前一定要做好相应的信息检索工作，对所调研的地区有大致的了解，便于进入田野后迅速融入当地文化中。物质装备要根据所调研地区经济社会发展水平做准备，去偏远落后的乡村调研一定要带足所需要的物质装备。

4. 田野调查中的技巧和方法非常重要。首先要坦诚与调研对象交往，取得他们的信赖。在遇到心理抵抗的调研对象时，研究者一定要耐心、友善、策略地与他们交往，尽可能消除他们的冷漠抵触心理，努力与调研对象建立积极良好的人际关系，为获得真实全面的信息提供保障。

5. 数据资料的及时整理非常重要。每天调研活动结束后，都要及时对访谈观察所得的资料进行整理归档，从录音文件、纸质资料的命名和电子存档做起，踏踏实实做好资料规整工作。

6. 及时记录感想和触动。每一天的调研都有酸甜苦辣，每一次的直面对话都会有体验感悟，这些感触往往是当地文化带来的冲击，必须及时记录下来。因此，调研感受和田野日志的撰写是田野调研人员必做的功课。

7. 及时地反思改进必不可少。预想与实际效果之间总会有差距，差距的根源在哪里，如何改进？田野调查的质性研究者必须及时反思改进自己的方法策略。这也要求团队成员坦诚无私的交流，共享智慧，更好地完成田野调查。

8. 研究发现和研究成果要以合适的方式加以呈现。调研所得资料要为解决现实问题服务，不同的研究课题保密程度不一，对于保密程度要求不高的课题可以撰写论文发表。对于保密程度要求较高的课题要写成研究报告专门呈报，为有关政府部门的决策做贡献。

【学习提升】

结合自己的实际选择一个研究专题，完成以下的工作。

1. 设计出该研究专题的研究目的、研究对象、研究内容、研究方法。

2. 结合这个研究专题，详述进入田野调查前所作的各项准备工作。

3. 制定出该专题的一个访谈提纲，选择 3 个研究对象进行访谈，并对访谈录音文本进行编码，最后写出一份访谈报告。

【章节逻辑图】

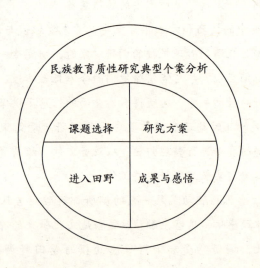

民族教育质性研究典型个案分析

课题选择　　研究方案

进入田野　　成果与感悟

第九章 国际民族教育质性研究典型个案分析
——《蒙古国 1992—1994 年学校发展》个案分析

【章节导读】

本章内容主要基于杰斯伯·霍尔斯特（Jesper Holst）、格雷斯坦·克拉克（Ghresten Kruchov）、乌拉·安布罗修斯·马德森以及艾伦·诺加德（Ellen Norgaard）在 1994 年撰写的《蒙古国 1992—1994 年学校发展》（*School-development in Mongolia* 1992—1994）研究报告。通过对该个案的详解和分析，希望读者能对质性研究项目的研究方法选择、项目设计、项目实施、形成研究成果、撰写文本等方面形成多角度、多方位的认知。

该研究项目源于丹麦对蒙古国学校体系中学校发展规划部门的一个支持项目。由丹麦国际开发署出资，丹麦皇家教育研究院的教师在 1992 年 11 月至 1994 年 12 月具体执行并操作。此项目的个案研究报告主要由 6 个部分组成：（1）丹麦皇家教育研究院的教育理论；（2）蒙古国项目计划方案；（3）该项目涉及的学校发展规划部门；（4）蒙古国学校管理方面的发展；（5）蒙古国学校和日常生活；（6）结论：蒙古国的学校发展规划和研究模型。

本章通过对国外质性研究实例项目的分析与解读，为读者呈现国际视阈下的民族教育质性研究方法的实践与操作。为了使读者更为深入地理解本书中所介绍的有关质性研究方法的内容，请认真阅读本章的相关知识，并结合"学习提升"的要求，全面分析本章的案例。

【学习目标】

1. 关注基于该项目的教育及学校发展模型、课程设计理论、学校发展与规划实施等内容。重点理解这些教育理论对于指导该项目开展的功能、意义与价值。

2. 理解项目背景分析的作用与功能，重点理解如何开展项目背景分析。

3. 重点分析并理解研究者在课堂观察中的观察内容，研究项目成员是如何通过课堂观察得出研究发现的。

4. 重点分析并理解研究者的访谈技巧，研究项目成员是如何针对不同的访谈对象开展访谈的。

5. 熟练掌握田野日志的记录方法（包括绘制校园地图、班级座位表、课程表、校长或教师工作日程表等相关内容）。

6. 学会使用图表的方式定期总结质性资料，并对资料进行深度分析。

7. 理解案例中所提到的一种有趣的资料收集方法，即指导个案学校的学生记录日记。学习如何恰当地利用并分析学生日记的内容，使之为项目研究所用。

【关键词】 国际民族教育；质性研究方法；蒙古国学校发展个案

第一节　基于项目的教育理论和计划方案

一、教育理论

一个世纪以来，丹麦皇家教育研究院一直致力于开展对丹麦教师的在职培训项目。自 20 世纪 60 年代以来，这种培训活动延伸至开展教育研究并促进教育发展的相关活动领域。研究者一般用一半的时间开展教学，另一半的时间开展研究工作。这些教育研究与发展活动大都在丹麦国内展开，基于这些研究活动，教育理论逐渐地得以讨论、发展和改进。具体而言，理论研究的发展可分为两组。

第一组主要包括动态的、规范的理论研究。这些理论逐渐发展完善，适应并支持着丹麦的教育发展。一般而言，由丹麦国会审议通过的丹麦教育政策的目标在于支持人类潜能的发展并致力于构建一个民主的社会。这些理论同时也是以政治协定为基础的，例如丹麦学校教育应该有助于发展个人的潜能，使得教育的产物——人，能够以一种明智的、负责任的方式参与到社会生活中。但是，究竟如何在日常的学校生活中实践这种目标，不论是政党还是教育家对此并没有形成统一定论。该理论认为，对学生开展教育并促使其社会化发展有三个基本条件：能够提供培养个体能力发展的条件；能够提供其成为民主社会公民的条件；能够提供在现代社会生活的条件。同时，这种理论还基于另外一种假设：学校教育有助于孩子的良好教养。在西方国家，学校已经和家庭一样开始承担教养孩子的责任，在一个特定的社会里，孩子的学校教育与其长大成人后成为社会公民的能力之间存在内在关联。因此，学校教育与社会发展及其结构变革也会产生某种内在关联。例如，学校教育可以加强已经存在的良好的社会结构。这些理论已经得到来自教育学、社会学等多学科的广泛支持。

然而，社会发展、社会变革与教育及学校教育之间的关系是非常复杂的。课程、教学方法、学校的结构及其组织形式等议题，对于培养未来社会公民的能力起着至关重要的作用。在特定的社会结构中，学校教育的内容及其组织形式对于学校教学的社会功能起着决定性的作用。丹麦皇家教育研究院的研究人员认为学校教育有助于培养公民的民主思想。因此，至关重要的是，研究人员需要着力开展与课程、教学方法、结构及学校的组织形式等相关的研究，从而培养未来的社会公民。基于这样的背景，动态的、规范的理论才能得以长足发展。

另一组理论试图描述教育及学校教育的构成要素，而不依赖教育制度中已有的常规特征。因此，这种理论具有创新意义，为丹麦教育的发展、创新、教育变革规划及解析学校及学校发展提供了有力的工具支持。

（一）教育及学校发展的模型

上述两组教育理论的概述，为我们提出了教育及学校发展的模型。学校发展的内涵在于教育方针由传统向新型转变，更高更快地提高学校教育的效率。此外，教育发展是一个不断更新、与时俱进的过程，需要不断地计划并及时做出新的决策。这种决策主要包括两个方面：课程发展及组织发展。其中课程发展主要涉及学习的概念、教学的概念，积累有关本土的或全球化的知识、技能及认识等。而组织发展主要是教育方式的发展，包括教学方式、结构与组织，教育环境，社会环境及物质结构的发展等。教育发展的内容源于教育目标及整个国家文化发展的目标。同样，这些构成因素的内容也源于相同的目标及诠释，因此它们是一致的、相互关联的。学校教育是一个非常复杂的机构，它们涉及过去及当前的经济、本土与国家的文化及传统，例如政策、文化及意识形态等，进而体现在课程及组织形式中，并且最终渗透到日常的学校生活中。为了确保学校教育的成功，在学校进行教育活动的内容必须是一致的，如图9-1所示。

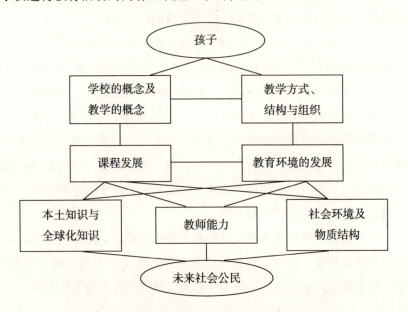

图9-1 由孩子成长为社会公民的教育及学校发展模型

学校发展是一个动态的过程，该模式图描述了个体由儿童发展成为社会公民的过程，诠释了在一个国家中，社会公民理念的内容如何支配学校发展的内容。

（二）课程设计理论

课程的设定基于这样的理念，学习是个体组织经验的一个过程，而这种经验的组织体现在有意识的和无意识的两个层面。一方面，课程的内容应该包括近几个世纪以来的科学知识，这些知识对于个体来讲是非常重要的，例如，水、空气、人体的平衡机制等。同时，课程也应该包括当地的经济、日常生活、语言、历史、文化及环境等那些对一个特定的国家或民族的居民来说非常宝贵的本土经验和知识。这些知识需要渗透到教学过程及日常的学校生活中去。另一方面，课程还应该包括儿童在日常生活中获得的有助于培养其成为社会公民的经验和知识。

总之，学校中的课程设计不仅要关注显性课程的设计，也应该关注与日常生活相关的隐性课程设计。

（三）学校发展理论

学校是一个公共机构，是国家公共部门的一部分，并依赖于国家经济和政策的支持。在一个民主国家里，学校同时是滋生及发展一系列价值观的组织体系，这种组织体系包括一些日常使用的价值观及学校教育理念，并与教育主题及能力密切相关。在规划学校发展的过程中，不仅应该考虑这些价值观，还应该关注学校的内部组织文化。学校的内部组织结构及组织关系也是一个彼此动态相关的体系。例如，学校每天、每周及每学期的课程安排方式；教师合作的组织形式；教师团队的建立；教学管理机构；教学结构及学生的组织形式；学校的环境及空间结构；等等。学校应着力规划并发展一种适合教育情境及教学方法的组织结构。

（四）学校发展的规划及实施

学校发展规划的模型应该具备如下特征：一贯由中央教育部门制定的

整体教育目标，应该下放到由中央和次级部门合作完成；相关的专业人员有解读这些目标的自由权利，并且可以自主选择实现目标的方式；目标应该作为教育的一种指南，而非硬性的规定；就校长与教师而言，更应该体现作为学校领导的代表作用。而正式的、官方的行政管理责任应该削减，他们的行政任务应该是有限的。基于这些原则，学校发展规划部门可以关注一些重要问题：社会究竟渴望学生接受何种的教育？学校的建立基于怎样的价值观？应该实施哪些教育目标？学校教育应该从哪些维度制订规划方案？

当然学校发展也包括课程的发展，而学校课程仍然是学校教育活动的实体内容，教师在自己所在领域的专长仍然是一个必须的条件。这些课程及教师都应该基于每个学生个体及社会能力的提高而不断得到调整，最终达到学生全面的发展。很显然，这种课程及教学需要教师间的合作，因此教职工间的健康良性的关系变成了必需。此外，为了帮助学生多方面洞悉现今时代复杂性的现实，教师需要采用交叉学科的教学方式，充分利用彼此间的专业优势及能力，经常交流经验和知识。这就意味着教师不再是学校里可有可无的商品，而是紧紧地与学校、社会、文化的发展相关。这对于学校、社会及文化的发展有着重要的推动作用。

这种教育活动需要新的工作方法及新的组织结构。这种新的结构包括有组织的教师合作、良好的工作环境及浓郁的校园文化等。如果这些目标得以实现，那么学校的领导在规划学校发展方案时，就不会仅仅局限于办公室、部门的职能化及对经济的过分依赖了。

总之，上述教育理论由宏观到微观、从抽象到具体，为项目的实施和开展提供了理论指南，具有重要的理论指导意义。

二、学校发展规划方案

这一部分内容基于对项目的整体框架的介绍。首先本文对蒙古国教育做了一个全貌的分析，使读者能够形成一个整体印象；在此基础上提出教育创新及学校发展的策略；最后明晰在宏观的项目背景下，学校发展规划的具体组织形式。

（一）蒙古国教育简介

蒙古国具有悠久的家庭教育及宗教教育传统。20 世纪 20 年代，蒙古国拥有 700 多个修道院。到了 30 年代，大部分的修道院已经被毁坏了。现代意义上的第一批学校于 20 世纪 20 年代建立，大学教育体系从 40 年代开始逐渐发展起来。详尽的教育体系是基于"苏联模式"逐渐发展完善的。蒙古国在人口密度较小的农村建立了寄宿制学校，并要求当地的孩子积极入学。截至 1991 年，全国人口普遍都接受过教育，文盲仅仅存在于成人当中。

1991 年，蒙古国通过了一项新的教育法。学制由以往的"四四二"向"六二二"转变。"四四二"学制中的第一个四年是指小学教育，接下来是初中和高中。小学和初高中教学往往在同一学校里开展，孩子的入学年龄平均在七八岁，30% 的儿童得以接受学前教育及幼儿园教育。20 世纪 90 年代后，农村学生的辍学率要比城市学生高，截至 1993 年，辍学率竟达到了 20%。由于当地经济无法维持学校的正常运转，因此政府向学校收费，学校又不得不将其转嫁到学生身上。造成学生辍学的原因是多方面的：国民经济的萧条、社会结构向市场经济的转型、当地政府部门的重组、生活水平降低等。

根据 1991 年蒙古国议会的决定，蒙古国的教育管理应当遵循以下几条原则：第一，教育条款应该成为国家政策的主要关注点；第二，所有的蒙古国公民都有平等接受教育的权利；第三，基础教育应该面向全体儿童及青年；第四，教育的实施应该是一个不断前进的过程，应以民主、以人为本、创新、客观为标准；第五，教育的实施应综合考虑社会发展、个体的兴趣及诉求等需要；第六，教育的发展应该基于国内外文化及科学领域的成果与成就。

根据蒙古国教育管理体系的要求，国家规定所有学校均由国家教育部门统一监督管理。1991 年起，所有学校的在读一年级学生要开始学习并使用传统蒙古语，目的在于复兴蒙古国的文化。近些年，在寺院等机构的资助下，大量的初高中学校重新得以开办，蒙古国的学校教育功能系统运行良好，且教师也受到了良好的教育与培训。同时，传统蒙古语的使用也给老师、家长和学生带了很多严重的问题，使得蒙古国教育部门不得不重新考虑在学校使用斯拉夫文开展教学。在当时，学校面临的一个普遍问题是缺少教材，无论是传统蒙古语版还是斯拉夫文字版的教材都十分稀缺，课程设置和教学方式在很大程度上依然效仿"苏联模式"。

一般说来，学校结构和课程改革的目的是为了满足社会发展的需要。当时的蒙古国教育涌现出了"以学生为中心"的诸多课程，教学相长的教学模式得以引进。市场经济的变革所带来的旧经济体制的瓦解以及社会文化的变革，深刻地影响了蒙古国人民的生活环境和家庭传统，同时也对学校教育造成了巨大的影响。

（二）教育创新及学校发展的策略

丹麦皇家教育研究院的研究活动是基于改变、发展、创新的决策理念。这些理念对于蒙古国本土学校的发展规划、教学与研究工作是非常必要的，主要理念包括：强化学生体质，尊重学生经验和态度，开展参与式的学习等。民主标准是此项目的基础。在学校教育实践中，应注重对学生的资质、职业态度、文化传统的教育，并将其贯穿于问题解决的过程之中，这种教学策略也是与民主的标准相一致的。所谓理念与实践活动，两者是相辅相成、互为促进的。

（三）项目简介

本项目共持续两年时间，从 1992 年春至 1994 年底。1992 年，丹麦国际开发署的调查研究认为，蒙古国社会及学校教育总体运行良好，但是教育系统的内在危机也是存在的。通过提供短期的技术援助，可以在一定程度上抵制这种危机。项目设计具体关注如下领域：教育行政管理、课程发展、教学方法及教材、教师的在职培训、教育研究与评估。此外，本项目执行成败的关键点在于能否处理好人力资源发展问题，蒙古国与丹麦国际开发署机构之间的合作关系。

（四）项目的组织

本项目组分别在蒙古国及丹麦建立了项目管理组，以确保蒙丹双方共同规划、实施、合作及评估这个项目。来自于丹麦皇家教育研究院的许多研究人员共同参与了这个项目，所参与的研究领域包括学校管理、教学项目、正式的教育发展、课程发展及学校发展、调查研究项目等。

针对教学科目，本项目主要关注学校教育体系中的三个教学领域：数学、社会科学、自然科学。其中，对自然科学科目的研究主要放在初等教育领域。通过对这三个科目的教学开展研究，旨在支持蒙古国学校课程与教学的发展，促进新的教学方法的实施以及课本与教材的开发，推进教师指导及在职教师的培训等。

本项目主要采用质性研究方法，通过邀请来自个案学校的教师及当地或全国的教育决策者参与项目研讨，对校长以及教师等展开访谈，以探究式研究的方式对学校的辍学问题开展研究。在试点学校的选择上，两所个案学校均坐落于首都乌兰巴托，但位于三个不同区域。此外，项目还就学校学生的日常生活及学习进行了心理学层面的分析。来自丹麦的项目研究人员分别对这些学校开展了实地的调查研究。

第二节　蒙古国学校发展项目的质性研究过程

一、质性研究前期设计

（一）研讨会及分析

1992年秋天，丹麦皇家教育研究院着手开展本项目的设计工作。同年10月，在乌兰巴托举办的研讨会上首次呈现了之前所述的理论研究内容。其目的在于通过与会者的广泛讨论，为项目研究计划的制订献计献策。蒙古国现有的关于新课程的概念与丹麦的课程体系思维方式基本一致。在蒙古国与丹麦双方都予以认同的教育理论指导下，项目的计划工作得以顺利展开，最终形成了针对蒙古国以及丹麦的两份会议文件。蒙古国所预设的关于新课程的内容，既包括了涉及古老的蒙古国的占星学和心理学的知识，也包括现代科学知识，并且引入了研究、评估、描述及发展的教学模式。

为了进一步了解蒙古国已有的课程模式，进而开展项目设计，研究者参观考察了蒙古国的一所研究机构。这所研究机构是蒙古国教育部下设的一个附属单位，专门负责制定蒙古国学校的教学大纲。通过调查，研究者发现了如下几个问题：第一，学校的爱国主义课程如何开展？换句话说，学生如何通过课程学习来加强国家认同感？第二，如何将爱国主义理念融入地理、社会科学、历史及其他的学科科目之中？第三，如何向学生教授爱国主义课程？第四，如何平等地在农村及城市地区实施各门课程，从而使来自农村和城市的学生都能达到相同的学业水平，进而提高蒙古国整体的教育水平。第五，如何将蒙古国的传统文化纳入到课程当中？经过讨论，大部分研究者认为，蒙古国的孩子在日常生活中能够经常接触有关国家认同与民族文化的知识，因此没有必要将其单独列为学校课程。此外，研究者还提出了一些问题，例如，课程的设置能否起到控制边远地区学生辍学的作用？如何将课程纳入到教师教育及教师的在职培训活动中？

然而，上述这些问题并没有得到很好的解答。在研究者的参观访问中发现，这个研究机构的所谓规划者们对丹麦国际开发署的项目并不了解，他们似乎也不感兴趣，也没有参与的意愿。他们各自做自己的工作，彼此孤立；对于课程的理解也没有统一的认识；对蒙古国传统文化定义也不甚清晰。经了解得知，该机构在1992年秋经历了一次比较大的人事调整，一些工作人员调到了教育学院，还有一些被调到了教育部。针对这个情况，研究人员在对该机构的第二次参观访问中，特别选择了供职于不同岗位层次的工作人员进行访谈，目的在于对蒙古国教育体系的整体状况展开了解。

基于两次参观访问，研究人员通过再一次召开研讨会的形式分享了他们的研究发现，具体内容如下。

1. 蒙古国教育体系中值得肯定的方面是：蒙古国的传统文化是非常

宝贵且非常有价值的，是教育体系的重要资源；蒙古国基础教育的开展有一定的借鉴意义；部分教师接受过良好的培训；蒙古国整体人口的文化素质都不低；蒙古国人民以及教育工作者有能力，也有意愿提高教育体系的整体水平。

2. 蒙古国教育体系的改善建议：教学内容应该以学生为中心，相应地，教师的教学方法也必须得以改善和发展；教育内容应多借鉴蒙古国的传统文化；相关的教育改革与决议必须基于现有的研究发现和发展需要；需进一步改善蒙古国的学校管理；辍学问题必须得到足够的重视和控制；相关的教育决议必须考虑现有的设备及教材资源情况；侧重应用型课程的教学活动；学校教育应激发学生的兴趣和丰富学生的生活体验；教学过程应做到教与学的一体化，以教学相长的方式激励学生。

本项目通过帮助项目学校开设有关学校管理的课程，监督并促进学校教学活动的开展。研究人员运用文化人类学的视野观察学生的日常生活，监督课程发展及组织机构发展。

（二）参观试点学校

负责该项目的学校发展规划的研究人员参观了所有的试点学校，这些学校分散在不同的区域。由于需要对试点学校进行反复的参观考察，因而研究的持续时间也较长。

试点学校的部分教师参与了项目的教学活动，所涉及的教学科目有社会科学、数学及自然科学，此外试点学校的校长也参与学习了学校的管理课程。研究者们认为，要想更好地研究项目中学校发展的问题，应该考察学校及其教学活动，并且访谈学生、家长及教育体系的制定者，考察他们如何在日常的教学活动中实现项目目标，从而知晓教学及学校管理课程在学校的日常生活中是如何得以实施的，进而推动项目目标的实现。换言之，参观试点学校的目的在于整合学校生活、教学及学校管理等内容，使学校的内部环境趋于同一水平的健康发展状态。

总体来讲，从硬件条件上看，试点学校的教学楼均是高大的混凝土建筑物，平均可容纳1000多个学生。此外，还有部分试点学校有大量的寄宿学生，这些学校桌椅损坏的现象也非常严重；有些设施条件较好的试点学校有大量的花和盆栽植物，教室中有供学生饮水的杯子，墙上有蒙古国国徽及一些英雄人物的壁画；学校除厕所外的其他区域相对整洁。

研究人员在听课过程中发现，学生按排分配位次或者以"丹麦方式"将课桌分组而坐。听课的规则是：学生必须背着手坐直，如果有长辈进入教室，他们需要起来齐声问好，在回答问题时，学生也被要求起立回答。

据了解，学校要求教师每天早上将每门课的具体规划方案提交给负责人。通过观察不同班级、不同科目的教学活动，研究者可以清晰地了解蒙古国传统的教学模式，即严格地执行某种固定的组织形式，而教师是在培训中学习这些教学的组织形式。一门课的教学组织形式大致如下。

前 10 分钟，教师回顾复习上节课的内容，学生复述家庭作业。据研究人员观察，如果学生没有完成作业，并不会得到教师的责罚，教师只会将没完成作业的同学的名字记录在册子上。

接下来的 20 分钟，教师开始讲授新的课程内容，并在黑板上写板书。与此同时，学生记录老师在黑板上所写的内容，在这个过程中，教师向学生提问，学生总是齐声简短地回答。例如，老师提问："俄罗斯的首都在哪里？"学生齐声回答："莫斯科。"

再接下来的 20 分钟，学生开始做课堂练习，此时教师会在教室中来回走动以检查学生的练习情况，并给予一定的反馈。在这个过程中，教室相对安静，有时学生之间会互相讨论来完成练习，老师也并不干涉。

临下课前 10 分钟，教师分发上次课堂所留的家庭作业，并收集学生本次的课堂练习，并就学生这节课的学习掌握情况进行评价总结。

研究者所观察到的教学是典型的"以教师为中心"的教学方式。学生的课堂参与不过是言简意赅地回答教师所提出的问题，或者记录老师所讲的内容而已。同时，学生在回答问题时，教师往往会左右学生的答案。值得注意的是，教师的态度往往是非常友好的，并不谴责或侮辱学生。当教师在课堂上来回走动观察学生学习时，也会和学生进行身体上的接触，例如鼓励式地拍拍学生的肩膀等。

在教学内容方面，研究者对不同课程进行观察所得到的结果是大相径庭的。首先，有些课程的教学内容比较枯燥，而有些课程的内容由于实用性较强，所以令学生感到兴趣盎然。另外，学生对不同课程的表现也是各不相同的，大体而言，低年级的教学内容更能吸引学生。低年级的教学内容往往围绕有关蒙古国的传统文化的一个课题展开，这些都是学生非常熟悉且感兴趣的内容。在高年级课堂观察中，研究者发现课本缺乏的现象是非常严重的，甚至有教师指出，缺乏课本是导致教学无法脱离"以教师为中心"的教学方式的主要原因，因为课堂上所讲授的一切内容均来自于教师自身。最后，低年级和高年级教学内容的区别还表现在，高年级课程中所教授的知识更为学术化且更贴近实际生活。

项目中所涉及的班级与平时的班级有些不同。首先，这些班级的学生都是以小组为单位而聚集在一块。这种安排方式使得每个小组的内部成员间、小组和小组之间产生了竞争的关系。蒙古人认为竞争是一种积极的激励，但在研究者看来，这种课堂上的竞争关系可能会给学习较差的孩子带来压力。以下是研究者在课堂上所观察到的一个小事件，某小组里一个小女孩因为无法回答老师所提的问题而受到了同辈的斥责。小组中的另一个学生对她说："当我们尽力想帮你的时候，你竟然不明白我们的意思，我们组有你真是糟糕透了，我们输了就是因为你的缘故。"其次，这些班级的学生比其他班级的学生更为活跃，他们提出并回答问题，而这些问题比率要远远大于其他班级的学生。

（三）　教育主体——实施试点教学的教师

研究者通过参加学校发展规划部门的研讨会时发现，参与此项目的试点学校教师均有着不同的教师培训背景。研究者通过访谈那些课堂或教学观察中的教师发现，大部分教师表示他们喜欢项目中新型教学方式，认为这是对"以教师为中心"的教学模式的全新变革。例如，有教师回答："之前，老师教理论，将知识直接传递给孩子，现在孩子们通过老师所举的例子自己来理解理论；之前只有教师是课堂的积极参与者，而现在学生也以小组的形式积极地参与到课堂中去；之前，教师运用特有的权威，即教师主导教学，而现在孩子们也开始呈现自己的想法及见解。"大部分教师都认为项目所提供的新型教学模式是有积极意义的，完全不同于传统的教学模式。例如在之前的教学活动中，每节课是以一个特殊的话题作为结束，而现在不同的话题讨论可以持续相当长的时间，课堂中一半的时间是学生在开口表达他们自己的看法。旧式的"以教师为中心"的教学模式是基于对理论的理解，而现在则是将现实生活带入了课堂。

然而，也有部分老师对项目教学模式提出了异议。他们认为，这种新的教学并不能像传统教学法一样让学生掌握预期的知识。一位老师提到："我们的教学虽然需要站在较高的理论层面，教授学生复杂的理论知识，但是我们还要坚持这样做。我们并不反对将日常生活纳入到教学当中，但是我们依然有我们自己的标准……如果有人质疑我们所教授的知识过于抽象，脱离实际，到那时我们要说丹麦人关注的是社会现实，但我们重视的是科学。"

在研讨会上，与会者提出了两个问题。一是如何评估这种新的教学方式的教学效果。不得不承认，评估学生在这种新的教学模式下所获得的知识情况是比较困难的。一般来讲，考试是评价学生学习成果的主要方式。后来，研究者发现可以通过给学生进行综合评分的方式来评估学生的学习效果，以此评价学生的学业是否进步。幸运的是，在第一个试点学校使用这种评价方式获得了良好的效果，这种评价方式与试点学校的情况较为吻合。二是此项目的经验与成果该如何得以推广和发展？一般而言，参与项目培训的教师会给他人留下这样的印象：这些教师希望自己在此项目的实施过程中发挥积极作用，并能够同其他老师以及教育规划者开展合作学习。但是，在这个过程中，教师与教育规划者不仅沟通极少，而且也没有实施合作组织的整体规划。

总体而言，此项目获得了良好的效果，但我们还是需要对项目进行若干反思：项目的成功之处在哪儿？虽然项目对试点学校的教学模式进行了全新的计划和尝试，但随着项目的结束，这种积极的教学模式能否得以延续？教学内容与整合学生经验的关系、竞争与尊重个体差异的关系等能否得以重新审视和改善？正如试点学校的某位老师所言："学生的问题及生活经验是不会改变课程的，不能使之偏离原有的课程计划。"

（四）　透析家长与学生的反馈

在实施这个项目的过程中，研究者试图访谈家长和孩子对这种新的实验性教学方式的意见和看法。但在与孩子的实际访谈过程中，研究者发现孩子的回答往往不具备可用性，因为他们还无法就项目的真正价值做出成熟的认知和评价，所以使得家长们的回答显得更为重要。研究者在试点学校对学生家长开展访谈时，主要问及以下几个问题：家长们如何评价这种新的实验性教学方式？能否将这种教学方式应用到初中、高中课堂教学之中？这种教学方式有哪些地方值得批判？而家长们普遍表示，对自己的孩子目前所接受的这种全新的教学方式非常欢迎。因为家长们发现他们的小孩对学校生活产生了浓厚的兴趣，且孩子们在唱歌、跳舞、画画等方面获得了更多的培训和锻炼，增长了才艺能力。此外，新的教学方式促使孩子们开始思考，并向家长提问题，例如，有些孩子在回家后会询问父母诸如"我们从哪里来？"等这样的问题。

由此，家长们普遍赞同将这种新的教学方式应用到初中和高中教学活动中。除了个别家长反映并不习惯孩子接受这种新的教学方式外，大部分家长并未提出过多的批判性建议。

（五）　教育行政部门的教育策划者与项目的关系

在蒙古国，从中央到地方均设有各级各类的教育行政部门。工作在这些教育行政部门的教育策划者就好像是国家教育的指挥者，协调全国各级各类学校的平衡发展。由此，项目组邀请了蒙古国教育行政部门的部分教育策划者参与到此项目中来。然而在执行过程中，研究者发现，来自于各级各类教育行政部门的策划者们，并没有达成良好的合作意识，他们并没有积极地相互配合来协助完成项目的数据收集、教学大纲的制定及实施等工作。在1994年举办的研讨会上，研究者就这种新型的实验性教学模式访谈了若干教育策划者，大多数的教育策划者还是比较认同这种新型的实验性教学模式的。他们认为学生变得更加活跃，对课程也更感兴趣了。在课堂上，学生们思维自由，能够积极地参与到课堂讨论中。从而，教师不再需要满堂灌，由传统的理论教学转向偏重现实生活的课堂讲授。而持批判意见的策划者认为，研讨会中所提到的教育理论很难运用于课堂教学实践之中。况且，丹麦学生和蒙古国学生具有差异，适用于丹麦学生的教学与课堂模式不一定适合蒙古国学生。

此外，决策者也提出，对这种新型的实验性教学开展评估存在一定的困难，主要表现在以下几个方面。

第一，对教师工作进行监督或给予指导性建议变得越来越难，因为现有教学内容的呈现模式是多角度、多元化的。第二，在缺乏统一性指南的情况下，很难给出有关教学方法问题的解答。针对这一问题，教育规划者正在努力筹划针对新型实验性教学的指南性文件，同时编撰有关教育理论的书本以满足不同主体的需求。第三，教育决策者们普遍认为，与学生家长的沟通存在障碍。第四，新型的实验性教学模式，因为才刚刚得以推广，广大的教师对这种教学模式还相对陌生，因而如果没有配套的课本辅助教学，教学活动的开展将是相当困难的。第五，地方教育行政部门与国家级教育行政部门和教育研究机构之间的沟通甚少，这可能导致教学内容的理论初衷与在各机构单位的实践活动产生脱轨和断层。第六，这些教育策划者仅仅从自己所负责的科目领域的经验谈起，并没有思考或讨论有关交叉学科研究的相关问题。

二、项目的开展过程中学校管理层面发展

（一）学校领导面临的挑战

近几年来，蒙古国的国内情况发生了巨大的变化，这种变化同时引起了诸多社会问题，同时也给国家的教育系统带来了前所未有的挑战。学前教育、基础教育以及职业教育都需要根据国情与社情进行相应的变革，而改革教育系统的关键在于对教育系统内部的人员领导能力以及组织机构进行重组、变革和完善。基于这样的背景，蒙古国各小学以及初中的校长便

面临着巨大的压力和挑战，需要思考如何发展学校的未来组织形式与管理方式，并使之满足整个民族的教育需求。同时，各级教育系统的领导都达成了一致性的意见，就是教育的决策权应当予以下放，而各级学校的校长应该发挥自身优势，帮助筹措维持学校正常运转的资金。

研究者在项目报告中归纳总结了与蒙古国某些教育情况类似的欧洲国家在教育管理及学校管理方面的优势，概括为以下三点：一是对教育基金的筹备；二是教育的去中心化；三是有效教学以及教育的民主化。达成任何一个方面的目标，仅仅依靠每所学校的单个教师是无法完成的。但是因为不同的国家有其社会、政治、经济的独特性，这些优势经验是可以结合本国国情进行借鉴推广的。

根据1993年联合国教科文组织开展的有关"蒙古国教育管理分析及教师培训需求"的报告，基于新的需求和挑战，我们需要对蒙古国各级学校的校长开展进一步的在职培训，培训目标如表9－1。

表9－1　蒙古国学校校长在职培训现状与目标

现　　状	目　　标
校长是基于等级而划分的权威性领导。	校长应该是基于专业知识和能力的职场同事。
校长的主要职责是对整个教育系统负责。	校长不仅要对教育系统负责，也要对当地的学校及社区负责。
校长是对现状的保护者。	校长应该是对未来变化的决策者。
校长远离教职工和家长。	校长应该平易近人地与教职工和家长相处融洽。
校长是执行中央政策的行政人员。	校长应该是学校政策实施和发展的积极促进者。
校长仅仅关注如何执行各种规章制度。	校长应该通过参与讨论的形式，广泛听取群众意见进而制定规章制度。
校长是视教师为下属的老板。	校长应该是将教师视为职场同事的团队领导者。
校长通过命令他人来开展教育动员工作。	校长应通过鼓励和支持的方式开展教育动员工作。
校长利用权威地位或权利做决定。	校长应通过与他人咨询或商量的方式做决定。

（二） 学校领导的困境

蒙古国的经济萧条，给教育系统带来了极大的负面影响，产生了诸多的社会问题。例如，教师工资低、师资缺乏、辍学率上升等教育问题，致使蒙古国的教师中弥漫着阴郁的压抑情绪和失败主义的思想等。

1994 年，研究者通过访谈来自蒙古国不同地区的 30 位学校领导，总结了其在日常的工作生活中所面临的诸多困难，具体如表 9 - 2。

表 9 - 2　蒙古国学校领导在日常工作中所面临的六大方面问题

经费与工资	缺乏书本教材；缺少校服；寄宿制学校缺乏食物的供给；教职工普遍面临经济紧张的问题；教师工资待遇低；由低工资所导致的教师情绪低落，工作缺乏积极性；教师将自己的工作时间仅仅限定在学校，很少在课下花时间准备课程；农村地区缺乏教育经费，部分学校的经费仅仅够支付该校教师的工资，部分地区对政府所下拨的经费使用不当；缺乏科任教师，尤其是数学老师。
组织结构	学校没有形成完整的教育体系；上级的教育行政部门中的多数人员对于教育体系并非十分了解；教育信息流通不畅，许多学校的信息非常封闭；农村学校与城镇学校组织结构差别大，资源分配不平衡；幼儿园运营的不景气。
政策与教育项目	没有稳定的教育政策；没有长期的教育项目。
教师培训	大部分教授并没有接受过较好的在职教育培训；师资整体匮乏，尤其是缺少对数学教师的培养培训；缺乏针对具体科目培训的师资。
教育教学	教师们对那些表现不佳的学生束手无策；有关教育学和心理学的教育理论过于陈旧；在学校教学中是否应当回归到老蒙古文的问题上存在争议；在学生学业评价问题上存在争议；现有通过划分等级的评分方式并不十分有效，因为这种划分方式并没有确切地反映学生掌握知识的真实情况；部分学校所开展的教育项目在实际生活中作用不大。
学校管理	学校领导对学校教师的了解不够，缺乏沟通；很难找到一种公正合理的方式去评价教师的工作业绩。

（三）学校领导的日志

以下内容节选来源于蒙古国乌兰巴托市的一位中学校长的工作日志（见表9-3）。

表9-3　蒙古国学校校长一周工作安排行程

周一	
7：30—7：55	检查教室及学校卫生
8：00—9：00	抽查教师的出勤情况
9：00—10：00	处理文件，行政工作
10：00—11：00	抽查教学、出勤情况等
11：00—12：00	行政管理
12：00—12：50	召开有关纪律方面的会议

注：一般来讲，学校领导下午的工作就是重复上午的程序。学校下午是另外一批学生开始上课。有时候，学校领导的工作时间从上午7点一直持续到晚上19点，周一持续到周六下午，周日休息一整天。

周二	
7：30—9：00	检查教室及学校卫生
8：00—9：00	抽查教师的出勤情况
10：30—12：00	召集学科组组长开会
12：00—14：00	召集学生委员会的主席开会
14：00—16：00	召集教工会的代表开会
17：00—19：00	管理学生在课余时间的活动安排

注：此外，除了这些紧凑的工作安排外，学校领导还要利用工作日程的休息时间处理行政公务。

周三	
7：30—9：00	检查教室及学校卫生
8：00—9：00	抽查教师的出勤情况
9：30—10：00	召集教工会的代表开会

续表

10：00—11：00	到班级里听课，监控课堂教学活动
12：00—13：00	对上述的课堂教学活动进行反思记录
14：00—16：00	与听课的教师进行谈话，并与之分析教学活动中所存在的问题等

周四	
8：20—9：00	针对学校一天的工作开会
12：00—15：00	到班级里听课，监控课堂教学活动
15：00—17：00	考察支教教学活动
17：00—18：00	制订计划及处理行政事务

周五和周六	
8：00—8：35	召开全校工作会议，总结学校一周的工作情况
9：00—10：00	结合教师评价，召集个别的老师开会
10：00—11：00	召集学科组组长开会
11：00—12：00	召开学校管理小组的讨论会
12：00—13：00	进行课外活动，例如举办家长会等
13：00—14：00	处理行政事务
14：00—16：00	制订学校下一周的工作及各项活动的计划
16：00—下课	体育运动

周日	
10：00—12：00	检查周末大扫除的情况，并且给上午上课的第一批学生放假

　　基于以上学校校长一周的工作安排，可对其一周不同工作的时长总结如下（见表9-4）。

318

表9-4　蒙古国学校校长一周工作不同事务时间分配

事　　务	时　长
管理与监督	26 小时
处理行政事务	11 小时
开会	14 小时
决策	5 小时

根据调研发现，不同学校的领导会有不同的工作日程和时间安排，尤其农村学校与城镇学校领导的工作区别更大。但是，无论差异如何，这些蒙古国的学校领导应为学校制定出可持续发展的工作安排。这种安排应是自上而下，由科层取向到专业取向（学校教育和学校管理），从而使学校管理更彰显教育成就。这种转向，一方面是为了呼应以学生为主导的教育模式的转变，另一方面也适应了分权制课程的发展需求。事实表明，官僚组织文化的教育情境并不适合以学生为主导的教学的发展。

需要强调的是，学校管理的组织文化与形式对学校的日常生活、教学过程等方面有着重要的影响。而学校领导作为学校组织管理结构中的关键因素，对于促进学校组织形式的发展以及日常教学工作的开展具有重要作用。因此，提升学校管理水平是一项充满挑战而又任重道远的任务。

（四）学校教育管理层面由科层取向到教育取向的转变

蒙古国的学校教育管理致力于由科层取向到专业取向的转变，研究者将两者的主要区别呈现如下，具体见表9-5。

表9-5　蒙古国学校不同事务在科层取向和教育取向上的特点比较

事　　务	科层取向	教育取向
与学校组织机构的沟通	一般以报告文件的形式自上而下地传达命令。	没有明显的等级关系，学校中的任一层面都可以做出决策。
教职工的发展	在上层领导评价需要的驱使下，或在学校领导的计划协调中进行，教师仅仅是被动的接受者。	教师积极地参与到学校所开展各项管理事务的计划和评价之中。并且，教师们普遍认为只有将教师的发展应用到其教学情境中才是有价值的。

续表

事　　务	科层取向	教育取向
教学项目和教材	由专家设计，教师并没有被认可为一个专业的教育人员。	教师被当作专业的教育人员，通过与其他教师的沟通与合作开展教学设计和计划。
计划与改革	由上层领导决策计划和改革，教师采纳上级计划并实施计划；学校被视为一个传递中央指标命令的机构。	由学校层面共同讨论决定和改革计划；学校被视为一个针对个体、社会及政策教育开展调查的中心。
动机和组织	以可衡量的统一标准来评价学校的教职工，并以此作为激励其行为的动机。	以多重标准对学校教职工的工作展开评价。学校领导被视为教育的促进者而非监控者，并且与教师共同分享有关学校管理的建议等。
遵守规则、帮助和学习	遵守上层领导制定的各项规则。学校领导往往采取监督批评而非提供可采纳的意见的方式与学校教师沟通。	只要有利于学生、家长或教师，任何人都可以制定规则，学校的领导往往被视为给学校教师提供建议的帮助者。
课程	学校课程由专家制定，通过教师的灌输，由学生被动地接受知识。	学校社区也可以参与到课程建设之中，课程可以根据实际的需要随时修改。
解决问题、做出决策	由高层领导做决策。决策结果通常以规则、规定、管理制度和常规等方式进行公示。	以实用性作为处理问题的最佳取向，具体问题根据具体情境分析处理。
个体发展	只和个体有关，但又必须符合各项规章及管理规定等。	辩证地看待个体的需求、兴趣、价值与各项规章及管理规定间的关系。
师资来源	由高层领导确定师资来源，以此来弥补学校师资的不足。	由关注师资发展及学校发展出发，基于教师团体的质量来确定师资的来源。
社区关系	被认为是一种迎合家长及纳税人的公共关系。	认为家长、纳税人与教育有着密切的关联，是有利于学校政策执行的关系。

综上所述，面向教育取向而转变的学校管理层面应具备如下特征：合作；保持学校日常工作的正常运转；维持学校内部组织结构的平衡；开发各项资源；学校政策的制定与学校的发展基于自身的价值与目标；关注学校的自我发展；拥有主动的执行力；学校领导保持精力充沛，积极行动；为学校发展的理想与现实搭建桥梁；持开放的态度，广泛听取并支持教职工的心声；以教育专业人士的身份与学校同事进行沟通交流；在学校组建一套有效可行的工作网；发展教职工多方面的能力；协调外部条件与教师发展之间的关系；形成民主的教育领导体系；公开透明的决策；所持有的教育态度或教育取向要公开透明，学校的日常生活及各项组织管理活动也要公开透明。

为了能够贯彻实施蒙古国的学校教育管理层面由科层取向到专业取向的转变，项目组将蒙古国教育体系内部的部分工作纳入两国的合作项目之中。因此，基于蒙古国的初等教育发展，项目组开发了一套长期的学校领导课程体系，旨在帮助学校管理体系的顺利过渡与转变。

（五）　在蒙古国实施的学校领导课程

在丹麦国际开发署和皇家教育研究院的支持下，蒙古国课程开发与教学方法研究所开始在全国范围内开发针对学校领导的课程体系。到目前为止，包括研究所的代表、全国范围内挑选出来的学校校长以及皇家教育研究院的顾问们共同参与到旨在提高蒙古国学校管理水平的项目之中。1994年，研究所计划并实施了为期七个月的针对蒙古国学校校长的培训课程。课程的第一阶段为期四周，在这期间，研究者旨在了解目前蒙古国学校领导的工作现状及其困境。例如，当前学校对国家相关政策及教育法的实施情况；学校的财政运转状况；学校领导是否民主；是否实施以学生为本的教学模式；实施何种教学方法；学校领导与学校教职工如何开展沟通；学校工作的组织实施情况；学校管理与组织的指导思想等。

项目的第二阶段开始于四周的培训课程结束后，这些校长分别参与到了四组项目活动之中，并利用五个月的时间来完成自己所承担的独立任务。在课程培训的最后四周里，研究者与校长们就一些话题又一次展开讨论，例如：市场经济对教育的影响；学校管理与教师发展；对欧洲以及亚洲部分学校的具体管理实践模式的总结；正规及非正规教育；在学校中开展问题解决的策略等。就此，为期七个月的课程终于接近了尾声，研究者们认为课程的实施取得了良好效果，参与课程学习的校长们将会在未来的学校管理以及课程指导方面成为专家或顾问。

伴随着为期七个月的针对学校领导培训课程的开发，更多的有关学校发展与管理的议题被提上了日程。有关这方面的讨论主要有以下几方面：第一，地方的教育政策与教育立法问题；第二，有关学校管理的指导思想；第三，学校的经济状况；第四，全球化背景下的教学发展问题；第五，教学过程中的理论和方法；第六，教职工的职业发展与在职培训。

此外，相应的实践活动及项目主要集中在以下几个方面：第一，学校管理的民主化；第二，包括学校全体教职工在内的全员组织活动；第三，以学生为本的教学模式的开展。

自 1995 年起，针对蒙古国学校校长的各种培训项目在全国范围内得以推广，并针对项目开发了多种教材发放到每个学校当中。此举对于有针对性地提升蒙古国学校管理的整体水平，进而提高整个国家的教育质量是大有裨益的。

第三节　有关学生日常生活的质性深描

乌拉·安布罗修斯·马德森教授作为项目组的一名成员，前后开展了三个多月的田野调查工作。第一个月她参观考察了蒙古国，举办了有关教育理论与实践的研讨会，利用文化人类学的研究方法了解蒙古国的学校文化、学校发展等基本情况。接下来的两个月，她调查学校的日常生活，收集数据并撰写了研究报告。在项目开始前，她开展了一系列准备工作，例如参阅并分析已有的相关报告，厘清已有研究的价值和不足之处，从而确定了自己的研究取向等。

本章接下来的部分主要介绍项目成员如何对蒙古国学校教育的现状以

及蒙古国孩子的日常生活开展质性调查。有关这部分内容的调查研究构成了学校发展规划体系的一部分。该调查主要关注的问题是：蒙古国孩子生活条件的变化是如何影响这些孩子的发展的？孩子们的生活经历或他们对学校教育态度的转变如何影响其学业经历？等等。

1. 文化人类学的研究视角。

利用文化人类学的研究视角开展有关学校教学和教育问题的研究时，研究者往往更关注社会和文化因素对学生的发展与改变所产生的影响。当时的蒙古国正处于一个剧变的特殊时期，这些改变均是促成教育变革的重要诱导因素。例如，社会剧变将影响课程标准、学校教育文化及教学实施等多方面，并且会影响到学生的辍学情况。此外，政府决议将蒙古国学校及教育体系"蒙古化"，即重新使用老蒙古文、开设有关蒙古国的传统文化及生活习惯的科目，恢复蒙古国特殊的文化传统，这种行为也会对学校的发展产生重大的影响。因此，文化人类学的研究视角对于这些问题的探讨都是非常有益的。

2. 了解学生在学校的日常生活。

通过了解学生在学校的日常生活，为蒙古国课程的规划和开发提供新的视角，使学校教学由传统的"以学科为中心"的教学方式转向"以学生为中心"的教学模式。在蒙古国，课程的设置往往是自上而下的，由政府主导，并带有明显的学科界限。而项目组所采用的关注学生日常生活的研究方式，引起人们对自下而上开展课程开发的广泛讨论。学校更加关注学生的日常生活，使知识能够学以致用。此外，丹麦国际开发署项目的主要任务在于，帮助或支持蒙古国制定相关的课业标准，以解决学生课程负担过重的问题，提倡以学生为中心的教学方式。

3. 对学生开展生活史研究。

通过研究学生的生活史，了解学生在当时的社会文化背景条件下的学习经验及其表现，鼓励学生开展主动学习，宣扬以人为本的学习方式。此外，有关知识的价值性的问题也引起了广泛的关注，学校开始思考究竟应当给孩子教授什么样的知识和技能等问题。

对学生开展生活史研究，项目组成员选择了13—15岁七年级的学生为主要调查对象。采用访谈、观察以及研究学生日记（在征得学生同意的情况下开展，在后续内容中将提到）的方式展开了调研，同时也观察及访谈了大量的家长及教师。

（1）学生日记

研究者在项目学校开展调查时，想要对学生平时所记录的日志开展调查研究。但是蒙古国的学生从来没有写日记的习惯，不同区域学生的自我状况（自信或自卑）及对研究者（外国人）的信任程度各不相同，有些学生甚至产生了安全感缺乏、害怕和怀疑的情绪。为了解决这些问题，研究者具体细化了孩子写日记的内容，要求孩子们在日记中主要记录以下几方面：在一天的学校生活中，他们都做些什么活动？谁来决定他们应该做些什么？他们与谁在一起？他们的感想如何？学校生活一天中好或不好的经历体验；等等。同时，研究者也向学生保证，自己是日记的唯一读者，并不代表学校或当地的任何政府权力机构，以此同调查对象建立信任的关系，并为接下来进一步的深入访谈奠定了基础。这样，学生的日记也会记录得更为认真和坦诚。

对学生日志开展研究的目的主要有三个：第一，了解学生的日常生活和学习任务，这样就可以知晓他们对学习时间、家务活时间及自由时间的分配情况。第二，了解影响学生日常学习、家庭生活及课余活动的主导因素。第三，了解学生如何看待他们的日常生活及其价值观。

值得一提的是，研究者在调查过程中发现，学生最难回答的问题是"学校一天生活中好或不好的经历体验"。大部分学生表示他们的学校生活没什么特别的，即无所谓好或坏，最好的经历（或者是最有趣的经历）无外乎就是认识了这些来自国外的研究者们，因为他们之前从来没和外国人交谈过。由此可知，这些孩子几乎是生活在一个与世界脱离联系的、封闭的社会环境里。

（2）访谈

选取访谈对象一度成为项目研究中比较困难的事情，一方面是因为当地的教师希望研究者访谈班里最好的学生，因为这些优秀的学生非常主动积极；而相对弱势的学生比较害羞，不愿意接受研究者的访谈。此外，由于调查时间有限，研究者并不能了解更多的细节情境。因此，为了得到更为客观的信息，研究者向当地教师求助，帮助他们选择那些来自于不同环境、不同生活状况、不同性别的访谈对象。

访谈问题除了有关年龄、家庭情况和住宿条件外，还涉及以下方面：你认为学校中好或不好的方面有哪些；你与教师的个人关系如何；辍学问题；假如你成为校长会怎样管理学校；有关家庭作业与家务活的问题；如何消遣娱乐时间；有哪些纪律、惩罚和奖励；教师与家长；社会与学生生活的改变；学校、家庭、社会的变化；将来的工作地及居住地；谁在控制蒙古国孩子的生活；假如有一天你要离开蒙古国了，你要带走的三样东西是什么；等等。

尽管在当地翻译人员的解释与帮助下，大部分访谈都能够得以顺利开展。但是，仅有少数学生能够清晰地领会研究者的意思，这既是因为这些学生比较紧张，也因为他们对这些问题并不感兴趣或者从未进行过认真的思考。

综上所述，项目在开展过程中，所面临的问题主要集中在以下三个方面：一是部分调查人员认为研究者所关注的问题没有价值和意义；二是参与调查的学生及家长因为长期以来所受到的政治压力无法畅所欲言；三是文化差异所导致的研究者与调查对象之间所产生的语言沟通的障碍。

研究者从以下五个方面深度描绘了蒙古国学生的生活现状：学生的日常生活现状；学生的学校生活现状；学生的生活改变；学生作为"新一代人"的特征；学生的综合情况。此外，研究者分别从学校与家庭、农村与城市两个维度开展了对比研究。最后，研究者剖析了教育与日常生活的关系及目前学校教育中所存在的问题。

【章节回顾】

1. 在正式开展项目研究之前，研究者清晰地陈述了基于项目的若干教育理论，包括教育及学校发展模型理论、课程设计、学校发展与规划实施理论。如前所述，演绎式资料分析旨在在质性项目的开始之初便采用某种理论视角来指导研究。应用这些理论可以帮助我们设置研究问题与研究假设，因而研究者可以在实际收集资料的过程中，发现研究结果其实是与关键的理论密切相关的。通过对相关理论的梳理，研究者可以进一步明确项目的研究思路与研究侧重点，为项目的实施与开展提供理论指南。

2. 研究者在项目开展前的背景调研或文献研究阶段，应重点关注研究对象及其教育环境的背景性知识。例如，丹麦皇家教育研究院在对蒙古国开展教育援助项目前，项目人员就对蒙古国的教育现状进行了研究分析。通过访问官方机构（蒙古国教育部下的教育研究机构），召开多方研讨会的方式，广纳建议，明晰了蒙古国教育体系中的优势方面与不足点，进而为项目的设计、项目组成员的分工铺陈条件，确保项目有条不紊地开展。

3. 通过案例我们发现，一切研究成果都是建立在丰富翔实的田野资料之上的。因而，艰苦卓绝的田野调查，耐心细致的资料收集工作，虽然会令研究者感到艰辛枯燥，但确是通往成功的必经之路。资料收集得越丰富、越深刻，研究发现越有可能具备重大的价值与意义。正如案例所示，无论研究项目看起来多么规模浩大，其实也不过是所有的项目组成员一步一步、一点一滴踏实努力的成果。

4. 研究者应注意，在质性访谈中如若问及对某一项目的评价或反馈建议时，无论访谈的对象是学校教师、家长、学校行政管理人员，还是该地方的教育主管部门的领导或工作人员，都应从积极性评价和批判性评价两个方面来征询研究对象的意见。切勿只谈优点回避缺点，或只谈问题不谈成绩。只有这样，研究者方能收获全面、客观的研究资料。

5. 田野调查中的田野日志，既是文字材料的载体，也是图片、图表、地图等与项目相关的质性资料的描绘平台。研究者可以将所观察到的校园建筑布局，学生课桌摆放顺序，校长一日、一周工作流程图等信息，画在田野日志之中。这些直观性资料的收集，可能会为资料分析工作提供意想不到的帮助。

6. 间隔一定的时间，就要对所收集到的质性资料进行总结与完善，尤其要格外关注项目点学校的创新性工作或可借鉴参考的优势经验。在对其进行现状描述的同时，加入自我反思和总结。

7. 本章案例为读者提供了一种有趣的研究方法，即指导学生记录日记。在征得学生同意和取得信任的前提下，通过研究学生所记录的日记，研究者可以全面真实地了解个案学校多方面的信息（课程、校园文化、师生关系、教学体制、人际关系等）。这些日记具有信息量大、覆盖面广等特点，而且最重要的是，这些日记是来自于研究对象的真实心声，更体现了质性研究"从研究对象的视角看问题"的一个特点。

【学习提升】

结合本章的项目课题，完成以下工作。

1. 梳理项目开展的脉络，总结每一阶段的工作内容与重点。

2. 总结该项目中主要应用到了哪些具体的质性研究方法。

3. 参照本章案例，自行设计一项针对中国民族边远地区的某所民族小学的教育质性调查与援助项目。

【章节逻辑图】

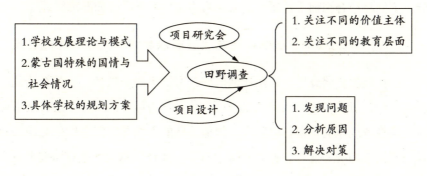

结　　语

本部分从总结分析与展望的角度对本书的内容、主旨和发展趋势进行综述性阐释，属于"编筐编篓"的"收口"部分。在总结部分，较为系统地归纳总结了本书的核心内容和特色优势；在展望部分，主要对民族教育质性研究方法的未来发展趋势进行了阐述。

一、总结

本书围绕概念阐释、特征概括、起源发展、理论基础、方法策略、注意事项、案例分析等内容对质性研究范式在民族教育领域中的应用进行了前瞻性和系统性的阐述，是民族教育质性研究著作系列中的重要组成部分。下面将结合当前质性研究的成果对本书内容做一个简要总结。

（一）深刻揭示了质性研究范式在民族教育研究领域的适切性

在民族教育研究中，采用质性研究具有历史的必然性。从教育研究的历史来看，研究者逐渐认识到以经典自然科学为标准的实证方法难以适应对复杂教育现象的把握；以客观、价值无涉的立场寻求普适性研究结果只是一厢情愿的美好愿望。那些坚持"科学—实证"取向的教育研究者无奈地发现：相同的教育现象经同样的恪守实证主义立场和方法，由追求客观性、准确性和可检验性标准的不同研究者的研究后，竟出现不同乃至相反的研究结论。这迫使教育研究者对教育现象的特殊性和所需的恰当研究手段进行反思。尊重研究对象价值和体悟，注重与研究对象深入互动的质性研究范式应用到民族教育研究中便是恰适的和必要的。

关于质性研究在民族教育领域的应用，本书指出，民族教育研究的跨文化性、学科交叉特性、多语言、多文字性和实践性与质性研究有着浑然天成的融合能力。由于质性研究是"以研究者本人为研究工具，在自然情境下采用多种资料收集方法对社会现象进行整体性研究，使用归纳法分析资料和形成理论，通过与研究对象互动对其行为和意义建构获得解释性理解的一种活动"①，质性研究范式也就必然成为民族教育主要范式。从某种程度上来说，田野调查法是质性研究的一个最根本的方法。研究者参与到目标群体的生活中，与他们共同生活，处在学生生动的文化场景和教育场景中，运用访谈、参与观察等质性的数据收集方法搜集数据、开展调研，这其实是质性研究范式在民族教育研究中的实践形式。

质性研究作为人类的一种实践活动，其研究对象的选择、研究范围的框定、研究结论的阐释都免不了受到研究者的价值立场和取向的影响。因此，民族教育中运用质性研究方法要注重价值的科学性。本书指出，研究者要在民族教育研究中坚持三点基本要求：一是合理地界定民族教育研究的范围，尊重差异，将差异性的内容纳入研究的范围；二是系统地使用调查工具，全面把握研究对象的情况；三是对研究对象做出科学客观地阐释，尊重"文化持有者"自身的理解。

质性研究对民族教育学研究的意义和价值就在于：它是教育研究中的人文范式。通过质性研究，能更好地解释教育的人文性，更好地理解教育活动，进而提升教育实践的水平。

（二）积极倡导多学科研究方法在民族教育研究中的应用

本书从学科研究发展的三个阶段出发，指出多学科研究是通过运用不同学科的概念体系、理论基础、分析框架与方法论等范式打开现代学科划分形成的学术研究壁垒，以开放的学术视野解决或解释科学问题和社会现实问题。多学科合作研究中，各学科的研究者们交流知识，相互通报研究结果，实现知识共享和方法共用。在实施多学科研究的过程中，学者们往往从操作技术的整合、一般理论的借鉴、分析框架的融通、现实问题的驱

---

①　陈向明. 质的研究方法与社会科学研究［M］. 北京：教育科学出版社，2000：12.

动四个层面展开研究。系统论和复杂思维理论为多学科研究提供了理论支撑，在现实研究中发挥出重要的价值。多学科研究有助于解决复杂的社会问题，多学科研究有助于科学的发展和进步，多学科研究有助于建立良好的学术共同体。鉴于此，在民族教育研究领域运用多学科研究方法具有重要价值。同时，民族教育研究本身也具备实施多学科研究的天然条件。民族教育由教育者、受教育者、教育内容和教育手段四个要素构成。从教育者和受教育者来看，民族教育的教育者和受教育者在语言、文化、心理、生理等方面都具有比较明显的民族特性和文化特性，这无形之中就使得教育者和受教育者的特性变得更为复杂，这就要求民族地区学校教育更多地考虑民族地区教育者和受教育者的实际需要。从教育内容上看，我国民族教育是基于文化多样性的现实，在传播人类共同的文化知识的同时，还要传授本民族和其他民族的优秀文化。各级各类民族学校一方面要按照国家统一的课程标准和审定教材进行教学，另一方面要进行本民族和其他民族文化知识的教学，这就需要教师在教学载体和形式上采取相应的对策，双语教学模式便被采用。从民族教育的教育环境来看，民族教育中的物理环境与心理环境更多受民族地区的政治体制、经济建设、民族文化、地理环境等区位特征的影响，更具有复杂性。像民族教育实践这种复杂的活动，需要采取多学科的研究策略才能更深刻、更全面、更科学地理解其本质，从而为民族教育实践活动的开展指明方向。民族教育学科的跨学科性需要多学科研究策略。

民族教育学科的跨学科性意味着我们在审视这门学科时，不能仅仅从该学科本身出发，还要将其置于教育学、民族学的学科视域中来探讨，将其放在相应的自然科学、社会科学与人文科学中来分析。民族教育研究方法的多元化需要多学科研究策略。当前，民族教育研究的方法逐渐走向多元化，除了运用教育学或民族学的研究方法，还大量地运用心理学、历史学、社会学、语言学、文化学等跨学科、跨文化的研究方法。为此，民族教育研究也需要采取多学科的研究策略。民族教育中文化的整体性需要多学科研究策略。文化不仅影响着教育内容，而且制约着教育观念，还决定着教育模式。事实上，文化和教育的关系与民族教育和民族文化之间的关系几近一致，如果研究教育，必须研究文化；如果研究民族教育，必须研究包括民族文化在内的多元文化。

种种缘由指明，民族教育研究运用多学科研究方法是必要的和重要的。为此，需要建立多学科研究组织，培养多学科研究人才，开展多学科研究活动。

（三） 系统阐释了指导质性研究的各种理论

质性研究是一种研究主体高度涉入的研究范式。实际研究过程中，每一个研究者都被更高的理论所指导，理论自觉不自觉引导研究者对客观事实的本质提出假设，提出探索各种问题的方法策略。有时甚至研究者自己也没有意识到他们被这些理论所影响，因为在他们的研究中并没有体现出对事实和知识的假设。①

关于民族教育研究采取质性研究范式需要哪些恰适的指导理论，本书系统全面阐释了对民族教育研究中运用质性研究有指导价值的后实证主义、批判主义理论、建构主义、自然主义、阐释主义、扎根理论等。本书对这些理论都做了较为详尽的阐述，便于学习者和研究者根据研究专题的特点和自身价值偏好选择恰当的理论作为质性研究的指导思想。

后实证主义认为，客观真理虽然存在，但不可能被人们所证实，客观真实性不可能被穷尽，通过经验的归纳来证明某种理论，这种方法是无法实现的。人们无法对理论进行证实，只能对理论进行证伪。质性研究在一定程度上体现了后实证主义的观点，主张在自然情境下从"文化本位"的角度了解研究对象的观点和想法，然后在原始资料的基础上构建"理论"。批判理论认为，所谓的"现实"是在历史发展进程中被社会、政治、文化、经济、种族和性别等因素塑造而成的，研究者的价值观不可避免地会影响到被研究者。批判理论认为量化研究标榜的"价值无涉"的研究是不可能的，质性研究认为与其价值涉入难以避免，还不如老老实实地承认价

---

① 科瑞恩·格莱斯. 质性研究方法导论 [M]. 4 版. 王中会，李芳英，译. 北京：中国人民大学出版社，2013：4.

值涉入的存在，直接面对事实本身，通过研究者与被研究者之间的对话和互动来超越被研究者对"现实"的无知与误解，唤醒他们在历史过程中被压抑的真实意识，逐步解除那些给他们带来痛苦和挣扎的偏见，提出新的问题和看问题的角度。批判理论指导下的研究主要使用平等对话的方式，通过研究者与被研究者之间平等的交流，逐步去除被研究者的"虚假意识"，达到意识上的真实。建构主义理论认为，所谓"事实"是多元的，因历史、地域、情境、个人经验等因素的不同而有所不同。用这种方式建构起来的"事实"，不存在"真实"与否，而只存在"合适"与否的问题；我们只可能判断某一个行为或一种想法是否达到了自己的预期，而无法知道它们是否"真实"。研究者与被研究者之间是一个互为主体的关系，研究结果是由不同主体通过互动而达成的共识。

自然主义者力图在真实的情境状态下把握研究过程。研究者不人为干扰或改变研究现场和研究过程，不将已有的理论框架、概念范畴、测量手段等强加于研究过程。研究者只是作为一个观察者、访问者、参与者或行动者深入到实地，收集第一手资料，并对这些资料做具体详尽的描述，使之真实地再现于读者面前，由读者自行做出体悟和判断；研究者注重对研究资料的情境性解释，强调把研究资料放到当下的情境中去解释。质性研究重视在自然情境下研究人的经验世界，以使得研究结果更加切合人们的实际生活。

秉持阐释主义哲学观点的研究者认为，世界是人们在与自身及社会系统的互动过程中所建构、阐释和体验到的。研究不应该仅仅关注客观的、可验证的事实，也应该关注人们附加于事实之上的各种主观意义。辨识、整理并分析那些与客观行为（决策、活动、实践）相互关联的意义正是阐释主义方法论的核心要义。阐释主义将人们如何阐释、理解和体验社会世界作为关注点，回答"为什么""怎么会"之类的问题。他们认为，质性研究要通过参与式观察、深入访谈等方法来获取主观理解等方面的信息。

扎根理论致力于"填平理论研究与经验研究之间尴尬的鸿沟"，努力通过对来自观察资料的模式、主题和一般分类的深入分析，进而得出理论。质性研究中的扎根理论，试图综合自然主义方法和实证主义方法，以达成"程序的系统化模式"。

制度民族志将"微观层次"的个人日常经历和"宏观层次"的制度联结起来，从个人的经历开始，努力揭示建构和主宰了那些经历的制度性权力关系，在这个过程中，研究者能够揭示那些可能出于官方目的进行调查时所忽视的社会侧面。

参与行动研究把研究者和研究对象之间的地位和权利关系的讨论引向深入。在参与行动研究范式中，研究者的功能是要为研究对象——特别是弱势群体——出谋划策，以帮助他们更好地实现自己的利益。在这种研究中，处于弱势的研究对象找出他们自己的问题和所渴求的结果，由研究者设计方案以帮助他们实现目的。

这些理论都是质性研究范式在民族教育研究中可能用到的对民族教育研究具有较大解释力度的理论。在质性研究的著作中，本书对于理论的介绍较为全面，这些理论也是民族教育领域质性研究范式中能够用得上的理论。

（四）全面介绍了质性研究方法技巧

质性研究是"以研究者本人为研究工具，在自然情境下采用多种资料收集方法对社会现象进行整体性研究"的研究范式，需要较强的研究技巧。好的质性研究者有很多缄默的、无法言表的、身体化的知识，这些知识需要在反复的操练和问题解决过程中得到唤醒、锤炼、生成和升华。[①]

本书系统阐述了民族教育研究采用质性研究范式所用到的具体研究方法，如民族志研究、个案调查、比较个案研究和生活史研究等，对于每一种研究方法的基本观点及主要操作技巧都有详尽的阐述。民族志田野调查会用到"正式访谈与非正式访谈""参与式观察""文件整理法"或"人

---

① 斯丹纳·苛费尔，斯文·布林克曼. 质性研究访谈 [M]. 范丽恒，译. 北京：世界图书出版公司，2013：3.

工分析法"等具体方法，同时借助数码录音或录像设备等现代科技手段和可随身携带的速记本来记录资料。由于个案研究的对象范围很广，既可以是微观层面的个人，又可以是中观层面的社会团体与组织，也可以是宏观层面的社会。对民族教育的研究，既可以针对某一典型性的个人，又可以针对某一族群或民族，也可以针对某一民族地区的教育现状及其根源进行集中而深入的研究。为了更好地使用个案研究方法，本书指出，个案研究要遵循六个步骤：确定对象、收集资料、分析整理资料、解释分析的结果、追踪研究和对个案实施指导、撰写个案研究报告。另外，本书还指出个案研究的结果往往具有不可推论性，这便限制了研究成果的推广和应用价值，而通过若干个案的比较研究却可以解决这一问题。因而，本书介绍了个案比较研究方法，认为它是对个案研究的进一步拓展，无论是同质比较还是异质比较都会扩展研究成果的应用范围，提高研究成果的外部效度。

与个案研究方法紧密相关的另一研究方法——生活史研究，本书也做了较为详细的介绍。生活史研究主要是针对个体进行研究，侧重于对个体生活经验的深度挖掘和理解，主要通过对研究对象生活史的访谈来收集资料。访谈涉及一系列的延展性话题，旨在获取关于研究对象生活的深度资料。同时，研究者要尽可能地查阅研究对象的档案资料，以构建起研究对象的生活里程史。

对质性研究中常用的三种操作方法：访谈法、观察法和实物分析法，本书也对于其运用技巧给予了更为详细地阐述。对于研究者与被研究者现场互动的访谈法，本书提出了访谈运用"漏斗状"的操作技巧，即先从轻松活泼的话题谈起，然后逐步过渡到所要访谈的主题，避免直奔主题给访谈对象带来心理压力造成访谈障碍。在访谈过程中，访谈者要及时恰当地进行追问，实现深度访谈，让访谈对象谈出自己的理解、观点及其原因。具体言之，访谈通常在研究早期采用开放式，即用描述性问题提问，为受访者用自己的语言表达想法留有充分的余地。在访谈的过程中，访谈者应注意受访者对问题的定义和思维方式，循着受访者的思路，用受访者的语言表述方式来讨论问题。访谈者提问时应注意询问受访者个人的意见，避免对方使用当时流行的口号式语言而忽略了其个人真实的看法和感受。为了避免受访者使用抽象概括性的语言，访谈者还可以详细询问事件的细节以及有关人物的反应。通过受访者的非言语行为了解他们的心理活动也非常重要。在访谈过程中，访谈者可以同时观察被访者的面部表情和形体动作，不失时机地记录下来。

关于观察法的运用技巧，本书指出，在参与式观察中，观察者和被观察者一起生活工作，在密切的相互接触中来观察研究对象的言行。因此，要确保研究情境的自然性，以便研究者能深入到研究对象的文化内部，更深刻地了解他们行为的意义。在参与式观察中，研究者要同时扮演好双重角色，既是研究者又是参与者，努力保持研究所必需的心理和空间距离。在非参与式观察中，在条件允许的情况下，观察者要使用录像机进行录像。研究者根据实际情况尽量将非参与式观察和参与式观察有效结合起来。因为过度的参与式观察也会造成表演和做作的假象，适度的隐蔽性的非参与式观察也是必要的，能够补充参与式观察所获得的信息。由于访谈法、观察法都是研究者收集资料的一种方法，不可能穷尽研究者所需要的全部信息。因此，本书强调，质性研究时要遵循"三角检验"原则，即综合运用多种研究方法获取资料来相互印证。

（五）深刻阐明了质性研究者的素质

关于民族教育研究者顺利实施质性研究所必须具备的素质，本书进行了全面的阐述。本书指出，民族教育研究者的伦理素质、文化智力和互动能力是其必备的素质。

对于质性研究而言，伦理性贯穿于整个研究的过程中。从最初研究专题的选择到研究对象参与直至研究结果的发表，都涉及尊重和保护研究对象的伦理义务。质性研究通过广泛深入的访谈、观察和文本分析，深入透彻地把握某一研究对象或现象的现状和根源，会触及研究对象的隐私，对研究对象隐私保密措施做得不到位难免会危及研究对象的切身利益。故而，质性研究要对研究对象进行访谈，观察伊始就要与研究对象签订知情同意书。知情同意是指要将调查的总体目标、设计的主要特点以及参加研究可能出现的风险或受益者告知参与者，同时还包括研究对象拥有自愿参加和中途退出的权力。研究人员应该通过任务简介或任务汇报的方式，向参与者介绍研究的目的和程序。这包括以下内容：会对哪些信息进行保密、哪些人会参与到研究中、哪些人可以看到研究的相关资料，研究者有对整个研究或者部分研究公开发表的权力，并可以对参与者的访谈数据进行转录和分析等。① 在研究之前，研究者要拟定书面协议，让参与者签名同意，取得参与者的知情同意书对访谈双方都是一种保护措施。

不管质性研究者如何看待他们的角色，他们都和研究参与者形成某种关系。不同于友谊关系，传统的研究关系通常是不对称的，权力不成比例地体现在研究者这方。伦理准则指导研究者有意识地考虑和保护参与者的隐私权，反思和减少研究中的虚伪，并且考虑互惠问题。对于隐私权，当参与者允许研究者观察和访谈时，他们有权预期，研究者将会保护他们的秘密和保留他们的匿名性，并通过不和任何人讨论其看到的和听到的细节来尊重机密。

本书指出，民族教育研究必须遵循的基本伦理原则包括：（1）研究对象自愿参与的原则和对其"不隐蔽"原则；（2）保护研究对象隐私的保密原则；（3）研究目的和过程本身要遵循公正合理原则；（4）研究结果的互动反馈原则。

另外，本书认为，研究伦理最为突出的是能够有效地与来自不同文化背景的人互动的文化素养，也即文化智力。较高文化智力的研究者有利于从不同民族、种族或国家的人们那里有效地收集和处理数据、信息。民族教育的研究者除了要遵循研究伦理原则和具备必要的文化素养外，还需要与研究对象进行合理的互惠。与研究对象的互惠不是简单的金钱上的补偿，而是多方面的。这种互惠包括投入时间帮助当地人做一些力所能及的事情，或者与被研究对象交流，了解其需求进行合理的研究设计，等等。研究者与研究对象的合理互惠有助于民族教育研究的顺利开展。

---

① 斯丹纳·苛费尔，斯文·布林克曼. 质性研究访谈［M］. 范丽恒，译. 北京：世界图书出版公司，2013：77.

（六）精心选择了质性研究的案例

本书阐释了国内外教育研究中质性研究的成功案例，为质性研究学习者提供了一个恰当运用质性研究范式的较好范例。

对于国外案例，本书选择了丹麦学者乌拉·马德森教授《蒙古国1992—1994年学校发展》为案例。通过对该个案的详细分析，全面展示了质性研究中研究理论的确立、项目研究的设计、研究方法选择、研究方案的实施、研究成果的提炼、研究报告的撰写等操作过程，为质性研究初学者提供了较好示范。

在《蒙古国1992—1994年学校发展》中，研究者首先阐明要为研究项目选择恰适的理论，用以指导整个研究的开展。对于蒙古国学校发展这个研究项目，研究者选择了学校发展模式理论、课程设计理论和学校发展理论来指导本项目研究。在恰适的理论指导下，研究者深刻把握研究对象的背景，之后开展系统的研究设计，借助恰当的质性研究方法，科学实施这种研究设计。本案例的呈现方式本身就是如何提炼研究成果、如何撰写研究成果的范例。在这个研究案例中，一个不可忽视的亮点是，本案例详细列举了蒙古国某学校领导一周的工作日志，较为具体地展现了研究者如何实施研究的技巧。在国内学者撰写的同类著作中，专门列一章阐述呈现国外教育研究中质性研究成功案例还是不多见的。

关于国内研究案例的呈现，本书也是匠心独运的。本书第八章选择的国内三个民族教育质性研究案例各有侧重，相辅相成。第一个案例属于民族高等教育范畴。在这个案例中，作者系统呈现了质性研究的具体过程。从选题、研究方案的设计、研究工具的开发、研究方案的实施、数据的处理以及研究结果的提炼都做了详细地介绍。案例呈现尽量使用表格和专栏等直观的形式，方便读者学习理解和借鉴。第八章呈现的第二个和第三个案例属于民族基础教育范畴。两则案例不仅逻辑清晰地呈现了深入民族地区开展田野研究的具体过程，而且形象直观地展现了研究过程必须注意的细节和运用的技巧。这三则案例图文并茂，结构完整，清晰呈现了民族教育研究中质性研究范式的运用策略。

本书第一章至第七章是对质性研究进行系统的知识阐释，第八章和第九章呈现了国内外质性研究的案例，先进行理论阐释，后辅以案例呈现，实现了理论与实践的紧密结合，有力地揭示了质性研究范式在民族教育领域运用的意义和价值。本书是教育研究者运用质性研究范式开展民族教育研究不可多得的参考用书。

二、展望：民族教育质性研究方法的未来发展趋势

（一）作为一种方法论被广泛应用于社会科学研究领域

研究方法特别是研究方法论上的革新，往往会引起科学研究新一轮的革命。质性研究既是一种研究方法论，也包含着具体的研究方法，其最大的特点在于研究的自然性、过程性以及归纳性。这意味着人们都可以通过质性研究这道门槛而进入到研究的殿堂，即人人皆可以通过这种方法论或研究方法，开展自己的研究。简言之，质性研究让人人皆可成为研究者。例如，对于人们目中所见、耳边所闻的现象或事实，都可以进行研究、进行探索。在教育领域，"研究"要走在教育教学的前面，要走在教师和学生发展的前面，才能很好地保障教育教学的针对性、有效性，才能保证教师发展和学生发展的有序性、科学性。质性研究之"人人皆可为研究者"的独特魅力，能让更多的教师参与到教育教学的研究之中。当然，不同的研究者会因为对质性研究理解、掌握的熟练程度不同，而使得各自的研究结论会存在"含金量"上的差别。

（二）质性研究逐渐由偏重过程走向强调过程与结果的有机统一

综观现有运用质性研究方法开展的科学研究，一个很普遍的事实或现象是：研究者花了很多的时间、精力与笔墨，对研究的过程进行描述。例如，一些研究者在研究某地的教育发展问题，往往用许多的篇幅来描述当地的自然生态和人文生态情况，而且即使是前人对当地有过类似的研究

时，研究者也会一如既往地重新叙述一回。

质性研究中强调展现研究的过程，具有一定的价值与意义。例如，能够让其他的研究者重现或复述研究，验证其结论，或者为新手提供可以直接借鉴的研究模板，减少研究的成本，等等。但是，包含质性研究在内的任何一项研究，其研究的最终目的或说研究的价值与意义在于解释事实或现象的原因以及揭示其规律，从而为实践活动提供可靠的理论依据或政策依据。在这个意义上，人们在运用质性研究方法开展研究时，逐渐将研究的关注点转向过程与结果的有机结合。

（三）质性研究逐渐由个体主义思维走向关系主义思维

质性研究通常被定义为个体主义的思维，并以此与定量研究的集体主义思维相对应，似乎质性研究所面对的对象总是小样本经验或小样本事件。这一点是其他研究经常置疑的地方，认为其解剖的"小麻雀"尽管详尽清楚，一目了然，但其解剖结论很可能只代表着这一只"小麻雀"，而难以推广到他处去。在民族教育中，这样的例证是很多的。例如，许多基于个案的研究，其研究结论往往只是局限于有限的区域而难以走出去，更别说走向世界。

没有一种研究方法能够声称自己可以主宰社会现象的全部研究领域，几乎所有的研究方法都在不断地吸收其他研究方法的长处。正是意识到质性研究小样本研究的个体主义思维的固有局限，研究者在关注小样本研究对象的同时，逐渐强调要关注将"小麻雀"放置于与他者的关系中去理解和把握彼此之间相互影响、相互依存的关系，而不是把它看成是一个独立的系统。换言之，质性研究已逐渐由个体主义思维走向关系主义思维，强调关系在研究中的作用，即在关系中理解研究对象，在关系中把握研究对象，在关系中揭示研究对象。

（四）质性研究由缺乏规范逐渐走向统一与规范

尽管不存在一套公认的、固定的、所有质性研究者都应遵循的质性研究的规范，但这并不意味着质性研究是没有要求的，"什么都行"的。为了尽可能地控制或避免研究样本的选择、资料收集以及解释中过多的随意性，例如，研究样本不具有代表性，研究中出现的"人为污染"、过度解释等。基于此，一些研究者提倡对"提出问题，设计研究流程，进入现场，建议研究关系，收集与整理资料，形成结论，构建理论，评价成果，反思研究伦理"等研究过程，要有一整套严格的规范程序，以保证研究结论的"信度""效度""推广度"等。事实上，随着研究技术的不断完善以及现代技术的不断运用，质性研究的工作方式与程序不断推向系统、精确、严格与统一化。

参 考 文 献

B. H. 坎特威茨，H. L. 罗迪格，D. G. 埃尔姆斯. 实验心理学：掌握心理学的研究 ［M］. 郭秀艳，等，译. 上海：华东师范大学出版社，2001.

Corrine Glesne. 质性研究导论 ［M］. 庄明贞，陈怡如，译. 台北：高等教育文化事业有限公司，2006.

Lichtman M. 教育质性研究实用指南 ［M］. 江吟梓，苏文贤，译. 台北：学富文化事业有限公司，2010.

Y. N. 科恩，A. 埃姆斯. 文化人类学基础 ［M］. 李富强，译. 北京：中国民间文艺出版社，1987.

艾尔·巴比. 社会研究方法 ［M］. 邱泽奇，译. 北京：华夏出版社，2000.

爱德华·伯内特·泰勒. 原始文化：神话、哲学、宗教、语言、艺术和习俗发展之研究 ［M］. 连树声，译. 桂林：广西师范大学出版社，2005.

爱因斯坦. 物理学的进化 ［M］. 上海：上海科学技术出版社，1962.

芭芭拉·泰德拉克. 从参与观察到观察参与：叙事民族志的出现 ［J］. 富晓星，译. 满族研究，2002 (2).

贝蒂·H. 齐斯克. 政治学研究方法举隅 ［M］. 北京：中国社会科学出版社，1985.

伯顿·克拉克. 高等教育新论 ［M］. 王承绪，等，译. 杭州：浙江教育出版社，2001.

蔡琪，常燕荣. 文化与传播——论民族志传播学的理论与方法 ［J］. 新闻与传播研究，2002 (2).

陈向明. 社会科学中的定性研究方法 ［M］. 北京：中国社会科学出版社，1996.

陈向明. 扎根理论的思路和方法 ［J］. 教育研究与实验，1999 (4).

陈向明. 质的研究方法与社会科学研究［M］. 北京：教育科学出版社，2000.

陈向明. 质性研究：反思与评论（第 2 卷）［M］. 重庆：重庆大学出版社，2010.

费孝通. 中华民族多元一体格局［M］. 北京：中央民族大学出版社，1999.

风笑天. 社会学研究方法［M］. 北京：中国人民大学出版社，2005.

嘎日达. 方法的论争：关于质的研究与量的研究之争的方法论考察［M］. 北京：文津出版社，2008.

郭玉霞，黄世齐，等. 质性研究资料分析：Nvivo 8 活用宝典［M］. 北京：高等教育出版社，2010.

哈经雄，滕星. 民族教育学通论［M］. 北京：教育科学出版社，2001.

韩启德. 学术共同体当承担学术评价重任［N］. 光明日报，2009 – 10 – 12（6）.

胡幼慧. 质性研究：理论、方法及本土女性研究实例［M］. 台北：巨流图书公司，2002.

黄华新. 跨学科研究中的问题意识［N］. 光明日报，2011 – 03 – 29（11）.

黄清，靳玉乐. 质的课程研究方法论评析［J］. 课程·教材·教法，2004（5）.

加拿大发布新研究伦理指南［EB/OL］.（2011 – 05 – 12）. http：//www. cdgdc. Edu. cn/ xwyy jsjyx x/ zxns/zxzx/273303. shtml.

凯西·卡麦兹. 建构扎根理论：质性研究实践指南［M］. 边国英，译. 重庆：重庆大学出版社，2009.

科瑞恩·格莱斯. 质性研究方法导论［M］. 4 版. 王中会，李芳英，译. 北京：中国人民大学出版社，2013.

肯尼斯·D. 贝利. 现代社会研究方法［M］. 上海：上海人民出版社，1986.

李晓凤，佘双好. 质性研究方法［M］. 武汉：武汉大学出版社，2006.

林定夷. 问题与科学研究［M］. 广州：中山大学出版社，2006.

卢克·拉斯特. 人类学的邀请［M］. 北京：北京大学出版社，2008.

鲁卫群. 跨文化教育引论 [D]. 武汉：华中师范大学，2003.

罗伯特·K. 殷. 案例研究：设计与方法 [M]. 2 版. 周海涛，等，译. 重庆：重庆大学出版社，2010.

马文·哈里斯. 文化唯物主义 [M]. 北京：华夏出版社，1989.

梅雷迪斯·D. 高尔，等. 教育研究方法导论 [M]. 许庆豫，等，译. 南京：江苏教育出版社，2002.

潘淑满. 质性研究——理论与应用 [M]. 台北：心理出版社，2003.

普红雁. 质性研究的语言与逻辑 [EB/OL]. (2010－11－11) [2012－02－10]. http://www.sky.yn.gov.cn/ztzl/yq30zn/zgwj/mkszyyjs/0926292178140071186.

钱民辉. 民族教育三疑三议 [J]. 西北民族研究，2004 (3).

全国十二所重点师范大学. 教育学基础 [M]. 北京：教育科学出版社，2000.

冉源懋. 质性研究方法的特点及其在比较教育研究中的运用 [M] //陈时见，徐辉. 比较教育的学科发展与研究方法. 北京：商务印书馆，2006.

莎兰·B. 麦瑞尔姆. 质化方法在教育研究中的应用：个案研究的扩展 [M]. 于泽元，译. 重庆：重庆大学出版社，2008.

施铁如. 学校教育研究 [M]. 广州：广东高等教育出版社，1998.

斯丹纳·苛费尔，斯文·布林克曼. 质性研究访谈 [M]. 范丽恒，译. 北京：世界图书出版公司，2013.

宋志明. 谈社会科学研究方法的特殊性 [J]. 浙江社会科学，2007 (4).

孙若穷，滕星，王美逢. 中国民族教育学概论 [M]. 北京：中国劳动出版社，1990.

滕星. 民族教育概念新析 [J]. 民族研究，1998 (2).

涂元玲. 教育人类学的学科特点及启示——评《教育大百科全书·教育人类学》[J]. 湖南师范大学教育科学学报，2011 (6).

托马斯·库恩. 科学革命的结构 [M]. 金吾伦，胡新和，译. 北京：北京大学出版社，2003.

汪宁生. 文化人类学调查——正确认识社会的方法 [M]. 北京：文物出

版社，1996.

王鉴. 民族教育学 [M]. 兰州：甘肃教育出版社，2002.

王文科，王智弘. 质的教育研究——概念分析 [M]. 台北：师大书苑有限公司，2002.

王锡苓. 质性研究如何建构理论？——扎根理论及其对传播研究的启示 [J]. 兰州大学学报，2004（3）.

威廉·A. 哈维兰. 文化人类学 [M]. 瞿铁鹏，译. 上海：上海社会科学出版社，2006.

文军，蒋逸民. 质性研究概论 [M]. 北京：北京大学出版社，2009.

文雯. 英国教育研究伦理的规范和实践及对我国教育研究的启示 [J]. 外国教育研究，2011（8）.

翁秀琪. 多元典范冲击下传播研究方法的省思——从口传历史在传播研究中的应用谈起 [J]. 新闻学研究，2000（53）.

夏春祥. 文本分析与传播研究 [J]. 新闻学研究，1997（54）.

余东升. 质性研究：教育研究的人文学范式 [J]. 高等教育研究，2010（7）.

袁方. 社会研究方法教程 [M]. 北京：北京大学出版社，1997.

袁亚愚，徐晓禾. 当代社会学的研究方法 [M]. 成都：四川大学出版社，1986.

约翰·W. 克瑞斯威尔. 研究设计与写作指导：定性、定量与混合研究的路径 [M]. 崔延强，译. 重庆：重庆大学出版社，2007.

曾伟. 当代青年跨文化观教育的意义与目标 [J]. 社会探索，2007（6）.

郑金洲. 教育文化学 [M]. 北京：人民教育出版社，2000.

钟海青. 教育研究方法概论 [M]. 桂林：广西师范大学出版社，2011.

周全. 教育研究的基本伦理诉求——兼论《贝尔蒙报告》[J]. 现代教育论丛，2009（11）.

庄孔韶. 人类学概论 [M]. 北京：中国人民大学出版社，2006.

庄孔韶. 人类学通论 [M]. 太原：山西教育出版社，2002.

卓挺亚，张亿钧，李汪洋，等. 教育科学研究方法 [M]. 海口：南海出版公司，2003.

Adnorno T W, Horkheimer M. Dialectic of enlightenment [M]. New York: Herder & Herder Incompany, 1972.

Aguilar J L. Insider research: An ethnography of a debate [M] //Messerschmidt D A. Anthropologists at home in north america: Methods and issues in the study of one's won society. Cambridge: Cambridge University Press, 1981.

Althusser L. Lenin and philosophy and other essays [M]. New York and London: Monthly Review Press, 1971.

Arnold D O. Dimensional sampling: An approach for studying a small number of cases [J]. The American Sociologist, 1970 (5).

Baudrillard J. Symbolic exchange and death [M]. London: Sage Publications, 1993.

Baudrillard J. The consumer society: myths and structures [M]. London: Sage Publications, 1998.

Baudrillard J. The transparency of evil [M]. London and New York: Verso Books, 1993.

Bogdan R C, Biklen S K. Qualitative research for education: An introduction to theories and methods [M]. 3th ed. Boston, MA: Allyn and Bacon Publishing Company, 1998.

Bourdieu P, Passeron J C. Reproduction: Ineducation, society and culture [M]. Beverly Hills: Sage Publications, 1977.

Burbules N C, Torres C A. Globalisation and education: Critical perspectives [M]. New York: Routledge Publications, 2000.

Carney S. Globalization, neo-liberalism and the limitations of school effectiveness research in developing countries: The case of Nepal [J]. Globalisation, Societies and Education, 2003 (1).

Carnoy M. Education as cultural imperialism [M]. New York: Longmans, 1974.

Clark B R. Sustaining change in universities: Continuities in case studies and cconcepts [J]. Tertiary Education and Management, 2003 (2).

Clark B R. The distinctive college：Antioch，reed and swarthmore［M］. Chicago：Aldine Publishing Company，1970.

Corbin J，Strauss A. Grounded theory research：Procedures，canons，and evaluative criteria［J］. Qualitative Sociology，1990（1）.

Creswell J W. Qualitative inquiry and research design：Choosing among five traditions［M］. Thousand Oaks，CA：Sage Publications，1998.

Crewe E，Harrison E. Whose development? An ethnography of aid［M］. London：Zed Books，1998.

Denzin N K，Lincoln Y S. Handbook of qualitative research［M］. Thousand Oaks ：Sage Publications，1994.

Escobar A. Encountering development：The making and unmaking［M］. Princeton：Princeton University Press，1995 .

Ferguson J. Expectations of modernity：Myths and meanings of urban life on the Zambian copper belt［M］. Berkeley：University of California Press，1999.

Ferguson J. Global shadows：Africa in the neo-liberal world order［M］. Durhan：Duke University Press，2006.

Foucault M. The subject and the power［M］//Dreyfus H L，Rabinow P. Michel Foucault：Beyond stucturalism and hermeneutics. Chicago：The University of Chicago Press，1983.

Gane M. Jean baudrillard：In radical uncertainty［M］. London：Pluto Press，2000.

Geertz C. The interpretation of cultures：Selected essays［M］. New York：Basic Books，1973.

Giroux H A. Border crossing：Cultural workers and the politics of education［M］. New York：Routledge Press，1993.

Glaser B G，Strauss A L. The discovery of grounded theory：Strategies for qualitative research［M］. Chicago：Aldine Publishing Company，1967.

Hansen M H. Lessons in being Chinese：Minority education and ethnic identity in southwest China［M］. Seattle：University of Washington Press，1999.

Harber C, Davies L. School management and effectiveness in developing countries: The post-bureaucratic school [M]. London: Cassell, 1997.

Henry G T. Practical sampling [M]. Newbury Park, CA: Sage Publications, 1990.

Hofstede G H. Culture and organizations: Software of the mind [M]. London: McGraw-Hill Book Company, 1997.

Holland D, Lave J. History in person: An introduction [M] //Holland D, Lave J. History in person: Enduring struggles, contentious practice, intimate identities. Oxford: James Currey, 2001.

Kincheloe J L. Teachers as researchers: Qualitative inquiry as a path to empowerment [M]. New York: Routledge, 2003.

Lawton D, Cowen R. Values, culture and education: An overview [M] // Caims J, Lawton D, Gardner R. Values, culture and education. London: Kogan Page, 2001.

Levine G H. Principles of data storage and retrieval for use in qualitative evaluations [J]. Educational Evaluation and Policy Analysis, 1985 (2).

Levinson B A, Foley D E, Holland D C. The cultural production of the educated person: Critical ethnographies of schooling and local practice [M]. New York: State University of New York Press, 1996.

Levinson B A, Borman K M, Eisenhart M A, et al. Schooling the symbolic animal: Social and cultural dimensions of education [M]. Maryland: Rowman and Littlefield, 2000.

Lewin K. Actionresearch and minority problems [J]. Journal of Social Issues, 1946 (4).

Lincoln Y S, Guba E G. But is it rigorous? Trustworthiness and authenticity in naturalistic evaluation [J]. New Directions for Program Evaluation, 1986 (30).

MacLeod J. Ain't no makin' it: Apirations and attainment in a low-income neighborhood [M]. Boulder, CO: Westview Press, 1995.

Maclure M. A Demented for of the familiar：Postmodernism and educational research ［J］. Journal of Philosophy of Education, 2006 （2）.

Mehan H. Understanding inequality in schools：The contribution of interpretive studies ［J］. Sociology of Education , 1992 （1）.

Miedema S, Wardekker W L. Emergent identity versus consistent identity：Possibilities for a postmodern repoliticisation of critical pedagogy ［M］//Popkewitz T, Fendler L. Critical theories in education：Changing terrains of knowledge and politics. New York and London：Routledge, 1999.

Nietzsche F. The will to power ［M］. New York：Vintage Books, 1968.

O'Neill M H. Introduction ［M］//Carter D S G, O' Neill M H. International perspectives on educational reform and policy implementation. London：Falmer Press, 1995.

Peters M A, Burbules N. Poststructuralism and educational research ［M］. Oxford：Rowman and Littlefield Publishers, Inc, 2004.

Peterson B. Cultural intelligence：A guide to working with people from other cultures ［M］. Yarmouth, ME：Intercultural Press, 2004.

Pigg S. Inventing social categories through place：Social representations and development in Nepal ［J］. Comparative Studies in Society and History, 1992 （34）.

Popkewitz T S. Cosmopolitanism and the age of school reform ［M］. New York and London：Routledge, 2008.

Popkewitz T S. Reform as the social administration of the child ［M］//Burbules N, Torres C A. Globalization and education：Critical perspectives. New York and London：Routledge, 2000：157 - 187.

Professional & Ethical Responsibilities ［EB/OL］. http：// www. sfaa. net/ sfaa ethic. html.

Ramirez F O. The global model and national legacies ［M］//Kathryn M. Anderson-Levitt. Local meanings, global schooling：Anthropology and world culture theory. New York：Palgrave Macmillan, 2003.

Rhoads R A, Szelényi K. Global citizenship and the university: Advancing social life and relations in an interdependent world [M]. Stanford, CA: Stanford, 2011.

Rhoads R A. Freedom's web: Student activism in an age of cultural diversity [M]. Baltimore, MD: Johns Hopkins University Press, 1998.

Rhoads R A. Traversing the great divide: Writing the self into qualitative research and narrative [J]. Studies in Symbolic Interaction: A Research Annual, 2003 (20).

Rhoads R A. Whales tales, dog piles, and beer goggles: An ethnographic case study of fraternity life [J]. Anthropology & Education Quarterly, 1995 (3).

Riesman P. First find your child a good mother: The construction of self in two African communities [M]. New Brunswick: Rutgers University Press, 1992.

Ruben B. Assessing communication competency for intercultural adaptation [J]. Groups and Organizational Studies, 1976.

Serpell R. The significance of schooling: Life-journeys in an African society [M]. London: Cambridge University Press, 1993.

Shrestha N. Becoming a development category [M] //Crush J. The power of development. London: Routledge, 1995.

Spradley J P. The ethnographic interview [M]. Fort Worth: Holt, Rinehart and Winston, 1979.

Stambach A. Lessons from Mount Kilimanjaro: Schooling, community and gender in East Africa [M]. New York: Routledge Publications, 2000.

Sutton M, Levinson B. Policy as/ in practice: A sociocultural approach to the study of education policy [M] //Levinson B, Sutton M. Policy as Practice: Toward a comparative sociocultural analysis of educational policy. Westport: Greenwood Press, 2001.

Tashakkori A, Teddlie C. Mixed methodology combining qualitative and quantitative approaches [M]. Thousand oaks: Sage Publications, 1998.

Tucker V. The myth of development: A critique of a eurocentric discourse ［M］//Munck R, O'Hearn D. Critical development theory: Contributions to a new paradigm. London: Zed Books, 1999.

UNESCO. World conference on education for all 1990: World declaration on education for all and framework for action to meet basic learning needs ［M］. Paris: UNESCO, 1990.

UNESCO. World education forum 2000: The Dakar framework for action: education for all: Meeting out collective commitments ［M］. Paris: UNESCO, 2000.

Willis P. Learning to labour: How working class kids get working class jobs ［M］. Westmead: Saxon House, 1977.

WMA Declaration of Helsinki. Ethical principles for medical research involving human Subjects ［EB/OL］. ［2014 - 05 - 08］. http://www.wma.net/en/30publications 10policies/ b3/ index. html.

Wolcott H F. On ethnographic intent ［M］//George Dearborn Spindler, Louise S. Spindler. Interpretive ethnography of education: At home and abroad. NJ: Lawrence Erlbaum Associates, 1987: 43.

World Bank. Education sector strategy, human development network series ［M］. Washington: World Bank, 1999.

Østergaard U. State, nation and national identity ［M］//Heine A, Kaspersen L B. Classic and modern social science theory. København: Hans Reitzels Forlag, 2005.

索　引

B

本体论　6，20，21，23，24

编码　29，34，55，163 – 166，180，181，185，187，195 – 197，214，244 – 247，249，251，298

C

策略　6，13，21，26，30，32 – 34，42，43，47，49，50，52 – 55，58，60 – 66，71，72，95，97，99，100，103，105，114，123，140，146，147，151，153，158，164，165，179，189，190，192，196，200，209 – 211，217，222，228 – 230，259，260，263，297，298，304，306，322，328，330，331，337

场域　33，35，38，42，52，53，130，139，140，209，267

F

范式　1 – 4，6，15，16，18，20 – 23，25，27 – 30，36，39 – 41，43 – 47，49 – 51，70，71，105，115，180，188，328，329，331，333，337，338

方法论　4，6，7，17，20，21，23 – 25，40，44，46，47，53，55 – 57，71，101，105，116，126，133，138，172，201，204，329，332，338

访谈　14，17，18，25，33 – 36，39，40，52，53，55，85，101，103，106，109，112 – 115，125，129，133，135，137 – 139，141，142，146，147，151 – 155，158，160，161，164 – 172，175，177，179，181，184，185，187，196，202，209，212 – 215，217，231 – 233，236 – 241，243 – 246，251，253，254，260，262 – 264，267 – 270，272，273，275，276，283，292，294 – 298，300，307 – 309，311，313，316，324 – 326，329，332 – 336

G

个案　14，32，38，39，101，

102，106，108 – 113，116，
117，126，130，147，169，
178，212，215，231，233，
257，259 – 264，268，272，
299，300，307，327，333，
334，337，339

观察 4，7 – 9，14，16 – 18，21，
24 – 26，28，33 – 40，52，53，
55，84，88，93，102，106，
107，109，112，114，115，120，
121，126，128，131，133，134，
138，143 – 146，150 – 153，155，
156，158，160，161，169 – 172，
177，181，184，187 – 190，193，
195，196，202，205，208 – 215，
231 – 233，238，250，262，267
– 269，272，273，275，276，
297，300，309 – 311，324，326，
329，332 – 336

H

后现代主义 6，7，10，201，
203，204，214，231

互惠 73，88，89，98，101，
102，118 – 123，126，336

J

建构主义 3，6，21，23，24，
39，116，229，331，332

教育 2，3，11，13 – 15，18，19，

21，27，28，32，34 – 36，38 –
40，44，45，50，54，56 – 65，
68，69，71 – 74，76，77，79，
83 – 87，89，91 – 93，95 – 97，
101 – 105，107，108，110，112
– 114，116，118 – 126，130，
133，135，139，140，146，149，
154，158 – 160，171，175，181，
183，184，186，187，189，193，
201，202，205 – 207，209，212，
215，217 – 221，223 – 232，234
– 236，238，239，241，245，
247，249，250，253 – 260，262
– 267，269 – 280，282 – 285，
287，290 – 293，299 – 309，311
– 316，319 – 323，325 – 331，
334，336 – 338

解释 4，5，7 – 9，14 – 19，23 –
28，33，35，38，46，51，53，
83，93，94，102 – 105，107，
109，114 – 116，120，122，
125，129，136，138，178，
194，202，208，214，216，
229，231，296，325，329，332
– 334，339，340

L

理论 1 – 7，9，12，15，17，20 –
30，36，39，40，42 – 49，51 – 55，

58, 60 - 62, 67, 68, 71, 88, 94, 102, 105, 108, 109, 111, 115 - 117, 121, 125, 129, 168, 169, 172, 178 - 180, 188, 191, 200 - 206, 208, 214, 217, 223, 227, 229 - 231, 234, 299 - 301, 303, 304, 307, 308, 311, 312, 314, 316, 322, 325, 326, 328 - 333, 337 - 340

漏斗状 128, 147, 161 - 162, 169, 334

伦理 2, 10, 45, 64, 73 - 80, 83, 84, 98, 101, 119, 120, 123, 214, 231, 294, 335, 336, 340

M

民族教育 1 - 4, 14 - 20, 29, 34 - 40, 42, 43, 45, 58 - 66, 68, 70 - 73, 79, 83 - 85, 87 - 93, 96, 98 - 105, 118 - 123, 125 - 130, 133, 134, 139, 140, 154, 160, 200, 201, 233, 253, 254, 256, 259, 260, 280, 299, 300, 328 - 331, 333 - 339

民族志 4, 5, 10, 12, 13, 21, 24, 26, 39, 57, 88, 101, 102, 106, 107, 109, 110, 117, 126, 145, 153, 188,

192, 201 - 204, 206, 208, 209, 212 - 215, 223, 229, 231, 232, 333

P

批判 3, 4, 6, 10, 13, 15, 17, 21 - 24, 49, 92, 201 - 204, 223, 227, 229 - 231, 313, 314, 326, 331, 332

R

人类学 2, 4, 5, 47, 55, 57, 73, 76, 77, 79, 88, 90, 98, 107, 108, 139, 213, 214, 223, 228, 231, 260, 262, 295, 309, 322, 323

认识论 6, 7, 17, 20, 21, 23, 24

S

三角检验 128, 129, 158, 190, 196, 335

社会科学 4, 6, 18, 19, 23, 25, 52, 56, 60 - 62, 64, 65, 84, 85, 87, 98, 103, 106, 109, 118, 119, 125, 130, 140, 143, 158, 187 - 189, 191, 192, 203, 205, 235, 254, 307 - 309, 330, 338

社会学 2, 4, 5, 12, 26, 28, 45, 48, 55 - 57, 61, 62, 65, 68, 71, 88, 109, 110, 117,

202，203，205 - 208，212，227，
228，301，330

实证主义 3，6，7，21 - 24，26，
29，30，39，188，204，213，
214，328，331，333

数据管理 163，164，166，214

素养 2，73，89 - 96，139，154，
205，282，336

T

田野日志 19，101，103，125，
129，148，155，156，161，164 -
167，170，171，177，179，
181，184，185，187，190，
196，269，297，300，326

W

文本 4，6，7，11，13，14，39，
55，93，105，171，192，195，
215，236，245 - 247，249，251，
259，260，276，298，299，335

文化 2，4，5，9，12，13，15，
16，18，19，22，24，28，33，
35 - 40，42，51，53，57，59 -
65，73，76，77，84 - 86，89 -
97，103 - 108，114，117，121，
126，128，131，139，140，
151，153，154，171，172，
179，181，183，186，187，
190，192，202 - 204，208，209，
215，217 - 221，223，224，227 -

230，233，254，256，257，260，
264，267 - 273，276，277，279 -
297，302 - 306，308，309，311，
319，322，323，325，327 - 331，
335，336

X

现象学 5，6，13，14，23，56，
57，68，101，102，106，114，
118，126

Y

样本 30 - 32，124，128，138，
139，162，339，340

Z

扎根理论 12，21，22，25，26，
28，29，56，57，101，102，106，
115 - 117，126，179，331 - 333

质性方法 35，101，102

资料存储 163 - 165，196

资料分析 11，12，28，29，55，
114，143，163，164，166 - 170，
175 - 180，189，196，325，326

自然科学 11，16，18，21，52，
56，60 - 62，64，130，133，
188，201，203，231，307，
309，328，330

自然主义 3，6，7，21，24 - 26，
30，156，163，188，189，191
- 193，331 - 333

后　记

　　《民族教育质性研究方法：理论、策略与实例》一书是在苏德教授的主持设计下，同两位国际专家——美国加利福尼亚大学洛杉矶分校（UCLA）教育与信息研究院的罗伯特·罗兹教授以及丹麦罗斯基勒大学心理与教育研究院的乌拉·安布罗修斯·马德森教授合作编写而成的。罗伯特·罗兹教授以及乌拉·安布罗修斯·马德森教授具有丰富的项目经验，他们在项目申请到项目实施过程中展示出了丰富的理论功底和田野调查经验，将质性研究阐释得淋漓尽致。质性研究在我国民族教育学科发展过程中具有非常重要的地位和作用，但是我国的本土民族教育研究尚缺乏系统的质性研究理论和方法指导。本书结合了国外优秀的质性研究理论和我国民族教育的研究实践，在分析和总结我国民族教育实际问题的基础上编撰而成，力求为致力于民族教育研究并喜欢质性研究的学者和学生们提供指导和帮助。

　　本书由中央民族大学苏德教授负责统稿，同时也凝结了诸多作者的心血，分别如下。第一章：苏德（中央民族大学教育学院教授）、沙尔娜（中央民族大学教育学院 2013 届博士）、王露（中央民族大学教育学院 2013 届硕士）、陈晨（中央民族大学教育学院 2012 届硕士）、王渊博（中央民族大学教育学院 2012 级博士）；第二章：常永才（中央民族大学教育学院教授）、韩雪军（中央民族大学教育学院 2011 级博士）；第三章：常永才、呼和塔拉（中央民族大学教育学院 2011 级博士）、陈丽莉（中央民族大学教育学院 2011 级硕士）、钟志勇（中央民族大学教育学院副教授）；第四章：罗伯特·罗兹、胡迪雅（中央民族大学教育学院教师）、海路（中央民族大学教育学院教师）；第五章：罗伯特·罗兹、敖俊梅（中央民族大学教育学院教师）、王露；第六章：罗伯特·罗兹、王露；第七章：乌拉·安布罗修斯·马德森、陈晨、王渊博；第八章：夏仕武（中央民族大学教育学院副教授）、敖俊梅、陈晨；第九章：乌拉·安布罗修斯·马德森、袁梅（中央民族大学教育学院教师）、王露；结语：苏德、夏仕武、海路。此外，非常感谢胡迪雅、袁梅、王露、王璐对两位国外学者撰写的英文部分所做的翻译和校对工作。感谢王渊博、王露、王璐、刘子云、唐婷、魏静、王静、石梦对全书所做的细致、认真的校对工作。本书得以顺利付梓出版，要特别感谢教育科学出版社编辑们的厚爱与支持，没有他们的辛勤劳动就没有此书的顺利出版。本书所引用的数据、事例和图片，均来自公开出版的文献资料或课题组成员实地调研所得。论述过程中，多次参考、引用和借鉴诸多专家、学者的思想、观点和论述，已在引用处分别注明，在此对他们表示感谢。没有他们深邃的智慧与独到的洞见，就没有笔者的思考与启迪。正因为我们是站在"巨人的肩膀"上，才有今天的一系列成果。

世上没有完美之物，本书也不例外。本书所言，存在不足之处，恳请专家、同行不吝赐教！

苏 德

2014 年 10 月

出 版 人　所广一

责任编辑　周益群

版式设计　杨玲玲

责任校对　贾静芳

责任印制　曲凤玲

图书在版编目（CIP）数据

民族教育质性研究方法：理论、策略与实例/苏德
主编．—北京：教育科学出版社，2014.11
（中国少数民族教育政策研究丛书）
ISBN 978 - 7 - 5041 - 8650 - 8

Ⅰ.①民… Ⅱ.①苏… Ⅲ.①少数民族教育—研究方
法—中国　Ⅳ.①G759.2

中国版本图书馆 CIP 数据核字（2014）第 236753 号

中国少数民族教育政策研究丛书
民族教育质性研究方法：理论、策略与实例
MINZU JIAOYU ZHIXING YANJIU FANGFA：LILUN、CELUE YU SHILI

出版发行	**教育科学出版社**				
社　　址	北京·朝阳区安慧北里安园甲 9 号		市场部电话	010 - 64989009	
邮　　编	100101		编辑部电话	010 - 64989421	
传　　真	010 - 64891796		网　　址	http://www.esph.com.cn	
经　　销	各地新华书店				
制　　作	北京金奥都图文制作中心				
印　　刷	保定市中画美凯印刷有限公司				
开　　本	169 毫米×239 毫米　16 开		版　　次	2014 年 11 月第 1 版	
印　　张	23.25		印　　次	2014 年 11 月第 1 次印刷	
字　　数	334 千		定　　价	60.00 元	

如有印装质量问题，请到所购图书销售部门联系调换。